U0450147

教育部人文社会科学重点研究基地北京外国语大学中国外语与教育研究中心资助。

功能视角下的
英汉语时间系统对比研究

A Contrastive Study of English and Chinese
Temporal Systems from a Functional Perspective

何伟　张存玉　等著

中国社会科学出版社

图书在版编目（CIP）数据

功能视角下的英汉语时间系统对比研究 / 何伟等著. —北京：中国社会科学出版社，2018.12
　ISBN 978-7-5203-3940-7

　Ⅰ.①功… Ⅱ.①何… Ⅲ.①英语-对比研究-汉语 Ⅳ.①H31②H1

中国版本图书馆 CIP 数据核字（2019）第 016871 号

出 版 人	赵剑英
责任编辑	宫京蕾
特约编辑	李晓丽
责任校对	赵雪姣
责任印制	李寡寡

出　　版	中国社会科学出版社
社　　址	北京鼓楼西大街甲 158 号
邮　　编	100720
网　　址	http：//www.csspw.cn
发 行 部	010-84083685
门 市 部	010-84029450
经　　销	新华书店及其他书店

印刷装订	北京君升印刷有限公司
版　　次	2018 年 12 月第 1 版
印　　次	2018 年 12 月第 1 次印刷

开　　本	710×1000　1/16
印　　张	16.5
插　　页	2
字　　数	236 千字
定　　价	68.00 元

凡购买中国社会科学出版社图书，如有质量问题请与本社营销中心联系调换
电话：010-84083683
版权所有　侵权必究

前　言

《功能视角下的英汉语时间系统对比研究》一书系 2011 年度国家社科基金项目"汉英时间系统体现方式之系统功能语言学视角对比研究"（编号：11BYY007）的最终成果之一，另一成果为专著《功能视角下的现代汉语时间系统研究》。

在概述本书内容之前，我们有必要对书的名称作一说明。尽管本书突出的是汉语时间系统的特点，而有鉴于我们在进行对比研究时，是以学界比较熟悉的在时态、体、时相等方面研究成果比较丰富的英语为参照的，因此我们称本书为"英汉"而不是"汉英"时间系统对比研究。同时，此处需要说明另外一点：本书大部分章节主要探讨的是汉语时间系统的特点以及英汉时间系统的相似性和差异性，较少专门涉及英语时间系统，这是因为我们之前已对英语时间系统作过比较全面而系统的研究，可参见何伟于 2007 年出版的《英语时态论》（高等教育出版社）、2008 年出版的《英语语篇中的时态》（北京大学出版社）以及 2010 年出版的《功能时态理论研究》（外语教学与研究出版社）。下面是我们对本书内容的概述。

本书结合我们前期相关论作，对英汉时间系统进行了比较全面、深入的拓展性研究，呈现了我们对英汉三个系统，即时间定位系统即"时态"、时间描述系统即"体"与时间性质系统即"时相"的主要观点。本书主要内容包括：时间系统研究概况、汉语的有标记时态与无标记时态、汉语小句的限定性与非限定性、英汉语时态的意义、英汉时态对比、汉语的体、英汉语的单一体对比、英汉语的复合体对比、汉语的时相、英汉语的简单时相对比、英汉语的复合时相对比等。

全书分为四部分，共计十二章。第一部分为"研究概览"，包括第一章"现代汉语时间系统研究综述"与第二章"现代汉语体研究综述"。通过相关文献回顾，该部分指出，从文献上看，人们对汉语时间系统的研究包含了时态、体、时相三个范畴：针对时态范畴，研究分成"有时论"与"无时论"两大阵营；针对体范畴，人们从传统语法、语言类型学、认知语言学、功能语言学等视角展开研究，对体的内涵、地位、分类、系统构建等多个方面进行了考察；针对时相范畴，研究分别从"谓语动词"和"句子"等不同层面进行。由于学界现有研究所采用的标准不同，研究的角度和侧重点各异，不同学者对汉语时间系统的理解也不尽相同，对汉语时间系统的研究显得较为零散，具体体现在：在时态研究中，伴随"有时论"和"无时论"的争议，研究者分别从不同视角或基于不同出发点来论证自己的观点，对时态的阐释也就呈现多元化的特点；在体研究方面，研究者在体的定义、内涵及分类上都各有侧重，因此出现了研究失衡的问题；学界一直对时态与体的研究有所侧重，因此目前有关时相系统的研究还不够深入与系统，甚至在一些研究中，该范畴与其他两个范畴的关系尚不明确，区分也不明显，有时还将两者混为一谈，导致时相失去作为独立时间范畴的地位。鉴于学界存在的上述问题，我们建议，在今后的研究中，有必要在一个统一的理论框架下对汉语时间系统的各个部分进行较为系统而全面的梳理，以呈现出一个相对完整而连贯的汉语时间系统，并将其与英语时间系统进行对比，找出二者的相同点与不同点。

第二部分为"时间定位系统即'时态'研究"，主要描述汉语与英语的时态系统，并基于此对英汉时态系统进行对比研究。该部分包括第三章"现代汉语时态系统及体现形式"、第四章"汉语小句的限定性与非限定性"、第五章"英汉语时态的意义系统"、第六章有标记汉语时态与英语时态的体现形式对比。在这一部分，我们首先将汉语的时态从形式上分为有标记时态与无标记时态，在意义上分为先时

(过去时)、同时（现在时）和后时（将来时）三大类别。所谓有标记时态，是指通过语法化、准语法化和词汇化手段构建的事件发生时间抑或一参照时间和另一参照时间之间的时间指示关系的语言形式；无标记时态则指那些没有明确语法化、准语法化或词汇化手段表示的，可由小句谓体抑或语境判断的时间指示意义的语言零形式。基于该分类，我们对汉语时态系统的体现方式进行分类阐述：有标记时态的体现方式主要是语法化与准语法化形式，这些形式又可以分为表示先时、同时与后时三大类别，除了这些形式外，有标记时态的体现形式还包括词汇手段，即名词词组和介词短语；无标记时态的体现方式主要是小句的谓体，包括由动词说明的谓体、由不同词组填充的谓体以及由小句填充的谓体。然后，我们对有标记时态进行专题论述，即将有标记时态的体现形式进一步具体化归类。至此，汉语时态的体现形式较为系统地呈现出来。依据系统功能语言学"形式体现意义"的原则，体现形式不是研究的最终目的，时态系统应以"意义"为中心，因此我们在讨论了时态的体现形式后又基于时态的意义对汉语时态的载体之一——小句进行了限定与非限定区分，从而为汉语的时态研究奠定了句法理论基础。我们还分别考察了英语与汉语时态的概念、人际与语篇功能。如此一来，我们就从形式与意义两个层面对英汉时态完成了系统构建。以此为基础，我们对英汉时态的体现形式进行对比研究，得出：英语时态主要由语法化形式体现，时间环境成分需要与时态保持一致协同性，而汉语的时态不仅仅可以由一些语法化、准语法化及词汇形式体现，有时还需要依赖语境推断其时间定位，时间环境成分与时态之间是合作关系。

第三部分为"时间描述系统即'体'研究"，包括第七章"现代汉语体系统及体现形式"、第八章"英汉语单一体体现形式对比研究"、第九章"英汉语复合体对比研究"。我们在第七章探究的是汉语的体系统，包括体的意义、分类及体现形式，研究发现：从意义角度看，汉语共有五类体，即将行体、开始体、进行体、完成体、实现体；从体现形式上看，它们表现为语法体、准语法体和词汇体。在探讨汉语体系统基础之上，我们在第八章和第九章对英汉语的单一体与复合体进行了对比研究，我们认为：英汉语两种语言均涉及语法体、准语法体和词汇体体现形式；在两种语言中，不同语法化程度的体的体现形式在组成成分和数量特征上表现出一定的相似性和差异性；根据参与复合的单一体的功能是否相同，英汉语复合体均可分为同质复合体和异质复合体——同质复合体中单一体的功能得到增强，异质复合体中单一体的功能得以相互补充；根据参与复合的单一体体现形式的语法化程度是否相同，英汉语复合体均可分为同形复合体和异形复合体。其中，同形复合体可以有语法体与语法体、准语法体与准语法体的复合，而在汉语中除上述组合形式外，还存在词汇体与词汇体的复合。在英汉语中，异形复合体均包括语法体与准语法体及准语法体与语法体的复合。

第四部分为"时间性质系统即'时相'研究"，包括第十章"现代汉语小句成分与时相"、第十一章"英汉语简单时相对比研究"以及第十二章"英汉语复合时相对比研究"。在第十章，我们对汉语的时相进行了比较系统的研究，指出汉语的谓体为小句时相的表达提供了基本的可能性，如果没有其他成分的影响，谓体表达的时间意义则决定小句的时相特征；小句其他句法成分有时对时相起着重要的影响作用。该研究构建了汉语的时相体系。在此基础上，我们着重对英汉语的时相进行对比研究：在第十一章，我们指出简单时相是一个跨语言现象，英汉语对人类经验的体现均表达四类时间意义——状态情形、活动情形、终结情形和实现情形。对于英语和汉语而言，活动情形和实现情形的体现方式基本相同，终结情形在汉语中表现出更大的能产性，状态情形在汉语中则更加灵活，体现方式不拘泥于某一固定形式。我们在第十二章对英汉语的复合时相进行对比研究并指出，英汉语中都存在复合时相，小句内各成分对时相的作用大体一致，体现方式差别不大。值得注意的是，英汉语中都存在特殊句法结构，如英语助动词 *used*，汉语动词重叠式、引出语等，这些结构同样作用于小句时相，在讨论复合时相时不容忽视。

作为国家社科基金项目的最终成果之一，本书内容是本人带领包括高生文、张存玉、马瑞芝、王敏辰、李璐、吕怡、高建慧、付丽、仲伟九位老师或同学在内的课题组成员一起完成的，书中除第二章以外，其他章节内容已在期刊上发表，具体情况如下：第一章和第六章是本人与马瑞芝撰写的，分别于 2011 年和 2013 年发表在《北京科技大学学报》和 Linguistics and the Human Sciences；第二章和第五章是本人与张存玉撰写的，第二章未发表，第五章于 2016 年发表在《中国外语》；第三、第七、第十章是我分别与吕怡、付丽、高建慧撰写的，均于 2015 年发表在《北京科技大学学报》；第四章是我与仲伟撰写的，于 2017 年发表在《外语教学》；第八章和第九章是我与李璐撰写的，分别于 2016 年和 2017 年发表在《北京第二外国语学院学报》和《外语与外语教学》；第十一章是高生文和王敏辰撰写的，于 2016 年发表在《北京科技大学学报》；第十二章是我和王敏辰撰写的，于 2017 年发表在《中国外语》。不过在整理成书时，本人基于国家社科基金项目结题成果评审专家的建议，以及本人目前对研究问题的新的认识，对部分核心词语作了改动和统一，对部分术语的使用作了标记，以示其与本研究成果使用术语的区别，并对个别观点和多处文字表述进行了完善。另外，为行文连贯，本人对原用英文发表的成果译成了汉语。

国家社科基金项目的顺利完成以及本书的成稿除了得益于课题组成员的齐心协力和愉快的合作，同时还得到了许多老师、朋友和同事的关心、鼓励和帮助。在此，本人主要提几位对本书帮助比较大的老师、朋友和同事的名字，以示对他们的特别感谢：北京大学的胡壮麟教授，原中山大学现华南农业大学的黄国文教授，北京师范大学的田贵森教授，澳大利亚悉尼大学的 Michael A. K. Halliday 教授，英国加的夫大学的 Robin P. Fawcett 教授，香港理工大学的 Christian M. I. M. Matthiessen 教授，清华大学的方琰教授、刘世生教授和封宗信教授，原北京师范大学现广东外语外贸大学的彭宣维教授。没有他们的支持和鼓励，本书不会如期完稿。另外，我还要感谢我的父母、先生和女儿，没有他们的理解和支持，本书肯定是无法完成的。

  限于作者水平，书中难免存在缺点和纰漏，敬请学界专家和读者批评指正。

何 伟

北京外国语大学

2018 年 6 月 1 日

目　　录

第一部分　研究概览

第一章　现代汉语时间系统研究综述 …………………（3）
　第一节　引言 ……………………………………………（3）
　第二节　汉语中的体 ……………………………………（4）
　　一　狭义的体 …………………………………………（5）
　　二　广义的体 …………………………………………（9）
　第三节　汉语中的"时制" ……………………………（11）
　　一　无时论 ……………………………………………（11）
　　二　有时论 ……………………………………………（14）
　第四节　汉语中的时相 …………………………………（18）
　第五节　结语 ……………………………………………（20）

第二章　现代汉语体研究综述 …………………………（22）
　第一节　引言 ……………………………………………（22）
　第二节　语法体趋向 ……………………………………（22）
　　一　传统语法视角 ……………………………………（23）
　　二　系统功能语言学视角 ……………………………（24）
　　三　认知语言学等视角 ………………………………（24）
　第三节　词汇体趋向 ……………………………………（25）
　第四节　双体趋向 ………………………………………（27）
　　一　语义学视角 ………………………………………（27）

二　系统功能语言学视角 …………………………………（27）
  三　跨语言视角 ……………………………………………（28）
 第五节　回避趋向 ………………………………………………（28）
 第六节　对汉语体研究的思考 …………………………………（29）
  一　研究特点 ………………………………………………（29）
  二　研究趋势 ………………………………………………（31）

第二部分　时间定位系统即"时态"研究

第三章　现代汉语时态系统及体现形式 ……………………（35）
 第一节　引言 ……………………………………………………（35）
 第二节　系统功能视角下的时态定义和类别 …………………（36）
 第三节　有标记时态的体现方式 ………………………………（38）
  一　语法化和准语法化形式 ………………………………（38）
  二　词汇形式 ………………………………………………（43）
 第四节　无标记时态的判断依据 ………………………………（46）
  一　由动词说明谓体而表达的时态意义 …………………（47）
  二　由词组填充谓体而表达的时态意义 …………………（50）
  三　由小句说明谓体而表达的时态意义 …………………（51）
 第五节　语境在判断时态意义上的作用 ………………………（51）
 第六节　小结 ……………………………………………………（53）

第四章　汉语小句的限定性与非限定性 ……………………（54）
 第一节　引言 ……………………………………………………（54）
 第二节　限定与非限定的内涵与本质区分 ……………………（56）
 第三节　汉语中的限定性与非限定性 …………………………（58）
  一　汉语小句的界定 ………………………………………（59）
  二　汉语限定与非限定小句之界定 ………………………（62）
 第四节　结语 ……………………………………………………（67）

第五章　英汉语时态的意义系统 (68)
第一节　引言 (68)
第二节　时态界定 (69)
第三节　时态的意义系统 (70)
　　一　人际意义 (70)
　　二　经验意义 (72)
　　三　逻辑意义 (73)
　　四　语篇意义 (75)
第四节　结语 (78)

第六章　英汉语时态体现形式对比研究 (79)
第一节　引言 (79)
第二节　英汉语时态的体现方式 (80)
　　一　英语时态体现方式 (81)
　　二　汉语时态的语法化或准语法化体现方式 (91)
第三节　英汉语时态和时间环境成分 (99)
　　一　英语中的时态和时间环境成分 (100)
　　二　汉语中的时态与时间环境成分 (101)
第四节　结语 (105)

第三部分　时间描述系统即"体"研究

第七章　现代汉语体系统及体现形式 (109)
第一节　引言 (109)
第二节　功能视角下汉语体的定义和分类 (110)
第三节　语法体和准语法体的意义与形式 (113)
　　一　语法体 (113)
　　二　准语法体 (116)
第四节　词汇体的意义与形式 (121)
　　一　谓体表达的体意义 (121)

第五节　结语 …………………………………………………（129）

第八章　英汉语单一体体现形式对比研究 …………………（130）

第一节　引言 …………………………………………………（130）

第二节　不同视角下体的定义和分类 ………………………（131）

第三节　单一体体现形式在英汉语中的对比 ………………（133）

　一　英汉语中的语法体体现形式 …………………………（133）

　二　英汉语中的准语法体体现形式 ………………………（138）

　三　英汉语中的词汇体体现形式 …………………………（144）

第四节　结语 …………………………………………………（148）

第九章　英汉语复合体对比研究 ……………………………（150）

第一节　引言 …………………………………………………（150）

第二节　体的界定和分类 ……………………………………（152）

第三节　英汉语中复合体的意义 ……………………………（154）

　一　英汉语中的同质复合体 ………………………………（156）

　二　英汉语中的异质复合体 ………………………………（158）

第四节　英汉语中复合体的形式 ……………………………（163）

　一　英汉语中单一体的体现形式 …………………………（163）

　二　英汉语中的同形复合体 ………………………………（164）

　三　英汉语中的异形复合体 ………………………………（165）

第五节　结语 …………………………………………………（167）

第四部分　时间性质系统即"时相"研究

第十章　现代汉语小句成分与时相 …………………………（171）

第一节　引言 …………………………………………………（171）

第二节　系统功能语言学视角下的时相 ……………………（173）

第三节　句法成分与时相特征及情形类型 …………………（174）

　一　谓体与时相特征及情形类型 …………………………（174）

　二　谓体延长成分与时相特征及情形类型 ………………（182）

三　助动词与时相特征及情形类型 ·················· (184)
　　　四　操作词与时相特征及情形类型 ·················· (185)
　　　五　主语与时相特征及情形类型 ···················· (186)
　　　六　补语与时相特征及情形类型 ···················· (188)
　　　七　状语与时相特征及情形类型 ···················· (189)
　第四节　结语 ·· (191)
第十一章　英汉语简单时相对比研究 ························ (193)
　第一节　引言 ·· (193)
　第二节　系统功能语言学视角下的简单时相 ············ (194)
　第三节　英汉语简单时相体现方式 ·························· (196)
　　　一　英汉语动作过程时相特征及体现方式 ········· (197)
　　　二　英汉语心理过程时相特征及体现方式 ········· (198)
　　　三　英汉语关系过程时相特征及体现方式 ········· (200)
　　　四　英汉语行为过程时相特征及体现方式 ········· (203)
　　　五　英汉语交流过程时相特征及体现方式 ········· (205)
　　　六　英汉语存在过程时相特征及体现方式 ········· (206)
　　　七　英汉语气象过程时相特征及体现方式 ········· (208)
　　　八　使役结构 ·· (210)
　第四节　结语 ·· (211)
第十二章　英汉语复合时相对比研究 ························ (212)
　第一节　引言 ·· (212)
　第二节　系统功能语言学视角下的复合时相 ············ (212)
　第三节　英汉语复合时相对比 ································ (214)
　　　一　主语对时相的影响 ··· (214)
　　　二　补语对时相的影响 ··· (217)
　　　三　状语对时相的影响 ··· (218)
　　　四　助动词对时相的影响 ······································· (222)
　　　五　操作词对时相的影响 ······································· (224)
　　　六　否定词对时相的影响 ······································· (225)

    七　引出语对时相的影响 …………………………………（226）
第四节　多成分作用下的时相特征 …………………………（227）
第五节　结语 …………………………………………………（229）
参考文献 ……………………………………………………（230）

第一部分
研究概览

第一章　现代汉语时间系统研究综述

第一节　引言

时间系统作为语言的重要组成部分，一方面包含丰富的语义内容，另一方面又伴随着一定的语言形式。关于汉语时间系统的研究从20世纪三四十年代起，已受到越来越多的汉语语言学家的关注。由于汉语中"有形态标记的语法范畴不多"（吕叔湘，2005：79），早期汉语语言学家对汉语中有关时间表达的研究主要集中在对时间词和体（aspect）的研究上（黎锦熙，1954；吕叔湘，1944/1982：215—233；高名凯，1986：190—199；季羡林，2002：85—94、211—223）。虽然这些研究否认或回避了汉语中"时制"的存在，但在对时间词的研究中已出现了"现在""过去""将来"等有关时制的概念（黎锦熙，1954；吕叔湘，1944/1982：215—233；高名凯，1986：221）。自20世纪八九十年代以来，学界对汉语时间系统的研究更加全面和系统化。陈平（1988：401—422）提出了现代汉语时间系统的三个主要部分，即句子的时相（phase）、"时制"（tense）和"时态"（aspect）[①]。龚千炎（1994：1—6，1995）在陈平（1988）

[①] 这里所说的"时态"（aspect）即前文提到的"体"，不同语言学家对其有不同的称谓，王力（选自季羡林，2002）称为"情貌"，吕叔湘（1944/1982）称为"动相"，高名凯（1986）称为"体"，赵元任（1979）称为"动态"。为避免其与时相（phase）和英语中的时态（tense）混淆，本研究沿用高名凯（1986）、戴耀晶（1997）、陈前瑞（2001）、尚新（2006）、张济卿（1998b，1998c）、左思民（2007）等人的做法，将其称为"体"，指狭义的语法体。

研究的基础上对汉语时间系统的三个组成部分作了进一步阐述，得出了三个部分之间相互配合使用的结构网络。李向农（1995）则就汉语中表示时点和时段的时间词和时间结构的构成、表意功能及相互搭配关系作了详细分析。尚新（2007）通过比较英汉两种语言中体范畴的差异，提出了"时体相交理论"，认为汉语语法体范畴具有"时间指向功能"，并对其进行了分类。孙英杰（2007）则将汉语体系统扩展为"动词词汇体""述谓体"和"语法体"三部分，提出了包括"时制""语法体""述谓体"和"动词词汇体"在内的汉语"时—体阶层"，并将其作为汉语成句的运算公式。此外，对于汉语时间系统的研究视角也从单纯的理论研究扩展到了机器翻译（李应潭，2001；陈节华等，2004；林达真、李绍滋，2006）、方言研究（吴云霞，2006：76—84；姚亦登，2006：131—134）、英汉互译（黄国文，2003：95—100）、英汉语言对比研究（胡壮麟，1990；王还，1990；杨自俭、李瑞华，1990；赵世开，1999：64—89；尚新，2007）等多个领域。同时，有关汉语时间系统的研究受到了不同理论的影响，如Comrie（1985）、Reichenbach（1947）、Vendler（1957）等人的思想、韩礼德的系统功能语言学（胡壮麟，1990；杨国文，2001）、乔姆斯基的转换生成语法（戴浩一，1988：10—20；张立平，2002；李梅，2003；孙英杰，2007）等。本研究将分别从体、时态、时相等汉语时间系统构成成分的角度回顾前人的研究，以发现其中的可取与不足之处，从而为今后的研究提供依据。

第二节　汉语中的体

汉语学界普遍认为汉语中存在体范畴，但对于体的定义、内涵及分类却有着不同的见解。综观不同学者对于汉语中体的研究，关于汉语体范畴的研究大致可分为两类：狭义的体和广义的体。其中，狭义的体主要研究动词或动词短语带有语法化标记的情况，即通常意义上的语法体，在语义上体现为主观的"说话者对情状内部时间构成的不同观察方式"（尚新，2007：20）；而广义的体则既包括动词或动词词组带有语法化标记的情况，也包括动词或动词词组本身及其他附加成分所包含的意义，涵盖了语法体和词汇体两个范畴（孙英杰，2007）。

一 狭义的体

早期汉语言学家们研究"情貌"（季羡林，2002）、"动相"（吕叔湘，1944/1982）、"体"（高名凯，1986）时偏重于研究动词或动词短语带有语法化或准语法化标记的情况，但对于语法范畴和非语法范畴的区分不够明确，而且不同的语言学家对于体有着不同的定义和分类方式。

王力将"情貌"从正面定义为"凡时间的表示，着重在远近、长短及阶段者"（季羡林，2002：211—233），后又从反面将其定义为"在语言里，对于动作的表现，不着重在过去现在将来，而又和时间性有关系者"（参见季羡林，2002：211—233）。在"情貌"的分类上，王力划分了"普通貌"（common aspect）、"进行貌"（progressive aspect）、"完成貌"（perfective aspect）、"近过去貌"（recent aspect）、"开始貌"（inchoative or ingressive aspect）、"继续貌"（successive aspect）和"短时貌"（transitory aspect）七种"情貌"。其中，"普通貌"不同于其他六种"情貌"，指的是不带"情貌"成分的动词，因而王力认为"普通貌不表示情貌"。他明确指出了区分"情貌"的界限（参见季羡林，2002：211—233），即"情貌应该以有特别的形式表示者为限"，从而将"情貌"界定为一个语法范畴。这些"特别的形式"包括着、了、来、起来、下去、动词加数量末品等。

吕叔湘把"动相"定义为"一个动作的过程中的各种阶段"（吕叔湘，1994/1982：227—233）。他将动相划分为"方事相""既事相""起事相""继事相""先事相""后事相""一事相""多事相""短时相""尝试相""屡发相""反复相"等。他认为汉语中除了应用"将""方""已"等限制词外，还发展出一些专门用来表示"动相"的词,如"着""了""起来""来着""去""来"等。这些词"本身的意义更空洞,已经近于词尾"。

高名凯(1986)认为"体""着重于动作或历程在绵延的段落中是如何的状态"。他将体看作语法范畴,并对其进行了分类,即"进行体"或"绵延体"、"完成体"或"完全体"、"结果体"、"起动体"、"叠动体"、"加强体"。而对于体的实现形式,高名凯的界定要更加宽泛。除了"着""了""来""起来"等词,还包括了"在""正在""正在……""过""好""完""住""得""到""中""刚刚""方""才""恰"以及"意义相似的两个动词"等。这样,体的范畴得到了扩展,研究的对象从严格意义上的语法范畴扩展到准语法化及词汇语义范畴。

可以看出,早期汉语言学家主要侧重于对语法体的研究,而且对其进行了分类。但由于划分的标准不够明确,不同语言学家的分类方式各不相同,对于体的实现形式也存在着不同的认识。

20世纪80年代以来,有关汉语体的研究取得了进一步发展。汉语中的语法体被放在了更加广阔的背景下进行研究。陈平(1988)、龚千炎(1995)先后提出并阐释了由"时制"(tense)、"时相"(phase)、"时态"(aspect)等构成的汉语时间系统。这里所谓的"时态"实际上指的是狭义的体,而"时相"则指的是动词或动词词组语义层面的时间意义,涉及动词或动词词组的"情状"类型。陈平(1988)认为"时态"(狭义的体)"表现情状在某一时刻所处的特定状态"。对于"时态"的划分,陈平并未给出详细分类,但通过时间轴上的"情状"和不同点之间的关系,给出了"时态"(狭义的体)的划分标准(如图1-1所示)。

图1-1中时轴上的字母代表"情状"的不同发展阶段,B为"情状"的起始点,D为"情状"的终结点。陈平(1988:420)认为,从不同的视点观察"情状",可以得出不同的"时态"种类。当说话人"对其(情状)内部结构不加分析而把它表现为一个整体性的情状"时,可以得到"完全态"(perfective);当说话人将其视为"一

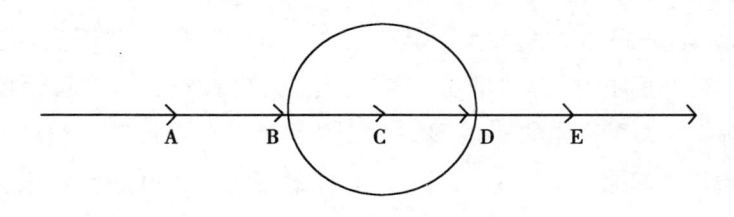

图 1-1　"情状"在时轴上的不同发展阶段（陈平，1988）

个正处于持续状态或进行过程之中的情状时"，可以得到"不完全态"（imperfective）；当说话人以 B 点为界对"情状"进行观察时，B 之前的状态为"未然态"，B 之后的状态为"已然态"；当说话人以 D 点为界对"情状"进行观察时，D 点之前和 D 点之后又可以得到不同种类的"时态"。

龚千炎（1995）认为，"时态"（aspect）"表现事件处于某一阶段的特定状态，是深入过程内部观察其各个发展阶段的情况的结果"。与陈平（1988）的划分方法类似，龚千炎（1995）的"时态"划分也是建立在对时轴上"情状"发展阶段的不同视点之上的。不同的是，龚千炎将"时态"明确地划分为"完成、实现态"，"经历时态"，"近经历时态"，"进行、持续时态"，"起始时态"，"继续时态"，"将行时态"和"即行时态"八种"时态"（如图 1-2 所示）。

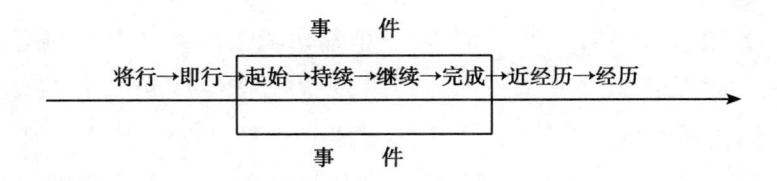

图 1-2　汉语"时态"系统"时态"（aspect）链（龚千炎，1995：110）

戴耀晶的《现代汉语时体系统研究》被认为是国内第一部系统的研究语法体的专著。在其著作中，戴耀晶将体定义为"观察时间进程中的事件构成的方式的观点"。他认为体应当是由一定形态形式表达的语法范畴，"体意义不具有时间上的指示性，体所涉及的时间是事件构成中含有的抽象时间"（戴耀晶，1997：5）。他将体分为"完整体"和"非完整体"两大类，其中，"完整体"包括"现实体""经历体"和"短时体"，"非完整体"包括"持续体""起始体"和"继续体"。这六种体的实现形式分别为："了""过""动词重叠形式""着""起来""下去"。一方面，戴耀晶（1997：5）强调了体的研究应当"从句子表达事件的角度立论"；另一方面，他又把体的研究局限于严格意义上语法体的范畴。

明确提出汉语中"语法体"这一概念并对其进行深入对比研究的应当是尚新（2007）。在其著作《英汉体范畴对比研究——语法体的内部对立与中立化》中，尚新（2007：73）将语法体定义为"说话者对处在时间绵延中的情状的内在时间结构进行观察、反映的方式"。与其他语言学家的观点不同，尚新（2007：73）认为汉语体标记具有"时间指向"[①] 功能，在研究汉语体标记的过程中，他提出了"独立语境"和"条件语境"的区别。"独立语境"指的是"仅包含单一主语和谓语的句子环境"；"条件语境"指的是"对独立语境进行'时间框架'性限定的复杂语境"。他认为，在独立语境下，汉语体标记的"时间指向"决定于"视点（V）在参照时间（RT）与情状内在时间阶段（SitT）的相交特性"。根据视点对"情状"内部时间构成观察方式的不同，他将汉语语法体划分为三大类：对"情状"的结尾进行观察的"完整体"、对"情状"的核心（即"情状"的起始和持续阶段）进行观察的"非完整体"、依靠语境语用条件方可确定完整与否的无标记形式"中性体"。其中，"完整体"包括"接续体""了"和"间断体""过"，"非完整体"包括"进行体""在"和"持续体""着"。如图1-3所示，不同的体之间存在着广域的"均等对立"关系和狭域的"缺省对立"关系（尚新，2007：180—181）。

此外，尚新（2007：183—245）对语法体对立双方互换、替换、共现等现象进行了研究，提出了汉语语法体"中立化"问题，并分别

[①] 这里的"时间指向"被当作一个功能范畴，尚新（2007：73）将其定义为"非时制语法范畴所具有的定向某一时间的附带功能"。

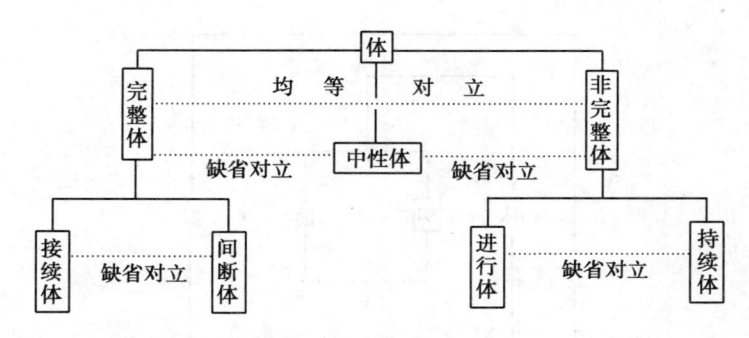

图 1-3　汉语语法体的内部对立体系（尚新，2007：182）

对"共现性中立化"和"替换性中立化"进行了探讨。

二　广义的体

赵世开（1999：73）认为，"综合性手段和分析性手段在语言中是相辅相成的"。通过对汉语语法体的研究，许多汉语语言学家意识到，除了严格意义上语法体标记，如"着""了""过""起来""来着"等，句子中其他成分对于整个事件体意义有着重要影响（龚千炎，1995；竟成，1996；左思民，1997；马庆株，2007；尚新，2007；孙英杰，2007），如助词、语气词、副词等词汇手段。

龚千炎（1995：51—52）把汉语"时态"（aspect）表达系统的层次构造描述为：{［副+（<动>+助）］+语}。各种"时态"的实现形式不再局限于固定的语法化成分，而是扩展到了"综合考察时态助词、时态副词、时态语气词等各种表达形式"（龚千炎，1995：71）的"时态表达系统"（如图1-4所示）。

通过研究"时态"助词、"时态"副词、"时态"语气词及动词的共同作用，实现"时态"意义的情况，龚千炎（1995：108—109）认为，汉语"时态"系统是一个"以动词为核心""有层次的"系统。在这个系统中，"时态"助词跟动词联系最紧密，虚化程度也最高；"时态"副词在"时态"的表达上最具丰富性；而"时态"语气词的覆盖面则最大。虽然没有对"时态"作出狭义和广义之分，龚千炎的研究实际上已经把"时态"的范畴从狭义的语法体扩展到了小句

副 + 动 + 助 + 语

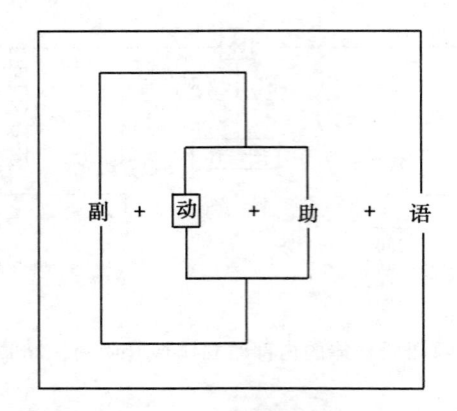

图 1-4　汉语"时态"系统"时态"成分（龚千炎，1995：109）

层面的广义的体。

孙英杰（2007：42—48）则在前人研究的基础上，扩展了汉语体的内涵。他认为"任何一个理想的句子在时体信息方面都有四个基本特征：一是动词本身的特征；二是它所构成的'述谓'的特征；三是讲话者观察或陈述这个'述谓'的角度；四是'述谓'在时间上的位置"，例如：

（1）他昨天赢了我一盘棋。
动词：结果动词（赢）
"述谓"：结果"述谓"（赢我一盘棋）
语法：完整体（了）
"时制"：过去时（昨天）

这四个特征之间存在一定顺序，构成一个完整的"时—体阶层"，即：["时制" [语法体 ["述谓体" [动词词汇体]]]]。同时，孙英杰（2007：43）将该"时—体阶层"视作汉语成句的运算公式，即"时—体代数"。他明确提出了汉语"三分体系统假设"，即由动词词汇体、"述谓体"、语法体构成的汉语体系统。三分体系统中的每个组成部分又由不同的成分构成，如图1-5所示。

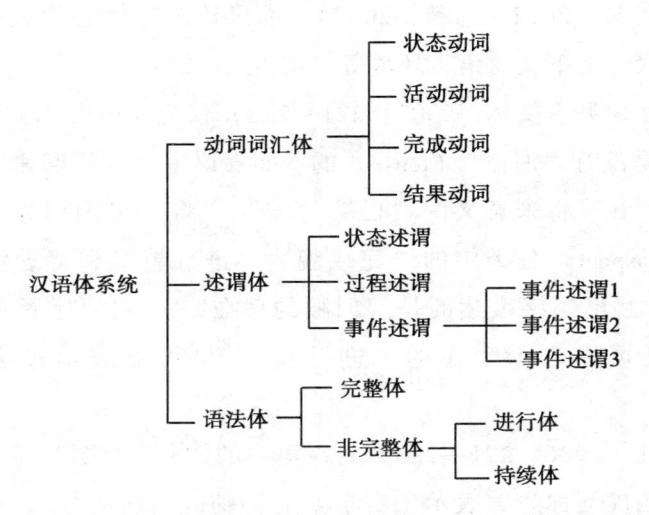

```
                         ┌─ 状态动词
                         ├─ 活动动词
           ┌─ 动词词汇体 ─┤
           │             ├─ 完成动词
           │             └─ 结果动词
           │             ┌─ 状态述谓
           │             │                    ┌─ 事件述谓1
汉语体系统 ─┼─ 述谓体 ────┤─ 过程述谓          │
           │             │             ┌─────┤─ 事件述谓2
           │             └─ 事件述谓 ───┘     └─ 事件述谓3
           │             ┌─ 完整体
           │             │              ┌─ 进行体
           └─ 语法体 ────┤              │
                         └─ 非完整体 ───┤
                                        └─ 持续体
```

图1-5 汉语三分体系统（孙英杰，2007）

由此可见，语言学家们对于汉语体关注的视角正从语法体的分类转向对体本身内涵的思考。体的研究正从语法层面扩展到更为广泛的词汇—语法层面。传统意义上词汇层面上的"时相"（关于汉语时相的研究情况，将在本研究第四部分进一步论述）也被归入动词词汇体和"述谓体"的范畴，成为广义的体的一部分。

第三节　汉语中的"时制"

汉语中有无"时制"？如果有，是通过什么形式实现的？如果没有，汉语时间意义又是通过什么方式表达的？汉语"时制"作为一个备受争议的问题，不同汉语言学家对其持不同的观点。关于汉语"时制"的有无，大致分为两大类：有时论和无时论。

一　无时论

认为汉语中没有"时制"的语言学家们把"时制"理解为一个严格的语法范畴。他们认为，汉语中缺乏表达"时"的形态标记，因而汉语中没有作为语法范畴的"时制"（高名凯，1986；戴耀晶，

1997；季羡林，2002；尚新，2007），而汉语时间概念的表达主要通过词汇手段、上下文、语言环境等来实现。

王力（参见季羡林，2002：221—222）认为汉语中"就语法的形式上说"是没有"时制"（tense）的；而汉语中"乍看起来"可以表示过去、现在、将来意义的"已""方""将"等副词分别对应其"情貌"（aspect）分类中的"完成貌""进行貌"和"近将来貌"。其理由为，"已"字表达的是"回顾的现在"，"将"字重在"近"，"方"字既可以表示现在的"进行貌"，也可以表示过去的"进行貌"。

高名凯（1986：221—223）将汉语中的"将""要"等可以表示将来意义的虚词称为"表示未定事素的特别的语法成分"，但是由于这些虚词并不仅仅作为表示将来意义的成分，还可以用来表示"条件式"和"虚拟式"，因而不能称为"将来时"的标记。

尚新认为"时制是语言系统中存在的一个语法子系统，属于语法范畴"。语法范畴的"时制"区别于功能范畴的"时间指向"（尚新，2007：73）。"汉语是体范畴突显的语言，其他语言中需要时制表达的时间概念，在汉语里可以在体范畴内加以解决"（尚新，2007：73）。他提出了"体义相交理论"，认为"汉语中的时间概念可以在语法体范畴中得到隐含"，并将这种隐含性称为语法体的"时间指向功能"（尚新，2007：65）。在他看来，"在独立语境下，汉语体标记'时间指向'功能的获得，根源于视点（V）在参照时间（RT）与情状内在时间阶段（SitT）的相交特征"（尚新，2007：72）。图1-6、图1-7给出的是体标记词"着"和"了"的视点原型图式。

通过分析可以看出，认为汉语中不存在"时制"的语言学家们把汉语的"时间指向"功能或是归结为词汇手段，或是归结为汉语中体的一部分功能。但值得注意的是，体的意义一般表示的是"情状"的内部时间特征。语法学家们把带有"时间指向"功能的标记归入体的范畴就意味着或是扩大了体的范畴，或是混淆了体和"时制"二者的

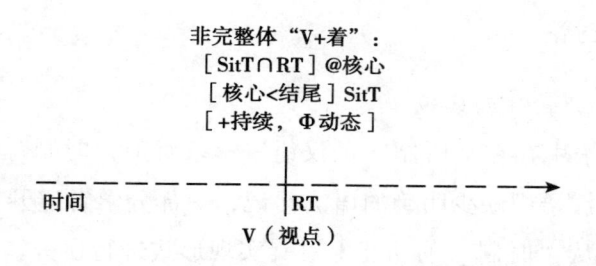

第一章 现代汉语时间系统研究综述

非完整体"V+着"：
[SitT∩RT]@核心
[核心<结尾] SitT
[+持续, Φ动态]

```
时间 ———————|———————→
            RT
          V（视点）
```

图1-6 "着"的视点原型图式（尚新，2007：79）

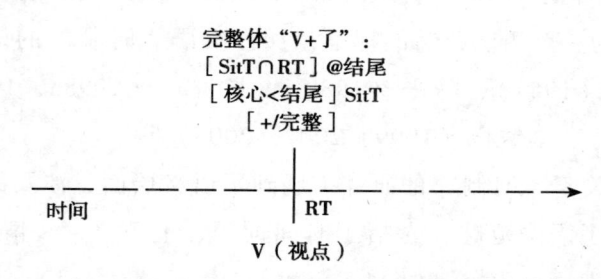

完整体"V+了"：
[SitT∩RT]@结尾
[核心<结尾] SitT
[+/完整]

```
时间 ———————|———————→
            RT
          V（视点）
```

图1-7 "了"的视点原型图式（尚新，2007：80）

功能。以尚新的视点原型图式为例，视点V被作为参照时间，在时间轴上占据某一个点。而所谓的体的"时间指向"功能则是取决于视点（V）同"情状"内在时间阶段（SitT）的相交情况。视点显然是位于"情状"之外的客观的一个时间点，二者之间的"时间指向"关系与语法体的定义"语法体是说话者对处在时间绵延中的情状的内在时间结构进行观察、反映的方式"（尚新，2007：9）相左。此外，尚新对于体的研究限于对"独立语境"（如前文所述）的研究，而没有考虑"条件语境"情况。在独立语境情况下，小句中仅包含单一主语和谓体，不包括其他时间环境成分。这种情况下，所谓的视点（V）同说话时间（S）是重合的。当句中出现其他时间环境成分时，说话时间和视点（或参照时间）必然会发生偏移。遇到这种情况，是从说话时间和参照时间中选其一作为视点，还是二者同时出现在时间轴上，作者在其著作中并没有提及。

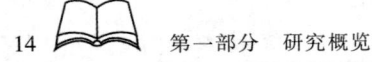

二 有时论

(一)"时制"的实现

认为汉语中存在"时制"的汉语言学家对于"时制"的理解各有不同。由于汉语中缺少明确的语法标记,一部分学者避开"时制"的语法范畴,从"时制"的功能上对其实现形式进行研究。这些学者包括吕叔湘(1944/1982)、马庆株(1981)、龚千炎(1995)、方霁(2000)、林若望(2002)、孙英杰(2007)等。另一部分学者则遵循"时制"作为一个语法范畴的标准,探讨汉语"时制"的语法实现形式,如张秀(1957)、陈平(1988)、张济卿(1998a,1998b)、陈立民(2002)、李铁根(1999,2002,2008)等。

前一类关于"时制"的研究扩展到了语义层面,涉及的语言现象也远远超过了语法范畴,囊括了时间词语、上下文、"情状"类型、体、广义的虚词等内容,如:

龚千炎(1995:4)认为,"时制指示事件(句子)发生的时间,表现为该时间同说话时间或另一参考时间在时轴上的相对位置"。时间词语,包括时间名词、方位名词、时间短语、方位短语、介词短语等词汇手段主要用于表示另一参照时间,而语言环境和上下文则常常包含着说话时间(龚千炎,1995:34)。

林若望(2002)对汉语"时制"功能的实现形式进行了探讨,认为影响"时制"的因素包括时间副词、上下文、"情状"类型、体、个别单字的语意或句法关系等。

马庆株(1981)则认为,"由于汉语狭义形态成分很少,就很难根据狭义形态来讨论时制的问题。可行的办法是把对形态的理解扩大一些,即不仅重叠算形态,助词、语气词、副词,总之虚词(广义虚词)都可以算是形态"。

孙英杰(2007:2)把"时制"定义为"情状发生时间和说话时间或和另外一个参照时间在时轴上的相互关系"。他认为现代汉语的"时制"既可以由词汇成分表达,也可以由语法成分来表达,这些成分包括时间名词、时间副词、情态动词、体标记词等。

后一类研究则把"时制"限制在语法范畴之内，研究的重点放在了一些特定语法形式上。比如陈平（1988：401—422）将"时制"定义为"情状的发生时间、说话时间和时轴上的另外一个时间（又称为参照时间）三者在时轴上的相互关系"。作为时间系统的一部分，"时制"既包含语义成分，也"伴随着相应的语法形式特征"。他着重讨论了"V+了""V+了+V"等语法形式同句子"时制"特征的关系。

张秀（1957）、陈立民（2002）、李铁根（1999，2002，2008）、张济卿（1998a，1998b）等人则一方面承认汉语中语法范畴"时制"的存在；另一方面认为"着""了""过"等公认的体标志既能表达体意义，又有表时功能。这一类研究被某些学者称为"时体混合论"（尚新，2007；帅志嵩，2007），即他们坚持了汉语"时制"的有标记性，把"着""了""过"等通常意义上的体标记同时看作时标记。

（二）"时制"的划分

认为汉语中有"时制"的学者们对汉语"时制"的划分也呈现较大分歧。学者们划分的标准有两种，即横向的划分方法和纵向的划分方法。横向的"时制"划分是沿着时间轴将时间划分为不同的区间，通常的划分方式为三分法，即过去、现在和将来（或先时、当时和后时），偶尔也有学者采用二分法和四分法；纵向的划分则是看参照时间是否为说话时间，参照时间为说话时间则为绝对"时制"，参照时间为说话时间之外的另外一个参照点则为相对"时制"。

1. 纵向"时制"划分

从纵向"时制"划分的角度来看，主要的观点有两种。一种观点认为汉语中既有绝对"时制"又有相对"时制"；另一种观点认为汉语中只有相对"时制"。持第一种观点的学者有吕叔湘（1944/1982）、陈平（1988）、龚千炎（1995）、方霁（2000）、李铁根（2002）、马庆株（2007）等；持第二种观点的学者则包括张秀（1957）、尚新（2007）等。

吕叔湘（1944/1982）虽然避开了汉语中有无"时制"的问题，但在研究汉语时间的过程中以过去、现在、将来组成的"三时"为基础，认为除了以说话时间为基点外还可以把基点放在过去和将来，提出把三时的内涵扩展为基点时、基点前时和基点后时。其中，"基点包含说话的此刻，就称为绝对基点；基点不包含说话的此刻，就称为相对基点"（吕叔湘，1944/1982：219—220）。

陈平（1988）和龚千炎（1995）则以过去、现在、将来作为基点，根据事件发生时间同参照时间在时轴上的关系，得出了先事过去时、先事现在时、先事将来时、后事过去时、后事现在时、后事将来时、当事现在时、当事过去时、当事将来时九种基本"时制"形式。两人的研究虽然没有提及相对时和绝对时的概念，但已经包含了分别以说话时间和参照时间为基点的"时制"划分思想。

马庆株（2007：11）在对前人"时制"划分的结果进行整合的过程中，采用了是否以说话时间为参照点的标准，提出了参照点为说话时间和非说话时间的两大类"时制"。第一大类包括主观进行时体、主观过去时、主观过去进行时体和主观将来时；第二大类包括客观进行时体、客观过去时、客观过去进行时体和客观将来时。马庆株的"时制"划分方法实际上同绝对"时制"和相对"时制"的划分标准基本一致。值得一提的是，马庆株在相对"时制"的划分上没有局限于先时、后时、当时使用的一次性，而是将"时制"的划分变得更为灵活，提出了主观过去进行时体和客观过去进行时体等更加复杂的复合"时制"。

李铁根（1999）则认为相对"时制"和绝对"时制"并存于汉语中，且同一标记如"着""了""过"等既可以表示绝对"时制"意义，也可以表示相对"时制"意义。汉语句子"从绝对时角度可分已然和未然两类"，"从相对时的角度分类，汉语的时制可分同时和异时两类"（李铁根，2002：10）。这样一来，纵向"时制"的划分和横向"时制"的划分被有机地结合了起来。

方霁（2000）从认知的角度分析英汉"时制"的差异，认为汉语中的"主导时制系统是依赖事件时间 E 和参照事件时间 R 在时轴上的位置关系建立起来的相对时制系统，由先时、同时和后时构成"，汉语中虽然也存在绝对"时制"的情况，但"说话时间 S 在汉语时制系统中只起辅助作用"（方霁，2000：57—63）。这样一来，方霁一方面承认了汉语中绝对"时制"和相对"时制"的并存性，另一方面又强调了汉语以相对"时制"为主、绝对"时制"为辅的特点。

2. 横向"时制"划分

从横向"时制"划分的角度来看，学者们有的采用三分法，将汉语"时制"划分为现在、过去、将来三个部分，而后在此基础上派生出先时、当时和后时（陈平，1988；龚千炎，1995）；有的采用两分法，将汉语时制划分为已然和未然或同时和异时（李铁根，2002），将来时和非将来时（张济卿，1998a，1998b）；还有学者将汉语中的时和体结合起来形成"时态"并划分了四个时域：过去$_1$，过去$_2$，现在，将来（陈立民，2002）。

将汉语"时制"划分为过去、现在、将来三个部分的学者（陈平，1988；龚千炎，1995）在他们的"时制"研究中既体现了绝对"时制"也体现了相对"时制"的意义，参照点既可以是说话时间，也可以是说话时间之外的另一个参照时间。三分法的概念在绝对"时制"和相对"时制"中都得到了体现。

而对汉语"时制"采用两分法的学者在划分标准上则存在一定分歧。李铁根（2002：1—13）认为"从绝对时的角度分类，汉语的时制可分'已然'和'未然'，从相对时角度分类，可分'同时'和'异时'"。从绝对时的角度来看，"事件在说话之前或说话之时易发生（过）或存在（过）的句子为已然句，事件在说话之时尚未发生的句子为未然句"。"时态"助词"了""着""过"在表达绝对时的过程中，都表已然。李铁根将绝对"时制"划分为已然和未然的理由是"汉语中已然和未然的对立比过去、现在、将来的对立在语法形式上表现得更为突出"。从相对时的角度来看，事件发生时间与参照时间同时存在则为同时；反之则为异时，异时又分为先时和后时。在表达相对时的过程中,"了""过"表异时,"着"表同时。张济卿(1998a,1998b)则认为,"汉语的时制结构是以将来时和非将来时的对立为基础的",理由是"汉语中只有将来时的句子才肯定有时间标志,过去时和现在时的句子则不一定有时间标志"。

将汉语"时制"划分为四个部分的是陈立民(2002)。他认为"了""着""过""在"等语言形式既表时的意义,又表"态"(aspect)的意义,因而既不属于时的范畴,也不属于"态"的范畴,而应当归入"时态"①的范畴。这样一来,"时制"和体的意义被归入了"时态"中。陈立民意识到"了$_1$"和"了$_2$"以及"过"和"来着"的区别,将"时态"划分了四个时域:过去$_1$、过去$_2$、现在、将来。其中,过去$_1$和过去$_2$在时轴上的位置紧紧相邻,二者的分界点为过去时域中的某个时间点,如图1-8所示。

通过对比分析可以知道,汉语横向"时制"划分出现三分法之外的划分方法,原因有二:其一,受汉语中可以确定的语法形式的影响;其二,"时制"和体在有些语言学家看来是可以合二为一的。

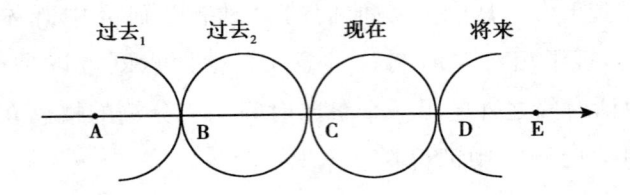

图1-8 汉语时域划分(陈立民,2002)

第四节 汉语中的时相

根据句子中动词及其他成分的词汇意义,可以看出,不同的事件或过程有着不同的内部时间结构,在时轴上呈现出不同的特点。有的表现为静止的状态,有的表示动态的行为,有的表示瞬时的动作,还

---

① 这里的"时态"不只表体意义,也不仅仅表时意义,而是二者的总和。

有的则在时轴上延续一段时间。陈平（1988）认为，句子的这种表现塑成了句子的时相结构。"句子的时相结构，体现句子纯命题意义内在的时间特征，主要由谓语动词的词汇意义所决定，其他句子成分的词汇意义也起着重要的选择和制约作用"，"根据句子的时相结构特点而划分出来的类别"被称为"情状"类型（陈平，1988：401—422）。我们认为，陈平对于时相的理解有三层含义：其一，时相体现的是事件或过程的内部时间结构；其二，体现时相意义的是句中"谓语"动词及其他成分的词汇意义；其三，时相的研究被定位在了句子（事件）层面。

  在"情状"类型的划分上，虽然不同学者的划分方式和侧重点略有不同，但其共同点在于都是先确立一定的区别性特征，然后再以这些区别性特征为标准，对动词或"情状"进行分类。常见的区别性特征有［±持续］、［±完成］、［±动态］等。有的学者将［±动态］一分为二，在区别性特征中同时加入了［±静态］和［±动态］，从而在"情状"划分的过程中对静态的强弱程度有了更加细致的区别（龚千炎，1995：13）。还有的学者采用两个区别性特征，即［±动态］和［±有界］对"情状"进行分类，简化了"情状"类型的种类（孙英杰，2007：144）。按照不同的区别性特征，学者们得出的"情状"分类也不尽相同，出现了三分法、四分法和五分法的差异。主张三分法的学者是孙英杰（2007：144），他按照［±动态］和［±有界］两个区别性特征，把句子的"述谓体"分为了状态、过程、事件三类。采用四分法的汉语言学家（邓守信，1985；龚千炎，1995）则大多参照Vendler的划分方式，将"情状"划分为活动（activity）、完结（accomplishment）、达成（achievement）和状态（state）。陈平（1988）则在四分法的基础上进一步细分，得出了状态、活动、结束、复变、单变五种"情状"类型。

  从对汉语时相研究的层面来看，大致有两种观点：一种观点把时相的研究局限于从语义上对"谓语"动词进行分类；另一种观点则把时相的研究扩展到了句子层面，研究的对象是包括句中"谓语"动词在内的各个成分。持第一种观点的学者主要以马庆株（1981）为代表，他的研究主要停留在对动词属性的研究上。持第二种观点的学者则包括邓守信（1985）、陈平（1988）、龚千炎（1995）、尚新（2007）、孙英杰（2007）等。这些学者的观点又可以分为两种，一部分学者把语法体标记及"时制"标记引入了句子"情状"的研究，如邓守信（1985）；另一部分学者则在研究句子"情状"的过程中明确将语法体标记和"时制"标记排除在外，这部分学者包括陈平（1988）、龚千炎（1995）、孙英杰（2007）和尚新（2007）等。

值得一提的是，孙英杰在其提出的汉语三分体系统中（见图1-5），区分了语法体、"述谓体"和动词词汇体。其中，"述谓体"涉及动词、动词论元（包括主语论元和宾语论元）、介词词组、时间副词等词汇手段（孙英杰，2007）。尚新（2007）则把"情状"看作一个"层级组织系统"（尚新，2007：16—17），在构成层级上，分为核心层、次核心层和边缘层三个层次。其中，核心层为［动词］，由核心层扩大到次核心层为［动词+补语］，由次核心层再扩大到边缘层为［动词+补语+附加时间成分］，而"情状"则是由这三个层次构建起来的一个系统。

可以看出，有关汉语时相的研究已经从单个动词层面上升到了句子层面，且研究的对象也由动词本身扩展到了句中的其他词汇成分。

对于汉语时间系统的研究，除了包括以上提到的体、"时制"、时相三方面之外，还包含了其他一些因素，如对语序（戴浩一，1988）和时间词（吕叔湘，1944/1982；陆俭民、马真，1985；李向农，1997）的研究。此外，一些学者还提到了上下文、语言环境等因素对汉语时间系统的影响（龚千炎，1995：34）。

第五节　结语

本研究主要从体、"时制"、时相等方面对前人有关汉语时间系统的研究进行了综述。可以看到，对于汉语时间系统的研究正朝着纵深方向发展。学者们研究的内容已从概念的有无之争转向了对各个功能实现方式及功能之间相互联系方式的研究。研究结果具有更强的解释力，系统性也不断增强。但是我们也应当看到，由于所用的标准不同，研究的角度和侧重点各异，不同学者对汉语时间系统的理解也不尽相同，对汉语时间系统的研究显得较为零散。因此，我们认为在今后的研究中，有必要在一个统一的理论框架下对汉语时间系统的各个部分进行较为系统而全面的梳理，以呈现出一个相对完整而连贯的汉语时间系统。

第二章 现代汉语体研究综述

第一节 引言

体（aspect）一直是语言学界的热点话题，研究成果丰富，因此文献的综述工作显得尤为重要。国内已有学者对汉语体研究的文献进行过梳理（如金昌吉、张小萌，1998；帅志嵩，2007；何伟、马瑞芝，2011），本书第一章也有一定篇幅的回顾，但研究或从微观问题入手，或倾向于宏观评述，因而对体研究的回顾还有待于进一步系统化。鉴于此，本章将基于国内外的研究现状，对目前研究的特点和趋势进行评述。

综观国内外相关文献，基于何伟（2010b）的观点，我们认为研究存在四种趋向：（1）主要关注语法体（以下称语法体趋向）；（2）主要关注词汇体①（以下称词汇体趋向）；（3）主要关注语法体和词汇体（以下称双体趋向）；（4）对体的相关问题采取回避态度（以下称回避趋向）。下文将以这四种研究趋向为宏观导向，结合研究的视角和内容对文献进行分类回顾。

第二节 语法体趋向

语法体趋向的研究以语法体为关注重点。从20世纪40年代开

---

① 本研究中的词汇体是广义的，详见何伟（2010b, c）的相关论述。

始,语法体就已成为国内语言学研究的重点,到目前为止,研究涉及传统语法、系统功能语言学、认知语言学、跨语言等视角,内容包括体的分类、表达形式、系统构建等方面。

一 传统语法视角

早在20世纪20年代,黎锦熙(1954)就对"了""着"、时间副词、动词重叠式等表达的意义作过详尽的阐述,但并未明确界定体的范畴。后来,吕叔湘(1944/1982)、王力(1943/1985)、赵元任(1979)、高名凯(1986)等确立了体范畴在汉语语法中的地位,主要关注"着""了""过"等语法成分表达的体意义以及体的分类。如表2-1所示,这些研究将体称为"动相""情貌""体"或"态",把表达体意义的"着""了""过"等界定为"词尾"或"后缀",同时对体进行了分类。可见,早期语法学家侧重对语法体的研究,在表达形式的性质问题上,也存在认识差异。另外,由于采用不同的划分标准和分类方式,他们划分出的体类型各不相同,且所处层级比较简单。

表 2-1　　　　　　　　　　研究对比

研究者	汉译术语	分类数量	表达形式
吕叔湘	动相	12	词尾、动量成分、动词重叠、V+"一"+V结构
王力	情貌	7	词尾、无情貌成分、末品补语和动词重叠
高名凯	体	6	虚词、动词重叠、重复近义词
赵元任	态	5	后缀、零后缀、动词重叠

20世纪80年代后,研究受到国内外诸多理论流派的影响,学界对体的研究开始从简单分类转向系统构建,如龚千炎(1995)和戴耀晶(1997)都以语法体为研究重点,旨在构建汉语的时间系统。前者将体分成八种类型,并将其与"时制"和时相联系起来,共同构成汉语的三元时间系统;而后者对汉语的体系统进行了专题研究,认为汉语的体是一个包含两大类六小类的系统。可见,两者对体的研究已不

限于简单分类，而是将体置于系统之中，这在汉语体系统的构建方面迈出了重要一步。

二 系统功能语言学视角

系统功能语言学认为形式体现意义，系统性是语言的五大维度之一，因此对体分类时，不但兼顾了语言的形式与意义，而且注重体系统的构建。如 Halliday & McDonald（2004）依据体意义的不同，将体分为"完成体""经验体""持续体"和"进行体"，同时依据体标记的句法位置将体分为"动词体"和"小句体"。前者由附在动词词组后的助词或助动词体现，后者由句末助词体现。另外，从 20 世纪 50 年代开始，Halliday 就尝试构建汉语的时间系统，如 Halliday & Ellis（1951/2007）提出汉语的时间系统存在两个子系统即时态和体，其中体又被二分为"完成体"和"未完成体"，后来他（1956/2007）又增加了"中立体"。随着研究的深入，Halliday & McDonald（2004）否认了汉语中时态的存在，认为汉语的时间系统中只有体和相（phase）两大系统，前者由语法形式表达，后者由词汇形式表达。这些研究对 Yang（2007）和 Ng（2013）等产生了较大影响，但 Ng 未在理论上进行充分拓展。相比之下，Yang（2007）的研究丰富了系统功能语言学关于体的理论。她将体分为"完成体""非完成体"和"将行体"，同时依据体标记的数量将体分成"首要体""次要体"和"三级体"这三种。她还指出"完成体""非完成体"和"将行体"的内部成分互相交织在一起，从而组成一个多层级、相互联系的系统网络。另外，该研究不限于对简单体的考察，还论及复合型的体，从而进一步丰富了体的研究。

三 认知语言学等视角

认知视角的研究注重对时体现象的认知阐释，散见于一部分认知语法论著中，目前影响较大的是 Langacker（1987）的研究。Langacker 从动词层面展开讨论，依据界性和质性两个标准划分出

"完整体"和"非完整体",同时还简要阐释了两种体与时态的关系。Taylor(2002)受其影响,在讨论"过程"时,也指出英语存在"完整体"与"非完整体","完整体"具有界性,而"非完整体"不具有界性,并据此将"过程"分类。与前者不同的是,他认为"过程"表达的时间关系,不限于动词、动词短语或小句,因此不主张研究仅停留于动词本身层面。国内学者也深受两者影响,如陈振宇(2007)在对汉语的体进行研究时,就尝试从认知视角对体重新定义,建立起一个汉语时间系统的认知模型,这对国内的体研究具有启示意义。

形式语言学的体研究主张从形式出发研究体,如张立平(2002)认为,对体的研究只需单纯在句法层面上进行,无须考虑任何的语义和语境因素,这样可避免意义分析上的很多问题。李莹、徐杰(2010)指出,体标记的划分应依据标记本身是否具有独立地位和句法位置进行,这才可以为体标记的共现和叠用提供合理的解释。但事实上,语言并不是没有任何意义的单纯符号,语言的功能在于建构意义,语言是语境之中的语言,仅从形式出发,即使暂时解决了某些问题,但由于这种解决脱离了语言实际,必然会影响研究的科学性。

跨语言的研究主要是以多种语言为目标,使研究更具普遍性,如Comrie(1976)旨在建立一个具有普通语言学意义的体系,因此讨论了英语、汉语等多种语言,但是对于汉语体的研究,在研究广度和深度上均有限,而且该研究主要从语法体出发,未论及词汇体,更没有区分语法体和词汇体。

第三节 词汇体趋向

词汇体趋向的研究以词汇体为关注重点。词汇体主要由词汇手段表达,这些"词汇手段包括动词或动词短语、充当时间状语的副词词组、名词词组和介词短语,以及具有时量意义用来充当主语和补语的名词词组"(何伟,2010b:122)。依据这个定义,可以将词汇体的研究分为两大部分：对动词或动词短语的相关研究和对其他词汇手段的研究。

对动词或动词短语的研究呈现出两个特点：一是研究从不同角度切入，包括动词的"情状"（如邓守信，1985）、动词的语义特征（如陈平，1988）、动词的过程结构（如郭锐，1993）等。其中邓守信（1985）指出体的功能受制于动词的"情状"；郭锐（1993）从动词的过程结构入手讨论动词的类，指出动词的过程结构包含起点、终点和续段三个要素，这个结构表现为状态、动作和变化三个核心之间过渡的连续统，与汉语的体有着密切的关系。该研究考虑到了动词的过渡类别，对汉语的动词研究是一个有益的补充；二是研究经历了一个从主要关注动词形式到主要关注动词表达的意义的过程。有关动词表达体意义的研究可以追溯到王力（1943/1985）和赵元任（1979）。两者虽主要关注语法体，但均已论及无"情貌"成分和零后缀，只不过两者未将这部分与"了""着"等作进一步区分，而是将其一并归入语法形式。由于动词的"情状"类型和语义特征并非两者的考察重点，因此两者只注意到了表达体意义的"零形式"，但并未认识到，在这种情况下的动词表达的是词汇体。20世纪80年代后，研究主要基于动词的词汇意义对动词进行分类，如陈平（1988）依据[±静态]、[±持续]和[±完成]这三组语义特征将汉语动词分成五类，即"状态""活动""结束""复变"和"单变"。

在其他词汇手段方面，主要是对时间词语相关问题的考察，且从不同角度证明了词汇手段在表达体意义时的重要作用以及词汇手段内部之间的相互影响。如马庆株（1992）除对动词进行分类外，还考察了时量短语的所指与"情状"之间的关系。陆俭明、马真（1999）依据时间副词表达的时体意义划分出定时时间副词和不定时时间副词，其中定时时间副词主要表示时，不定时时间副词主要表示"态"（体）。另外，该研究还依据不定时时间副词表达的体意义，将不定时时间副词分成18个小类，分别表示已然、未然、进行、短时等体意义。

第四节 双体趋向

双体趋向的研究主要将语法体和词汇体同视为关注重点,认为语法手段和词汇手段均为表达体意义的重要形式,研究涉及语义学、系统功能语言学和跨语言等视角。

一 语义学视角

语义学对体的研究影响深远,国内外学者基于语义学,主要构建二分制体系。如 Smith（1994）指出汉语的体可二分为"视点体"和"情状体",且两部分既相互独立又相互作用。"视点体"可分为"中立体""完成体"和"未完成体";"情状体"可分为五个类别,由动词表达。Xiao & McEnery（2004a）、李明晶（2013）、Woo（2013）等都继承了 Smith 的二分制观点,同时进行了修正和拓展。如李明晶（2013）建立了由"动貌"和"视点体"组成的二元体系统,指出表达手段应包括词汇手段和语法手段,同时还强调了语用手段的重要性,这是对 Smith 观点的有益补充。Olsen（1997）在 Smith 的二分制体系基础上更进一步,将"视点体"称为语法体,将"情状体"称为词汇体,指出词汇体可以由动词或动词短语表达,也可以由论元、时间副词等词汇手段体现。该研究虽以英语为考察对象,但对于汉语的词汇体的研究来说具有借鉴意义。鉴于此,Li（2012）在其研究中指出,词汇体由动结补语、时量短语和介词短语三种形式表达。这就将词汇体的体现形式从动词本身拓展到小句层面。可见,词汇体的研究范围随之扩大。

二 系统功能语言学视角

该视角对体的研究主要基于 Halliday & Matthiessen（2004/2008）的时态理论,构建的体系统包含了语法体和词汇体,如何伟（2010b,c）和何伟、付丽（2015）。前者主要对英语的体进行了研究,指出体系统应建立在小句层次上，小句内所有表达体意义的成分都应纳入体范畴，其表达形式也随之从语法形式扩大到所有可能表达体意义的词汇手段。汉语作为意合语言，词汇手段对于体意义的表达具有重要意义，因此该系统模式虽为英语构建，但也对汉语体系统的探索具有一定的启示作用。基于该研究，后者又尝试对汉语的体进行考察，基于体意义将体划分为将行体、开始体、进行体、完成体和实现体，基于体现形式将体分为语法体、准语法体和词汇体。这样就使准语法体从语法体中分离出来，进而细化了体系统的体现方式，体现形式在词汇—语法层上构成了一个连续统。

三 跨语言视角

跨语言视角的研究关注不同语言中体的体现形式、分类以及体系统的类型特点，如 Dahl（1985）认为有些语言的体意义由形态手段表达，而对于全部的语言来说，不同动词的体潜势之间存在区别，换言之，词汇手段在世界语言的体系统中具有普遍性，当然汉语也不例外。Zhang（1993）对英、汉、德三种语言的体系统进行对比，发现汉语体除了使用体标记外，还采用动补结构和动词重复结构，这是与英德两种语言的主要不同之处。陈前瑞（2008）通过类型学研究发现，英语是时凸显语言，汉语是体凸显语言，还构建出具有四个层级的汉语体系统，即由"情状体""阶段体""边缘视点体"和"核心视点体"组成。

第五节 回避趋向

回避趋向的研究多对语法体和词汇体的相关问题采取回避态度，主要体现在以下两个方面：

第一，回避体的相关问题，不论及词汇体和语法体，主要表现在三个方面：一是避开时体问题，以其他内容代之，如李向农（1997）确立时点时段范畴，而陆俭明（1991）则以时间词语为研究对象。可见，这些研究均与时间相关，但不论及体。二是在英汉对比研究中回避时体问题的对比，如连淑能（1993）、潘文国（2013）在进行英汉对比时，主要关注两者在形态变化上的差异，概无时体方面的明确观点。三是一些著名的语法论著也不涉及时体问题，如黄伯荣、廖旭东（1991）。

第二，明确否定体的存在，从根本上回避词汇体和语法体的相关问题，如陆俭明（1999）指出关于动作的进行、持续和完成都是通过词汇或句法手段实现的，"了"和"着"不是体标记，也不是动词的后缀或词尾，而是助词。虽然这些都是词汇手段，但也不表达时体意义，因为他明确指出汉语中不存在体范畴，这也就从根本上否认了语法体和词汇体的存在。

第六节 对汉语体研究的思考

一 研究特点

学界对汉语的体进行了大量的研究，成果丰富，呈现出多元化和不均衡的特点。多元化主要体现在研究趋向、研究视角、系统构建、汉译术语、语言形式的性质等方面，不均衡性主要体现在国内外研究文献、词汇体与语法体、简单体与复合体、动词谓体句/非动词谓体句的体研究等方面。

（一）研究的多元化

第一，学界存在语法体趋向、词汇体趋向、双体趋向以及回避趋向，这表明国内外研究者对语法体和词汇体的相关问题在观点上并非一致，无论在宏观问题上（如体系统模型的构建），还是在微观问题上（如语言表达形式的具体问题）均存在差异，可见学界在体研究方面呈现出百家争鸣的态势。

第二，研究从传统语法、语义学、认知语言学、跨语言等视角进行，因此在视角上呈现出多样化的态势。从各个视角的现有成果看，传统语法的研究是今后时体研究的必要参考，语义学视角对汉语体的影响较为深远，认知视角对体的具体问题和系统模式都给出了全新的阐释，为这个古老的话题注入了新的活力。但是各语言的体系统之间存在差异与共性，仅考察某一种语言的体系统不能解决该问题，因此跨语言视角的研究推动了体系统的对比研究，将体的相关理论置于类型学视野下，使理论更具普遍性。

第三，系统模型的构建是一个逐渐完善的过程，经历了从简单层级、多数量到多层级、适量类别的系统构建过程。早期的研究主要依据语法标记的不同结构把体分成层级简单、数量不等的类别。20世纪90年代后的研究不再停留于对体的分类上，而是以系统的观点构建体的理论模型，研究者依据词汇体与语法体的区别构建出不同层级的体系统。

第四，在汉译术语方面，"aspect"被译为"体""态""时态""情貌""动相"等，研究者在使用这些术语时，常发生与"tense"汉译的混用现象，不易清晰识别，因此不利于对体的研究。另外，对于体的表达形式的性质，研究者界定各异，如存在"词尾""后缀""助动词""体助词""记号""体标记"等界定方式，其原因在于国内很多研究很大程度上借鉴了英语的语法研究，受到了英语语法的影响。但汉语具有特殊性，汉语的体研究不能照搬套用其他语言的理论。这就需要一个适合汉语的理论，因此引介国外理论时，不但要重视其创新性，还应重视其普遍性与适用性。

（二）研究的不均衡性

第一，由于不同语言之间的差异障碍等限制因素，国外研究者更多倾向于对本族语言的研究，这就造成了国内外对汉语体的研究呈现出不均衡的状况，即国内的汉语体研究成果较为丰富，国外研究只占很少一部分，即使有研究论及汉语的时体，限制因素的存在阻碍了研究的深入进行，如 Smith（1994）虽然对汉语进行过考察，但在讨论"视点体"时，只考察了"着""了""过""在"、零形式和动词的重复式，关于"起来""下去""将"等其他表达形式都没有论及，可见国外文献的研究深度和范围受到了限制。

第二，从研究历史看，相比词汇体，语法体历来都是研究热点，如传统语法视角的研究多关注语法体的标记形式，同时依据这些形式对体进行分类；在词汇体的研究中，较多研究关注动词的"情状"、语义特征及分类，对于动词外其他时体成分的研究不够深入和系统，但从近期的研究看，词汇体的范围开始渐渐扩大，开始从狭义的动词体逐渐向广义的词汇体过渡。

第三，以往研究大都关注简单体即单一体，鲜有论及复合型的体，而事实上汉语中存在大量的复合体结构，因此复合体的研究需要研究者加以充分重视。目前系统功能语言学派对复合时体的研究已经展开，构建的多层级系统网络对汉语复合型体的研究具有借鉴性。

第四，因受到国外英语语法的影响，目前的研究主要关注动词谓体句（即学界通常提及的"动词谓语句"）的体，对于汉语中的名词谓体句（"名词谓语句"）、形容词谓体句（"形容词谓语句"）或主谓谓体句（"主谓谓语句"）的体关注不够。虽然国内也有少数研究者简单讨论过形容词的体（如张国宪，1998；张济卿，1998c等），但这些研究比较零散和笼统，再加上汉语谓体的这种复杂性，因此现有的研究成果还不能解决这些句型在时体方面的主要问题，还需要研究者作出进一步的系统考察。

二 研究趋势

在汉语体的研究方面，学界已取得丰硕的成果，不过从以上评述看，仍具有进一步研究的潜力，但需要一个具有普遍性和强大适用性的理论，我们认为系统功能语言学就具有该特点。该理论强调系统的观点，注重语境的作用，主张对语言研究采取"自上而下"（from the above）[①]、"自下而上"（from the below）和"同一层次"（from the roundabout）的研究范式，另外它的一些观点本身就源于其创立初期

[①] 关于"from the above""from the below"与"from the roundabout"，请参看 Halliday & Matthiessen（2004/2008）相关论述，在此不再赘述。

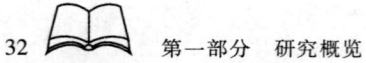

Halliday 对汉语的一系列研究，因此该理论有可能为汉语体系统的构建提供一个反映汉语事实的全新视角。展望今后的研究，我们可以基于系统功能语言学学派的现有成果，吸收前人在传统语法、认知语法、类型学等领域的研究精华，在系统功能语言学视角下对汉语的体进行"三维一体"的研究，然后进一步与英语的体系统进行系统和深入的对比。

第二部分
时间定位系统即"时态"研究

第三章　现代汉语时态系统及体现形式

第一节　引言

　　自20世纪三四十年代以来，汉语学界已对汉语时间系统展开了广泛的研究。目前，汉语学界对汉语时间系统的研究主要涉及三种观点：汉语中只有体语法范畴，而没有时态[①]范畴，如王力（1943/1985）、高名凯（1986）、戴耀晶（1997）、Yang（2007）等；汉语中既有体范畴，又有时态范畴，如吕叔湘（1944/1982）、陈平（1988）、张济卿（1996，1998a）、金立鑫（1998）、李铁根（1999，2002）等；汉语中既没有明确的体范畴，也没有明确的时态范畴，如朱德熙（1982/2011）、丁声树（1961/1999）、赵元任（2001）等。

　　与印欧语系中的语言不同，汉语是一种孤立语言，缺乏屈折变化形式，因而汉语学界关于汉语时态这一话题仍然存在争议，主要表现在两个方面：一是汉语中有无时态；二是汉语中时态是怎样体现的。关于汉语中时态的体现方式，汉语学界有四种观点：一是语法形式体现时态意义，即一些助动词，如"着""了""过"和"来着"等，如黎锦熙（1954）、吕叔湘（1944/1982）、李临定（1990）、龚千炎（1995）、李铁根（2002）；二是除谓体动词外的词汇形式也体现时态意义，如时间名词、时间副词、表时间的方位短语和介词短语等，如

---

① 有的学者将"tense"译为"时制"，如陈平（1988）、龚千炎（1995）等；也有学者译为"时态"，如王松茂（1981）等。本研究以Halliday的系统功能语言学为理论框架，将"tense"译为"时态"。

王松茂（1981）、吕叔湘（1944/1982）、龚千炎（1995）、李铁根（2002）、周慧先（2005）、高涛（2006）；三是汉语时态也可以是零形式，其判断依据主要是谓体动词本身的意义和语境，如吕叔湘（1944/1982）、李临定（1990）、李铁根（2002）、高涛（2006）、彭宣维（2007）；四是某些意义逐渐虚化的动词也可以表示时态意义，如马庆株（2007：13）提出，动词"打算/想要/准备"也可以表示未然估量。

尽管汉语学界已对汉语时态开展了大量的研究，但是在诸如上述问题上仍然没有达成一致的见解，原因应该是相关研究没有置于一个完整的理论框架之下。本研究认为 Halliday 创建的系统功能语言学可以为汉语时态的研究提供一个相对完整的理论框架，因此下面我们试图在该视角下对汉语时态进行一个相对全面而系统的描述。

第二节 系统功能视角下的时态定义和类别

自 20 世纪 70 年代以来，西方语言学界对英语时态的研究日益活跃，学者们对英语时态进行了不同的界定，其中以 Lyons、Comrie 为代表。Lyons（1977：677）认为，"时态是时间的指称框架部分，是一个指示范畴；一个时化的命题在时间上受到限制，它必须以一个时间点或时间段为参照，而这个时间点或时间段则需根据话语时间来确认。" Comrie（1976，1985）认为时态将事件发生时间和其他某时间联系起来，其他某时间可以是话语发出时间，也可以是其他时间，因而提出了"绝对时态"和"相对时态"的概念。在系统功能语言学框架内，Halliday（1976，1994/2000）和 Matthiessen（1996）认为英语时态是构建话语发出时间的"现在"和小句事件发生时间的"那时"之间时间关系的一种语法范畴，时态属于限制系统中的时间指示系统。从上述定义中，我们可以看出英语时态的两个特点：语法范畴和指示范畴。具体地讲，Halliday（1994/2000：198）在描述英语时态时指出，时态是一种语法手段，构建"事件发生时间"与"现在"之间的时间序列（最少一个）关系，属于概念功能中的逻辑功能，由动词词组来体现。Halliday 对英语时态的研究基于两大基本原则：三分制原则和递归性原则。前者指的是英语中有三种基本的时态：过去、现在和将来。后者指的是时态可以在系统内作重复的选择。Halliday 认为时态分为首要时态（primary tenses）和首要—次要时态（primary-secondary tenses），并且只有首要时态具有时间指示功能。首要时态是以话语发出时间为时间参照点，构建的是话语发出时间和小句事件时间或另外一个参照时间之间的时间关系；次要时态以话语发出时间之外的其他时间为时间参照点，构建的是小句事件的发生时间或另外一个时间参照点与该时间参照点的时间关系。我们（何伟，2010b：38）在系统功能视角下再谈英语时态的定义和种类时，提出："任何一个单一时态都建构一种时间关系，或者由小句过程事件发生时间指向话语发出时间或其他时间参照点，或者由一个时间参照点指向话语发出时间或其他时间参照点；不仅首要时态具有指示性，次要时态也具备这种功能。按照这种解释，时态可分为四种类型：首要时态、次要时态、首要—次要时态和次要—次要时态。"那么，汉语时态如何定义和分类？

如前文所述，汉语学界对汉语中是否存在时态意见不一，有关这个问题，我们（何伟、马瑞芝，2011，2013，2016）已经探讨过，认为汉语中存在时态这一范畴。本章不再赘述。认为汉语中存在时态的学者对其定义也不尽明确，但大都提到了话语时间（the coding time）、事件时间（the event time）和参照时间（the reference time）。龚千炎（1995：4）将"时制"（即本研究意义上的时态）定义为"指示事件（句子）发生的时间，表现为该时间同说话时间或另一参照时间在时间轴上的相对位置"。张济卿（1998b：17）指出："所谓'时制'，指的是情状的发生时间、说话时间和时间轴上的另一时间（又称参照时间）三者在时轴上的相互关系。"李铁根（2002：1）认为"时制"指的是事件发生时间与说话时间或与另外一个参照时间在时轴上的相互关系。关于体现形式，张秀（1957）认为时态是一个语法范畴；龚千炎（1995）认为时态是处于语法和词汇之间的一个过渡范畴；李铁根（2002）认为时态既可以由语法化的形式也可以由词汇化的形式来体现。

我们（何伟、马瑞芝，2013，2016）认为汉语时态分为有标记的形式和无标记的形式，并将有标记的汉语时态定义为"在小句中通过语法化或准语法化手段构建不同时间之间指示关系的语言形式"。由于那两篇文章着重探讨的是有标记的时态，所以并没有探讨无标记的汉语时态。

本章在系统功能视角下，意在进一步完善汉语时态的定义。我们认为：有标记的时态是通过语法化、准语法化和词汇化手段构建的事件发生时间抑或一参照时间和另一参照时间之间的时间指示关系的语言形式；无标记的时态指那些没有明确语法化、准语法化或词汇化手段表示的，而可由小句谓体抑或语境判断的时间指示意义的语言零形式。由此看出，无论是有标记的时态，还是无标记的时态，它们均表示时间指示意义；在时间结构上涉及以下三个时间点中的任何两个——话语发出时间（the coding time），即事件发生的第一个参照时间（the first reference time），一般情况下以"现在"为参照点；事件发生时间（the event time），即小句中事件的发生时间；其他参照时间［other reference time（s）］，事件发生时间或时间序列中其他时间所指向的时间点。由此看来，汉语中的时态有绝对时态和相对时态之区分，亦即有首要时态和次要时态之别，在自然时态中应有首要时态、次要时态、首要—次要时态和次要—次要时态四种。时态的体现形式或是语法化、准语法化、词汇化形式，或是零形式。

尽管汉语时态种类比较复杂，然而本章在描述体现形式时不区分首要时态和次要时态，这是因为汉语本身缺乏屈折变化，也就是说，同是先时（过去时）、同时（现在时）和后时（将来时），体现形式不因其表示首要时态和次要时态而有变化。

第三节　有标记时态的体现方式

一　语法化和准语法化形式

王松茂（1981）认为汉语中动词的时态助词是虚词，表示的是语法意义，而语法意义和语法形式又是不可分的，这里的时态助词即一般理解的时间副词，如"已经""刚刚""正在""就""将"等。宋玉柱（1983）认为助词作为词的辅助成分近于词尾，另外它们还可以附着在词组上，而时态助词中的"了"和"过"既能附着于词又能附着于词组，因此把它们归为助词。王力（1943/1985：131）将副词和表现"情貌"的"着""了"和"来着"都划为语法成分。他认为副词是一种介乎虚实之间的词，永远不能做句子的主干，在句子里既不能充当主语又不能充当"谓语"（本书意义上的谓体），因此应归入语法成分。

本章在系统功能思想，即"意义为中心，形式是意义的体现"的指导下，认为表达时间意义的语法化手段既包括传统意义上的助词，如"着""了$_1$"①"了$_2$"②"过""来着"，也包括时间副词，如"正（在）""曾（经）""已（经）""早就""早已""将""马上"，同时包括虚化了的动词，如"打算""准备"等。不过传统意义上的助词系典型的语法化手段，时间副词正在虚化过程中，程度有高低之分，所以为非典型的语法化手段抑或准语法化手段，处于虚化过程中的动词因其虚化程度不是特别高，因而也是准语法化手段。在此需要说明一点，语法化一直是学界研究的一个话题，指的就是实词虚化为语法标记的过程（金春梅，2004；向友明、黄立鹤，2008）。

（一）表示先时的语法化和准语法化形式

宋玉柱（1983）和张谊生（2000）认为"的"和"来着"都是表示"过去"时间意义的时态助词，尤其是近时的过去；龚千炎（1995：40）指出含"来着"的句子必为过去发生的事件；金立鑫（1998）认为"过"和"了$_1$"都表示过去时，但是"过"表示的是"过去的远时"，而"了$_1$"表示的是"过去的近时"。王力（1943/1985）将副词分为八大类，时间副词中表先时的副词有"已经""先前""方才""刚刚""近来"等；陆俭明、马真（1999：98）认为

---

① 词尾"了"记作"了$_1$"。
② 句尾"了"记作"了$_2$"。

表过去时的副词有"业已（经）""曾（经）""从来""一向""素来""终于""到底""毕竟""一度"等。我们（何伟、马瑞芝，2013，2016）在探讨有标记的汉语时态时，提到表"先时"的语法化时态助词有"过""了₁""曾""已（经）""了₂""来着"等。本研究认为表"先时"的典型语法化手段包括"过""了₁""了₂"和"来着"等助词，表"先时"的非典型抑或准语法化形式包括"已（经）""曾（经）""先前""方才""刚刚""近来""终于"等时间副词——这些时间副词在句法上也被称为时态助词。它们在小句中可以位于谓体前、谓体后以及小句末。例如：

（1）我<u>曾经</u>是你们家的一头驴①。
（2）我认出<u>了</u>好几个熟识的邻村朋友。
（3）你师傅怎么教你<u>来着</u>？（CCL）②

例（1）中，小句中的事件是"我是一头驴"，参照时间系话语发出时间，即小说作者的写作时间（何伟，2010b：187）。时态助词"曾经"位于谓体"是"之前，表示的时间关系是相对于参照时间，小句中的事件是过去存在的一种状态。

例（2）中，时态助词"了₁"位于充当谓体的动词"认出"后，它表示的时间关系是相对于参照时间"现在"，事件"我认出几个熟识的朋友"指向的是过去发生的事情，表达的是过去的时间意义。

例（3）中，时态助词"来着"位于小句的末尾，表达过去的时间意义。小句中的事件是"你师傅教你"，参照时间是话语发出时间"现在"。"来着"在此表达的时间关系是话语发出时事件"你师傅教你"已经发生。时态助词"了₂"也常位于小句末来表达事件时间先于参照时间的时间关系。

---

① 除特别标注，本章所选取小说中的例子均来自莫言的小说《生死疲劳》（作家出版社 2012 年版）。
② 除特别标注，本章所选取语料库中的例子均来自中国现代汉语语料库（CCL）。

（二）表示同时的语法化和准语法化形式

李铁根（2002）认为"了""着""过"都有表示相对时态的功能，其中"了""过"表异时，"着"表同时；王松茂（1981）认为时态助词"正在""在""正"等语法形式表达动作行为正在进行的语法意义；王力（1943/1985）认为表示同时意义的时间副词有"正""如今"等。我们（何伟、马瑞芝，2013，2016）在之前的研究中提到表"同时"的语法化形式有"着""正（在）"等。本研究认为表"同时"意义的时态助词除了"着""正（在）"等，还包括"经常""常常""如今""一向"等。它们在小句中的位置主要有两种：谓体后和谓体前。例如：

（4）我的主人怔怔地望<u>着</u>洪泰岳，半晌不动。
（5）我国<u>正在</u>建设社会主义市场经济。（CCL）

例（4）中，时态助词"着"位于说明谓体的动词"望"后，表示以话语发出时间为参照时间，"望"的动作正在进行，即小句事件时间同参照时间具有一致性，是"同时"的时间关系。

例（5）中参照时间和话语的发出时间是重合的，将时态助词"正在"置于谓体"建设"之前表达的时间意义是相对于参照时间，事件"构建社会主义市场经济"正在进行。

（三）表示后时的语法化和准语法化形式

表"后时"意义的时态助词主要是传统意义上的时间副词。王松茂（1981）认为"将、将要"等语法形式表达动作行为将要发生的语法意义；陆俭明、马真（1999：98）认为表将来时的时间副词有"早日""及早""趁早""终将""早晚""必将""终归""先行"等；马庆株（2007：12）认为表达"后时"的时间副词有"即将""将要""便""赶紧""就""立即""立刻""马上""最近""赶忙""然后"等；彭宣维（2007：263）提到时间副词"将""将要""快要"等在学界虽然常被当作副词，但在表将来时间时起着关键作用。所以我们很有理由把它们看作时态助词，即认为它们除了表一定的情态意义外，还表将来时间意义。我们（何伟、马瑞芝，2013，2016）曾提到过在有标记的汉语时态中，表达"后时"意义的语法形式有"将""要""会""快（要）""就（要）""即将"等。在此基础上，本研究认为汉语学界所讲的那些能表示将来、未然意义的虚化了的或正在虚化的时间副词，比如本小节提到的时间副词，均系表达"后时"时间关系的时态助词。它们在小句中一般位于充当谓体的动词之前。例如：

（6）姐姐，姐姐，娘让我来叫，金龙快要死了！

在例（6）中，时态助词"快要"出现在谓体"死"前，构建的时间意义是就参照时间即话语发出时间"现在"而言，"金龙死"的事件还未发生。"快要"在此表达"后时"时间意义。

除了上面提到的时间副词外，在现代汉语中还有一些词也应归为准语法化形式。这些准语法化的手段源于拥有实在意义的实词，这些实词在不断演化中，意义逐渐虚化，而虚化后的意义仍然影响着新词的意义。马庆株（2007）提出，某些动词如"打算""想要""准备"可以表示未然估量，出现在这些动词后面的动词所表示的动作一定发生在某个时间之后；Li（2012）认为，一些动词，如"准备""预期""希望""需要"等后面可能接表示意图的补语从句或动词词组，这些补语从句和动词词组大多表达的是"将来"的时间意义。我们（2009）在探讨英语中的语法体和词汇体时谈到，从功能角度来讲，begin/start to v/v-ing中的动词begin和start可以看作助动词，因为它们的语义正在发生变化，如从表示空间意义逐渐转化为对体意义的表达，其变化的表现形式是从实义动词转化为语法化或本研究准语法化的动词。之后，我们（何伟、马瑞芝，2013，2016）指出"准备""打算""本来""马上"等是表达汉语时态的准语法化手段。

结合学界以及我们前期的研究成果，本研究认为在汉语中表达时态的准语法化形式是一些意义逐渐虚化的动词,如"准备""打算""希望""预期""需要"等,究其原因,如上所述:首先,它们虽在一定意义上是词汇动词,但从功能上看,它们的意义逐渐转化为对时态意义的表达;其次,它们的功能虽有所改变,但仍处在变化的过程中,所以我们把它们看作准语法化手段。例如:

(7) 我准备发起第二个回合的进攻。

"准备"原为实义动词,表示"预先安排"的意思,而在例(7)中,中心动词是"发起","准备"作为实词的意义得以虚化,除了表示一定的情态意义外,还表示未然意义,即表示小句中的事件"我发起进攻"尚未发生。

二 词汇形式

龚千炎(1995:34)指出,现代汉语时态的表达一般采用的是词汇手段,即时间词语,包括时间名词、方位名词、时间短语、方位短语、介词短语等;李铁根(2002)认为现代汉语的时态可以由词汇成分表达,如用时间名词、表时间的方位短语、介词短语以及某些特定句式等来表达句子的时态意义;周慧先(2005)认为汉语通过词汇形式来表达"谓语"动词的"时",表"现在"的词汇有"现在""今天""这几天""本周"等,表"过去"的词汇有"刚才""昨天""上周""上月"等,表"将来"的词汇有"明天""下个周""过几天""明年"等。

通过对中国现代汉语语料库的考察,我们赞成上述学者的看法,不过认为除了他们已经提到的词汇手段外,表达汉语时态的词汇手段还包括一些连接词,如"一边……一边""一面……一面"等。鉴于本章研究的主要是简单小句(simple clause)中的时态,所以下文对于连接词是如何体现时态的不作深入的探讨。

本章在系统功能语言学内部的加的夫模式(Fawcett, 2000,

2008）的指导下，将我们提到的时间名词、方位名词、时间短语、方位短语和介词短语归为两大类：名词词组和介词短语。它们可以在小句中充当不同的成分。

（一）表示先时、同时和后时的名词词组

何伟等（2015a）指出名词词组的主要成分包括中心词、前修饰语、后修饰语和限定词。通过对语料库的检索，我们发现表达时间意义的名词词组，它们的中心词可以由时间名词、方位名词等来说明，也可以由日期字符串来填充。在小句中以话语发出时间或其他时间为时间参照点，它们构建的是先时、同时和后时的时间关系。根据表达的时间关系的不同，这些名词词组可以分为以下几类：

先时：昨天、去年、上周、上个月、昨晚、那时候、从前等；

同时：现在、此时、此刻、当时、这时候等；

后时：明天、明年、下周、下个月等。

这些名词词组在小句层面以及词组层面可以填充不同的成分。我们将名词词组"昨天"输入中国现代汉语语料库进行检索，结果显示在前500条例句中，当名词词组在小句中充当主语、状语、补语以及名词词组中前修饰语和介词短语中的介补语时，它们可以表达时间意义。其中名词词组填充小句状语的情况最为常见，其次是介词短语中的介补语，填充名词词组的前修饰语、小句主语和补语的例子相对较少（分别是20条、5条和5条）。下面我们将分别讨论名词词组在小句中充当主语、状语、补语和名词词组前修饰语时构建的时间关系，填充介词短语中的介补语的情况将在后文讨论。例如：

（8）今天是合作社成立的日子。

（9）下个星期六我们来。（CCL）

（10）张三参观展览会的时间是昨天？（CCL）

（11）昨天的大会由杨析综主持。（CCL）

例（8）中，名词词组"今天"的中心词由时间名词"今天"来说明，并且只含有中心词一个成分，表示小句事件"合作社的成立"和参照时间"现在"是"同时"的时间关系。例（9）中，名词词组"下个星期六"是由指示词"下个"和中心词"星期六"组成，中心词是表示日期的名词，表达的时间意义是"后时"，即以"现在"为参照时间，小句事件"我们来"尚未发生。例（10）中，名词词组"昨天"只含有中心词，位于谓体"是"之后，填充的是小句的补语。在小句中没有其他时间指示词的情况下，我们根据补语"昨天"可以判断出小句事件发生的时间，即以说话时间为参照点，事件"张三参观展览会"已经发生，表示的是"先时"的时间关系。例（11）中，小句的主语是名词词组"昨天的大会"，其包含中心词"大会"、前修饰语"昨天"和前修饰语触发语"的"。前修饰语，即时间名词"昨天"，表示相对于说话时间而言，"大会"已经开完，因此事件"杨析综主持大会"也发生在昨天。

（二）表示先时、同时和后时的介词短语

何伟等（2015a）在描述介词短语时，指出该语言单位主要包括介谓体和介补语两个成分，介补语由介谓体引介，可以由不同的语法单位来填充。介词短语在小句中可以填充一定的语法单位，在小句层面可以填充主语、补语和状语；在词组层面可以填充名词词组中的前修饰语、性质词组中的完成语和数量词组中的完成语等。在表达时间意义的介词短语中，能介引时间位置的介谓体有"于""在""从""等""等到""待到""当""直到""打""自打""在……之前""在……之后""之前""之后""从……到……""自……以来""自从……以后"等，它们表示先时或同时或后时。例如：

（12）我生于1950年1月1日上午。

（13）就在今天，她成了一名大学教师。（CCL）

（14）假期从明天开始。（CCL）

例（12）中，介词短语"于1950年1月1日上午"充当的是小句的补语，介谓体是"于"，介引的介补语系中心词为"上午"的名词词组"1950年1月1日上午"。介补语中提到的时间明显是已经过去的时间，所以介词短语在此构建的时间关系是"先时"，即相对于话语发出时间，小句事件"我出生"是已经发生的事情。例（13）中，介词短语"在今天"表示的时间是小句事件"她成为一名大学教师"的发生时间，而小句事件的参照时间是话语发出时间，由于介词短语中的介补语"今天"表示的是时间段，包含话语发出时间，所以两个时间可以看作同时关系。例（14）中，介词短语"从明天"在小句中充当的是状语，表示的是小句事件"假期开始"的发生时间，而小句事件的参照时间是"现在"，所以该小句建构的是后时时间关系。

当然，能表达时间关系的介词短语可以不限于某种固定的时间关系，在不同的语境下，可以表示不同的时间关系。

第四节 无标记时态的判断依据

在现代汉语学界，很多学者都认为汉语中存在零形式时态，即在没有任何语法化标记、准语法化标记和词汇手段的情况下，小句的指示时间意义仍然能根据小句中谓体本身的语义特征来判断，如张秀（1957）、吕叔湘（1944/1982）、李临定（1990）、张济卿（1996）、李铁根（2002）、蓝爱民（2013）。Vendler（1967：97—121）将英语中具有不同语义特征的动词或动词短语划分为四类，分别是状态类、活动类、完结类和达成类动词。龚千炎（1995：14—31）将汉语中的动词进行了分类，其分类方法和Vendler（1967：97—121）基本相同，他根据汉语动词表达的不同"情状"类型将其分为四大类，在这四大类下又进一步分为八个小类。四个大类为状态、活动、终结和实现，八个小类分别为关系、心态、状态、动作行为、心理活动、动作（兼属状态）、终结、瞬间。张济卿（1998b，1998c）把汉语中的

"谓词"①按照不同的语法特征分为七类：状态动词、形容词、表示持续性动作或频发性动作的动词或动词性结构、表示某种结果的动词或动词性结构、含有衍变意义的动词或动词性结构、动结结构或可带受事"宾语"的动趋结构和趋向动词以及不能带受事"宾语"的动趋结构——此分类不仅包括动词，还包括能充当谓体的形容词。

何伟等（2015a）基于系统功能语言学内部的悉尼模式和加的夫模式，指出作为小句中最核心的一个组成成分，谓体可表达动作、关系、心理、交流、行为、存在、气象七种过程意义，该成分可以由形式项，即不同种类的动词直接说明，也可以由小句和词组填充。由此可见，我们对充当谓体的语言形式与张济卿（1998b，1998c）的观点基本一致。

在下文探讨基于谓体来判断的时间指示意义时，鉴于充当谓体的语言形式的多样性，我们将结合龚千炎（1995）对动词的分类以及何伟等（2015a）对其他形式的描述而展开。龚千炎的动词分类基础是动词本身的时间意义特征，我们的描述考虑了非动词形式充当谓体的情况。为了更好地说明小句谓体表达的时间指示意义，即时态，下文的举例仅限于那些不包含任何相关语法标记、准语法化标记和词汇形式的小句。

一 由动词说明谓体而表达的时态意义

在《汉语功能句法分析》（何伟等，2015a）一书中，我们指出在汉语中能直接说明谓体的形式项主要是不同类别的动词：行为动词（如"走""坐""看""打""拿""批评""学习"等）、心理活动动词（如"爱""恨""怕""想""要""喜欢""厌恶""害怕""想念"等）、状态动词（表"拥有、存在、出现、消失"，如"在""有""存在""出现""失去""消失"等）、趋向动词（如"上""下""进""出""去""起""来"等）、表达"判断、存在、所有

---

① 谓词即加的夫语法理论框架内的谓体。

或确认"意义的动词"是"。结合龚千炎（1995）对动词的分类以及郭锐（1993）对事件类型的区分，我们将上述五类动词根据其时间意义分为三大类：状态类，包括心理活动动词、大部分状态动词以及动词"是"；动作类，包括行为动词；变化类，主要包括表"出现、消失"的状态类动词以及趋向动词。这与何伟等（2015a）在探讨体的体现方式时的区分是基本一致的。下文将逐一分析。

龚千炎（1995：14）指出状态类动词表示的是静止不动的状态。我们认为表心理活动的动词，如"爱""恨""怕""想""要"等，表"拥有、存在"意义的状态动词，如"有""具有""存在"等，以及表"判断、存在、所有或确认"意义的动词"是"都属于状态类动词。在没有任何表达指示时间意义的语法化标记、准语法化标记和词汇标记的情况下，它们在小句中一般表示"同时"的时间关系。例如：

（15）也许有的母猪，偏偏喜欢我这两颗獠牙呢？
（16）白氏是大户人家的女儿。
（17）教育具有历史性。（CCL）

例（15）是由表示"情感"的心理活动动词"喜欢"充当谓体的小句，表示情感发出者的一种心理状态，具有一定的持续性，其单独出现时表示小句事件和话语发出时间是"同时"的关系。例（16）中的谓体"是"表达判断意义，即"白氏是大户人家的女儿"是客观存在的事实，在没有任何时态标记的情况下，"是"表示这一状态和参照时间即话语发出时间是"同时"的关系。例（17）中的谓体"具有"是表"存在"的状态动词，表示"教育有历史性"是客观存在的现象，在无时态标记的小句中，"具有"表示小句事件时间和参照时间即话语发出时间具有一致性。

通过对语料库的考察，我们发现表心理活动的动词、表"拥有、存在"和"判断或确认"意义的状态动词在无时态标记的小句中一般构建的是"同时"的时间关系。

活动类动词主要指行为动词,如"走""跑""跳""打""拿"等,这类动词具有动态性。在小句中可以构建"先时、同时和后时"的时间关系。例如:

(18)小师兄告诉努尔哈赤:"师傅<u>叫</u>你。"(CCL)
(19)在这样的教育大气候下,当然很少有人<u>学习</u>专业技术、向技能性人才发展了。(CCL)
(20)你这个西门闹的干儿子,混进阶级队伍的坏人,老子连你一起<u>打</u>!

例(18)中,小句"师傅叫你"的谓体是行为动词"叫","叫"一般表示瞬时的行为,由此可以判断出事件"师傅叫你"已经发生,"叫"构建的是"先时"的指示时间意义。不过,此例中的前一小句也可以帮助我们推断出"叫"在此处表示的时间指示意义。例(19)中,小句"很少有人学习专业技术"的谓体是"学习",小句事件是在话语发出时一直存在的现象,以话语发出时间为参照时间,谓体"学习"构建了小句事件和参照时间处于"同时"的时间关系。不过,不是严格意义上的"同时",而是小句事件持续的时间包含了参照时间。例(20)中,小句"老子连你一起打"的谓体是行为动词"打",参照时间系话语发出时间,在话语发出时,事件"老子打你"还未发生,所以小句构建的是"后时"的时间关系。

龚千炎(1995:19)指出终结类动词具有动态性和持续性,并且包含动作的自然终结点;实现类动词具有瞬间性和实现性,其起点与终点几乎重合(龚千炎,1995:25)。本研究区分的变化类动词包括龚千炎界定的终结类和实现类动词,比如趋向动词和表示"出现、消失"的状态类动词。它们在小句中可以构建"同时、先时和后时"的时间关系。例如:

(21) 它狰狞的脸便从墙头上蓦地消失。
(22) 所有的声音、所有的颜色、所有的气味都轰然而来。
(23) 还是我上吧。(CCL)

例(21)中小句的谓体是具有动态性和持续性特点的一种变化动词"消失",在话语发出时,事件"它的脸消失"已经发生,因此以话语发出时间为参照时间,此谓体指示的时间关系是先时关系。例(22)中小句的谓体是趋向动词"来",指示在话语发出时,事件"声音、颜色、气味来"正在发生,谓体"来"构建的是小句事件和参照时间"同时"的时间关系。例(23)中小句的谓体是趋向动词"上",表达的意义是"我来做某事",在话语发出时,"我做某事"还未发生,所以以话语发出时间为参照时间,"上"在此构建的是小句事件和参照时间"后时"的时间关系。

二 由词组填充谓体而表达的时态意义

何伟等(2015a)指出,在汉语中谓体也可以由词组填充,包括名词词组、性质词组和数量词组。通过对语料库的考察,我们发现在无时态标记的小句中它们一般构建的是"同时"的时间关系。下面我们将逐一分析。

(24) 天气很冷。(CCL)
(25) 我上海人。(CCL)
(26) 类型很多。(CCL)

例(24)到例(26)中,小句的谓体都是由词组来填充,分别是性质词组"很冷",名词词组"上海人"和数量词组"很多"。它们都是表达作为载体的参与者的某种长时间存在的状态,具有惯常性和持续性,如果没有特定的时间标记,我们则认为这种状态和话语发出时间是"同时"的关系。

三 由小句说明谓体而表达的时态意义

在汉语中，小句的谓体不但可以由动词直接说明，或由词组填充，还可以由小句来填充。由小句填充的谓体一般表示大主语代表的参与者的某种性质或状态，所以它们在小句中通常与话语发出时间构建的是"同时"的时间关系。例如：

（27）她<u>体态健美</u>。
（28）她<u>办事认真</u>。（CCL）

上述两个小句的谓体都是由小句填充，构成"主谓谓语句"，句子中大主语和小主语是领属的关系。在例（27）中，小主语"体态"是大主语"她"的一部分。在充当大谓体的小句中，小谓体由性质词组"健美"来填充，描述的是小主语"体态"的性质，而这个大谓体用来描述大主语"她"的性质。与（27）类似，在（28）中大谓体"办事认真"构建的是小句事件"她办事认真"与话语发出时间"现在"之间的同时关系。当然，这种同时关系是一种包含关系。

第五节 语境在判断时态意义上的作用

语境对小句中时态意义的判断起着重要的作用，这在汉语学界已得到了很多学者的认同，如张济卿（1996）、陈国亭、陈莉颖（2005）、Li（2012）。语境分为广义语境和狭义语境，前者指的是说话时刻所处的情境，后者指的是上下文语境；上下文语境又分为微观上下文，即句内语境和宏观上下文，即语篇（陈国亭、陈莉颖，2005）。广义的语境，除了上下文外，还包括交际时的社会环境、自然环境及交际者的各种有关因素，如时间、地点、条件、交际目的、交际者的素质等，甚至还包括语言表达时的眼神、表情、手势、姿态等（武忠刚，2006）。在实际的语言使用中，判断时态意义主要依据上下文语境，不同的上下文，时间指示意义可能不同。例如：

（29）我有一辆自行车，但是被偷了。
（30）我有一辆自行车，每天骑着它上学。

在例（29）中，小句"但是被偷了"中的语法标记"了"表明，以话语发出时间为参照时间"偷"的动作已经发生并且完成。根据语境判断，小句事件"我有辆自行车"是在"偷"的动作发生之前存在的状态，表达的是"过去"的时间意义。而在例（30）中，小句"每天骑着它上学"中的名词词组"每天"表达的是事件"我每天骑自行车上学"是近期一直存在的一种状态，和话语发出时间是"同时"的关系，所以"我有一辆自行车"和话语发出时间也具有同样的关系。由此可见，同一小句在不同的上下文语境中表达的时间意义也不尽相同。

Li（2012）提到"时间回指"的概念，即在自然语篇中，如对话或叙述文体中，描写一系列事件的连续小句通常共有一个参照时间。何伟（2008）在探讨英语语篇中的时态时，指出一般情况下，无论什么样的文体，语篇小句所表达的事件的参照时间均是话语发出时间，即作者的"写作"时间。如果整体事件发生在"写作"时间以前，那么语篇中绝大多数小句中的时态意义是过去时。以小说《生死疲劳》为例，开篇第一句话是"我的故事，从1950年1月1日讲起"，其中"1950年1月1日"表明相对于作者的"写作"时间，整个故事是发生在过去，因此我们可以推断语篇中的绝大多数时态是过去时。比如，针对小句"站在母驴后边那个满脸喜气的男人，是我的长工蓝脸"，在没有给定语境的情况下，这个小句的谓体"是"作为状态动词一般表达"同时"的时间意义，但在表明了小说故事的背景后，谓体"是"表达的只能是"先时"的时间意义。不过，在语篇中由于具体上下文语境的干预，小句表达的时态意义可能比较复杂。

第六节　小结

　　本章从系统功能语言学角度探讨了汉语时态的体现形式。文章首先通过回顾学界以及我们对汉语时态的前期研究，我们提出汉语时态存在有标记和无标记之分。然后，我们探讨了有标记时态的体现形式以及无标记时态的判断依据，指出有标记的时态可以通过语法化手段、准语法化手段和词汇手段来表达。语法化手段和准语法化手段指的是表示时间意义的时间助词，包括传统意义上的典型的时间助词以及语法化了的和正在语法化过程中的时间副词。词汇化手段指除充当小句谓体的形式项、词组和小句以外的一些时间词语，如名词词组和介词短语。无标记时态意义的确定依赖于谓体本身的意义兼或上下文语境。不过，本章对时态体现形式的描述限于单一时态，没有涉及复合时态。

第四章 汉语小句的限定性与非限定性

第一节 引言

"限定"与"非限定"这一对概念最早起源于古罗马时期欧洲语言学家对拉丁语的描写（Nikolaeva，2007：1）。根据动词是否与主语在形态上保持人称和数的一致，拉丁语中的动词大体分为两类：与主语在人称与数上保持一致的动词为限定动词，反之，则为非限定动词。这对概念被引入英语之后，限定与非限定的内涵逐渐发生了变化，由原来的"动词受主语的限制约束转变为受时范畴的限制约束"（郭杰，2013：337）。具体来说，携带时标记的动词为限定动词，反之则为非限定动词。

自 Hornby（1954：1）将英语动词分为限定动词和非限定动词以后，学界有关英语限定与非限定动词及小句的研究逐渐成熟、完善。传统语法、转换生成语法和系统功能语言学等流派从不同的角度对限定与非限定性进行了探索，如传统语法的形态方法、句法功能方法、级差方法；转换生成语法则从形式角度将限定和非限定抽象为句法层级结构中的一个节点，并视其为小句的中心；系统功能语言学从功能角度提出了限定成分为判断限定小句与非限定小句的依据。然而，不论何种流派，对英语中限定与非限定区分的依据基本上都建立在英语语言本身的形态变化特征上，即英语限定动词与非限定动词的区分都主要建立在动词是否携时标记上，而且是在动词限定与非限定区分的基础上来区分限定小句和非限定小句，比如传统语法学派的 Quirk et *al.*（1972，1985）等，转换生成语法学派的 Chomsky（1986）等，系统功能语言学学派的 Halliday（1994/2000）等。综观文献，学界关于限定与非限定的研究主要针对形态语言，而对非形态语言的关注则相对较少，即使有一些讨论，也并没有形成较为广泛的共识。

汉语是一种非形态语言。限定与非限定这一对术语能否适用于汉语，也就是说，汉语有无限定与非限定动词及小句之分，尽管有部分学者对此进行了讨论，然而一直以来都存在较大的分歧。学界对此大体有四种观点。第一种观点认为汉语没有限定与非限定动词或小句之分，比如徐烈炯（1994）、Huang（1994）、Hu *et al.*（2001）等，其主要依据是汉语不存在屈折变化。第二种观点则认为汉语有限定与非限定动词及小句之分，比如 Huang（1982），Li（1990），杨亦鸣、蔡冰（2011）等，他们大都以生成语法为理论框架对汉语限定与非限定动词或小句进行区分。然而，从生成语法的角度对限定与非限定动词及小句进行区分，首先需要论证现代汉语也是一种有屈折变化的语言，而且，正如杨炳钧（2015：6）所说，"语言的屈折形态本身在变化，不宜作为判断限定性的关键依据"。石毓智（2001）将动词能否加表时间的体标记作为区分限定动词与非限定动词的依据，而李京廉、刘娟（2005）则把句子能否加表示时间的状语作为区分限定与非限定小句的依据。他们虽然都意识到有无时态是区分限定与非限定动词或小句的根本标准，但是对汉语时态系统的描述过于片面。郭杰（2011）用"连续统"的思想解释汉语限定与非限定小句处于一个连续体之中，但并没有给出明确的区分标准和定义。杨炳钧（2015）则依据 Whorf 的隐性范畴思想以及系统功能语言学的渐变群思想区分了介于典型非限定小句和典型限定小句之间的六种情形。然而，其区分标准并没有触及限定与非限定小句的本质。第三种观点则认为汉语只有限定形式，代表学者为 Huang（1992）。第四种观点则与第三种相反，认为汉语只有非限定形式，代表学者为李汝亚（2003）。持后两种观点的学者并没有对此进行较为详细的论述。

相对于英语中限定与非限定较为成熟的研究，学界对于汉语中限定与非限定的讨论仍然处于初始阶段，一些根本性问题还没有得到系统的回答，如汉语中有无限定动词与非限定动词、限定小句和非限定小句之分？如果有区分，对其又如何界定？有鉴于此，本研究从系统功能语言学角度，依据限定与非限定的内涵——时态意义的表达，提出在动词层面，汉语没限定与非限定之分，而在小句层面，汉语则有限定小句与非限定小句之分，并分别对它们进行界定。其目的是对汉语的限定与非限定问题作一个比较系统的阐述。

第二节 限定与非限定的内涵与本质区分

英语中，限定与非限定最初被视为描述动词语法形式的一对概念。传统语法普遍将动词的携时形式和与主语的一致关系形式视为区分限定动词与非限定动词的标准。然而，正如郭杰（2013：337）所说，与主语一致关系这一标准来源于对拉丁语限定动词与非限定动词的描述，并不能普遍适用于英语，因为英语只有表现在时第三人称单数时，动词形式才能外显。依据是否携时范畴，英语动词可分为限定动词和非限定动词。如石毓智（2001：24）所说，"限定动词和非限定动词划分的实质是动作行为的时间信息的表达"。当限定与非限定概念从动词扩展到动词词组和小句的时候，仅依靠形式的标准已不能完全区分限定小句与非限定小句，因此，传统语法学家在形态区分的基础上又提出了句法功能标准，如 Quirk et al.（1972：38）提出限定动词短语可以做独立小句的"谓语"，而非限定动词短语则不能。然而，如 Johns & Smallwood（1999：166）研究所表明，形态标准与句法功能标准往往会相互冲突。例如，祈使小句 Close the window 中的"谓语"动词 close 不能添加表示时态的屈折变化，依据形态标准，它是一个非限定动词，整个小句为非限定小句；但依据句法功能标准，我们应该把它看作限定动词，小句为限定小句，因为它能充当独立小句的"谓语"。为了解决这两种标准的冲突，Quirk et al.（1985：150）又提出了"级差"方法，即限定小句和非限定小句处于一个连续统的两端，而中间部分则为祈使小句和虚拟语气小句。可以看出，传统语法对限定与非限定的区分主要还是依据其形态屈折变化，所以，尽管 Quirk *et al.*（1985）等都指出限定与非限定的区分在于能否表达时态意义，但在具体操作上仍主要依据动词能否携带时态标记。在生成语法理论框架中，Chomsky（1986）将限定与非限定抽象为小句层次上的 INFL 节点，动词的携时标记和一致关系标记则被视为限定节点的外在体现形式。虽然生成语法把对限定与非限定的区分从理论上提到了小句层次，但其具体区分也主要依据动词屈折形态变化。Halliday（1994/2000）在论述小句的人际功能时，提出限定成分具有表达情态和基本时态的功能，而且表情态的助动词也可以表达基本时态，如情态助动词 will、shall 可表达将来时。不同于传统语法与生成语法从形式上提出限定小句中动词词组的首个动词只能表达现在和过去时态，系统功能语言学不仅指出了限定小句中动词词组所表时态的三分法，即现在时、过去时和将来时，而且提出了限定小句能表达首要时态或首要—次要时态的观点。Halliday 在系统功能语言学框架内提出限定小句动词词组中的首个或唯一动词表达现在、过去或将来时间意义之首要时态，而动词词组中的剩余动词按照"递归原则"表达次要时态，即其时态的参照点为前面首要时态所确立的时间。系统功能语言学主张的表序列时间关系的时态系统比表线性时间关系的时态系统更能确切地描述时态意义（何伟，2003a：419—420）。在此基础上，何伟（2003b，2005，2010a）进一步完善了系统功能语言学中的时态系统理论，并指出"非限定性小句中的次要时态用来构建该小句所确定的一个时间与同一个小句复合体中限定性小句所确立时间之间的关系：过去、现在或将来"（何伟，2010a：99）。从功能角度，较之传统语法和生成语法，系统功能语言学更加全面而深入地揭示了限定与非限定的内涵以及区别。从动词层级到动词短语或小句层级，系统功能语言学都延续了限定与非限定的内涵——时态意义的表达，同时深化了其内涵，指出其有首要时态和次要时态之别。

  从上述各流派对限定与非限定的界定与区分来看，尽管角度各不相同，但都基本认同其本质区别在于能否表达时态意义。本研究从系统功能语言学角度来区分汉语的限定性与非限定性，因为系统功能语言学的核心思想为"以意义为中心，形式是意义的体现"。我们认为，从功能角度看汉语也有时态范畴，也有限定与非限定之分。

第三节 汉语中的限定性与非限定性

英语中限定与非限定的区分是建立在形态变化的基础之上。Trask（1999：63）指出限定形式总是携带时态标记。"时标记手段在英语中具有相当的普遍性，它可以描述所有条件下的动词，任何一个英语动词要么是携时形式，要么是非携时形式。"（郭杰，2013：337）即携带时标记的动词为限定动词，反之则为非限定动词。从形式角度，汉语中没有限定与非限定的区分。汉语是一种非形态语言，动词一般不携带屈折语法标记。然而，从功能角度，汉语中也有时态范畴，因此也有限定与非限定之分。Whorf（1956：88—89）在论述隐性范畴思想时指出，隐性范畴虽然没有形态上的标记，但必定会通过语义范畴得到呈现，这些语义范畴其实是语法范畴的内化。英语中的限定与非限定可以通过有无首要时态标记表示，是一种显性范畴，而在汉语中它是一种隐性范畴，需通过语义范畴呈现出来。本研究认为，汉语限定与非限定的区分应置于小句层面，而不是词组或词的层面，即汉语有限定小句与非限定小句之分，而没有限定动词与非限定动词之分。根本原因在于汉语有着与英语不同的时态体现方式。对于英语来说，根据动词是否携带时态标记，基本上可以区分限定动词和非限定动词。而对于汉语，"由于汉语的词缺乏形态变化，语法系统中的词只有在小句的控制约束之下才能明确显示其语法特征和语法职能，才能发挥特定的语法作用"（邢福义，1995：422）。汉语动词本身并不携带时态标记，而且脱离了小句并不能体现语法功能，不能独立显示出时态，因此不能进行限定与非限定的区分。而在小句层面，汉语则可以有表示首要时态或首要—次要时态的小句和只表示次要时态的小句，因此有限定小句与非限定小句之分。

一 汉语小句的界定

对汉语限定与非限定小句进行界定，首先要明确小句的概念，因为小句是限定与非限定的句法载体。然而，在汉语语法体系中，学界很少使用小句这一概念。即使有些学者使用"小句"这一术语，对其界定也不尽相同。因此，本研究首先明确汉语的小句概念是必要的。

（一）英语中的小句概念

在英语中，句子一般不被看作基本语法单位。正如 Quirk et al.（1985：47）所说，句子是一个比较模糊的概念，因为无法回答怎样才算是一个符合语法的英语句子；另外，句子的切分也不明确，尤其在口语中。Halliday（1994/2000）也认为句子只是一个书写单位，而不是一个语法单位。而小句在现代英语语法层级体系中，是一个至关重要的层级，起着承上启下的作用，往上可以构建更大的语言单位，往下则可解析成比其小的语法单位。各主要流派基本上都将小句作为语法研究的基本单位。

西方学者对于小句的界定基本上都是依照动词展开的。如 Quirk et al.（1985）把小句界定为含有主语和"谓语"的语法结构，而且有限定小句和非限定小句之分，并指出在非限定小句中主语可以省略。Thompson（2004/2008：17）认为小句是以动词词组为中心的延伸。正如 Trask（1999：24）所总结的，"传统上，小句是一个由主语和谓语组成的语法单位，最近，一些语法学家把小句这个术语延伸到每一个含有动词的语法单位，包括原先仅被视为短语的单位"。以上学者都是从形式的角度对小句进行界定，而有些学者则从功能上对其定义。如 Halliday（1994/2000）把小句视为一个中心语法单位，其结构体现了信息、交换和表征三种不同性质的意义，每一种意义都是通过特定的功能配置得到识解的。Fawcett（2000）认为句法单位范畴有三个级阶：小句、词组和字符串。其中，小句被界定为一个表达过程意义的单位；在形式层上，过程由谓体来体现。Fawcett 弱化了 Halliday

的级阶概念，提出小句可以通过句法范畴中的填充关系，作为一个语法单位来填充语篇中的句子。句子又被划分为由简单小句或者并列小句构成的语言单位。

虽然上述学者对英语小句的界定并不完全一致，但他们基本上都是以动词为中心来划分小句的。从系统功能语言学角度，小句用来表征过程意义。

(二) 汉语小句概念

传统的汉语语法体系中一般有四个层级：语素、词、短语和句子。这样的层级划分和英语的最大不同在于没有小句这一层级。直到吕叔湘的《汉语语法分析问题》出版，小句才被当作一个句法层级单位（王文格，2010：67）。吕叔湘（2005：27）提出："小句是基本单位，几个小句组成一个大句即句子。这样就可以沟通单句和复句，说单句是由一个小句组成的句子。"吕叔湘把汉语传统上的分句和单句视为小句，但不包括嵌入的主谓短语，并认为小句具有连接单句和复句的功能。吕叔湘对小句的界定主要是从语用的层面考虑的，他把小句视为一个动态单位。

"吕叔湘首先把小句当作汉语句法当中动态的基本单位，邢福义的'小句中枢说'正式确立了小句在汉语语法体系中的地位。"（王文格，2010：69）邢福义（1995：420）将小句界定为"最小的具有表述性和独立性的语法单位"。这种界定建立在吕叔湘的研究基础上，更加明确清晰。然而，邢福义也从语用角度将充当句子成分的主谓短语排除在小句之外。储泽祥（2004：49）也接受了汉语语法单位的静态、动态之说，并提出了更多的层级系统，也明确了层级之间的关系，指出小句属于动态单位，处于中枢地位，并进一步把小句界定为"小于句子但大于短语、词或语素的基本动态语法单位"，提出了小句的判断标准：短语+语调+语用效应。然而，他指出小句和短语之间是有连绵性的，因此也对小句的外延作了进一步扩充，具体来讲，小句不仅包括分句和单句，还涵盖处于"宾语""补语"、主语、"谓语"位置上的主谓结构体和紧缩句。

陆镜光（2006：10—11）则认为小句不应和句子一样被归入语用范围，而应被限定在语法范畴。他把小句界定为主语加上"谓语"，又以"谓语"为中心的结构，主语可以省略而"谓语"一般不能。这样一来，原先被视为主谓短语的结构也可以称为小句。然而，尽管陆镜光提到小句可以由形式和意义两方面进行识别，但他并没有就意义方面进行论述。郭杰（2011：32—34）根据英语小句的动词决定论而把汉语小句界定为包含动词的结构体，而这种界定忽略了汉语中形容词也可以做"谓语"的事实。

从上述回顾中，我们可以看出学界对汉语小句的内涵仍然没有形成一个较为广泛的共识，其主要原因在于学界诸多研究没有将小句放入一个完整的理论框架中进行探讨。下文我们拟在系统功能语言学之加的夫模式框架内对汉语小句进行界定与分析，原因有二：一是加的夫模式的弱级阶思想及句法范畴之间的组成、填充和体现关系为汉语小句的识别及分析提供了强大的理论支撑和实际操作性；二是经过何伟等（2015a，2015b）的探索，基于加的夫模式的汉语句法分析范式已趋于完善。依据加的夫模式强调的"形式体现意义，意义为中心"的语言描述核心思想，从功能角度即意义层次上，我们可以把汉语小句界定为一个表达过程意义的单位；从形式角度即形式层次上，过程意义由谓体来体现。这种界定避免了静态与动态之争；同时，又避免了把非动词说明的谓体排除在小句之外的现象——汉语与英语不同，除动词以外，形容词、数量词、小句本身等都可以充当谓体。同时，我们依据加的夫语法，将汉语小句分为简单小句和复合小句两大类，而且这两大类小句都可以包含嵌入小句。因此，下面例子（引自何伟等著《汉语功能句法分析》）中的画线部分皆可视为汉语中的小句。

简单小句及其嵌入小句：
(1) <u>喜欢一个人是件痛苦的事</u>。
(2) <u>喜欢一个人</u>是件痛苦的事。
(3) <u>小王个儿很高</u>。

（4）小王个儿很高。

（5）历史经验证明：当战争临头时，军事经济由平时向战时的转变是必然的。

（6）历史经验证明：当战争临头时，军事经济由平时向战时的转变是必然的。

（7）历史经验证明：当战争临头时，军事经济由平时向战时的转变是必然的。

复合小句及其嵌入小句：

（8）科学幻想小说鼻祖凡尔纳，在读书时总是边读、边想、边作摘记。

（9）科学幻想小说鼻祖凡尔纳，在读书时总是边读、边想、边作摘记。

二 汉语限定与非限定小句之界定

在汉语小句概念明确的基础上，本研究进一步对汉语限定与非限定小句进行界定。首先，本研究对于限定与非限定的区分是依据其概念内涵：能否表达首要时态意义。具体而言，限定小句表达首要时态，即"以话语发出时间为时间参照点，构建的话语发出时间和小句事件时间或另外一个参照时间之间的时间关系"（何伟、吕怡，2015：10）。而非限定小句则只能表达次要时态，其表达事件过程的时态确定一般建立在其所依附的限定小句的时态上。然而汉语与英语有不同的时态表达系统。与英语相比，汉语有着更庞杂的时态表达方式。为了能更明确地判断汉语限定与非限定小句，本研究首先对所考察小句的范围作进一步说明。

本研究把限定与非限定小句的考察放在完句环境中。独立句或完句，即"不必借助情景语境或上下文就能够独立存在的始发句"（贺阳，1994：28）。因为"在语篇中由于具体上下文语境的干预，小句表达的时态意义可能比较复杂"（何伟、吕怡，2015：16）。如在一定情景语境中，"吃饭"可以独立成句，因为它可以充当"你女儿在干什么"这样问句的答语。单从句法角度，它应为非限定小句，因其并没有表达时态。而其能独立成句的原因在于情景语境的支撑，其完整表述应是：我女儿正在吃饭。在语境下它是一个标准的限定小句，因为时间副词"正在"表明了话语发出时间与事件发生或进行时间的同时关系，即表示首要时态。在完句中，时态范畴作为一个必备的完句成分，一定会通过有标记或无标记形式体现出来。如上例的答语以完句形式出现只能是"我女儿正在吃饭"这种体现出时态的形式。同时，本研究把考察范围限定在完句环境中的另一个原因在于完句不仅必须能够体现时态，而且要体现首要时态。完句本身指的就是不依赖语境的首发句，不能只有次要时态而没有首要时态，只有次要时态的小句只能放在语境中，在时间上要依赖于其他小句所表达的时态。以小说《生死疲劳》中的小句"在破败的桥洞里，聚集着三条野狗"为例，如果我们把它看作一个完句，那么其时态助词"着"表明小句表达现在时这个首要时态。然而，小说的第一句话"我的故事，从1950年1月1日讲起"表明整个语篇的时态都是建立在这个表过去的首要时态基础上的。所以，例句所表达的现在时态只能是一个次要时态。因此，鉴于语境中小句体现的时态意义的复杂性，本研究把考察范围限定在独立句即完句中有利于在同质环境下更直接地考察小句的限定性与非限定性。此外，本研究还要说明，所选例句是完句并不代表其填充小句或嵌入小句必须是完句。如完句"喝汤可以调养我们的气脉"是一个简单小句，然而其中的嵌入小句"（我们）喝汤"则不是一个完句。

如上文所说，限定与非限定小句的本质区别在于能否表达首要时态。与英语主要建立在形态变化基础上的时态表达方式不同，汉语有着独特的时态意义表达方式。虽然学界对汉语时态的界定、类别与表达方式看法并非完全相同，但基本上都认同汉语的时态表达不同于英语，既有语法手段又有词汇手段，并且有绝对时态与相对时态之分，即有首要时态和次要时态的区别。我们本研究赞同何伟、吕怡（2015）对于汉语时态的表述——见第三章，她们将汉语时态的研究置于系统功能语言学理论框架中，比较系统地探讨了汉语的时态系统及体现方式，她们指出汉语中存在有标记和无标记时态。有标记时态主要通过语法化手段、准语法化手段和词汇化手段来体现；而无标记时态则没有这些外在手段，主要依据谓体和语境来判断。如前文所述，依据语境来判断汉语小句时态的情况比较复杂，因此此处本研究暂不讨论此种情形。在此基础上，本研究将汉语的限定小句界定为"能够通过语法化、准语法化、词汇化手段或零标记手段体现首要时态或首要—次要时态的小句"。如下列小句（引自CCL语料库）皆为限定小句，其中下划线部分为时态意义标记。

(10) 教育具有历史性。
(11) 你师傅怎么教你来着？
(12) 下个星期六我们来。
(13) 19世纪末的欧洲，曾经发生了一场反对"形而上学"的浪潮。
(14) 现在我的近期目标是亚运会冠军，将来还有奥运会等着我呢。
(15) 今天，襄阳这个曾经背着粮棉油"包袱"以穷闻名的农业大县，旧貌换了新颜。
(16) 两年前我第一次来的时候，这一工程正在紧张地施工。

在上述例句中，例（10）至例（13）体现了首要时态，而例（14）至例（16）表达了首要—次要时态。其中例（10）为零标记手段体现首要时态，小句表达事件"教育具有历史性"具有客观存在性，以说话时间为参照点，事件正在发生，因此小句体现了现在时这个首要或唯一时态，为限定小句。例（11）中，"来着"是表过去时的语法化手段，以说话时间为参照点，小句事件"你师傅教你"发生的时间为过去，因此小句表达了过去时这个首要时态，为限定小句。例（12）中的"下个星期六"为表将来的词汇化手段，以说话时间为参照点，小句表达事件"我们来"发生的时间为将来，因此小句是一个表达将来时的限定小句。例（13）中有表过去时态的词汇化手段"19世纪末"、准语法化手段"曾经"和语法化手段"了"，以说话时间为参照点，"19世纪末"这个时间名词词组、准语法化手段"曾经"和语法化手段"了"都反映出事件"欧洲发生一场形而上学的浪潮"发生在过去。不同在于名词词组表达了事件发生的具体过去时间，"了"和"曾经"是两个表概括性过去时间的语法词。可以看出，这三种手段在此小句中是并协关系，不是互补关系，即它们均表达同一种时间指示意义，即过去时，只不过有的更为具体，有的较为抽象。因此，例（13）为限定小句。例（14）由两个并列限定小句构成。第一个小句分析和例（12）一致，这里不再赘述。第二个小句"将来"是表将来时态的语法词，以说话时间为参照点，它表示首要时态。而小句中的"着"则是表示现在时的语法词，但它所表示的时态要以前面的将来时为参照，应为次要时态。据此，小句事件发生的时间应为"将来的现在"，小句表达首要—次要时态，是限定小句。例（15）是一个含有嵌入小句的简单小句。其中嵌入小句的时态分析和例（14）中的第二个小句分析相似，这里不再赘述。以说话时间为参照点，小句中的时间名词"今天"表明小句的首要时态为现在时。而表过去的语法词"了"则体现了次要时态，其参照点为首要时态。因此，小句的时态为"现在过去时"，类似于英语中的"have done"。例（16）是一个包含嵌入小句的简单小句。其中嵌入小句有表达先时的介词短语"两年前"，以说话时间为参照点，小句表达事件"我第一次来"的时态为过去时。同时，整个嵌入小句作为级阶小句的时间状语，又为级阶小句事件提供一个时间参照点。具体来说，事件"我第一次来"发生的时间为级阶小句事件的发生提供一个时间参照点，级阶小句中的表同时关系的时间词"正在"正是以此为参照点，表明级阶小句事件的发生时间为"过去某一点的现在"。其时态分析类似于小句"去年这个时候,我正在上大学"。从完句角度看,例(16)表达首要—次要时态,因此是限定小句。

较之限定小句,汉语非限定小句的辨别则相对比较复杂。本研究将汉语非限定小句依据有无时态标记分为两种情形:一种为其本身没有时态标记,其时态意义取决于所依赖级阶小句的时态;另一种为本身具有时态标记,不过只表示次要时态意义,其完整的时态意义也同样依赖所在级阶小句的时态。同时,由于非限定小句时态的依附性,其在句法上处于从属地位。据此,我们将非限定小句界定为两类:一类为"句法上处于从属地位,本身没有任何时态标记,其次要时态意义的解读依赖于级阶小句的时态";另一类为"句法上处于从属地位,本身具有标记次要时态意义的手段,不过完整的时态意义解读仍然依赖于级阶小句的时态"。下列小句(引自CCL语料库)中的下划线部分均可视为非限定小句:

(17) 喝汤可以调理我们的气脉。
(18) 我看见过猎人打斑鸠。
(19) 千田先生微笑着点了点头。
(20) 前段时间,我的几个朋友来信说要在我们部队驻地打工。
(21) 你写吧,明天我看了再寄。

上述各例中,例(17)和例(18)下划线部分为没有时态标记的非限定小句,而例(19)至例(21)下划线部分为具有表达次要时态意义手段的非限定小句。例(17)中,因为非限定小句没有时态标记,因此其小句表达事件"(我们)喝汤"的发生时间只能参照级阶小句事件发生的时间。从前文对限定小句时态的分析可得知,例(17)中限定小句的时态为现在时,而非限定小句表达的次要时态也为现在时。例(18)中的限定小句表达的时态是过去时,非限定小句表达的事件发生时间以级阶小句确立的时间为参照点,也表达过去时态。例(19)中依据语法标记"了"可判断出限定小句表达的首要时态为过去时,而语法标记"着"表明非限定小句表达现在时这个次要时态,其完整的指示时间意义需要参照级阶小句表达的时态。因此,例(19)非限定小句的完整时态应为"过去现在时"。例(20)中,时态语法词"要"表明非限定小句表达的次要时态为将来时,而名词短语"前段时间"表示限定小句的时态为过去时。非限定小句所表达的时态要以限定小句表达的时态为参照,所以,此例中非限定小句表示的具体时态为"过去将来时"。同理,例(21)非限定小句表达的完整时态是"将来过去时"。

第四节　结　语

关于汉语有无限定与非限定之分,学界一直没有广泛的共识。在前人研究的基础上,本研究从系统功能语言学角度对此进行了探讨,依据限定性与非限定性的本质区别——是否表示以言语者的"现在"为中心的时间指示意义,即是否表示首要时态意义,指出汉语中也存在限定与非限定小句之分。汉语限定小句指"能够通过语法化、准语法化、词汇化手段或零标记手段体现首要时态或首要—次要时态的小句"。非限定小句分两种类型,一种指"本身没有时态标记,其时态意义的解读取决于所依赖级阶小句时态的小句",另一种指"本身具有时态标记,不过只表示次要时态意义,其完整的时态意义也同样依赖所在级阶小句时态的小句";非限定小句在句法上一般处于从属地位,系嵌入小句。

学界对汉语限定与非限定性的研究依然处于不断深化和发展中,许多问题仍然需要进一步探讨,比如我们上面对汉语限定与非限定小句的考察主要放在独立句,即完句中,没有涉及语境中的小句,对于语境中小句的限定与非限定性是我们将来要探讨的一个话题。

第五章 英汉语时态的意义系统

第一节 引言

综观时态（tense）相关研究文献，学界在时态的概念界定以及有无时态两个方面存在争议。以英汉为例，英语时态一般被视为语法范畴，依据在于英语时态由动词屈折形式体现（如 Reichenbach, 1947; Lyons, 1977; Comrie, 1985; Declerck, 1991）；一些汉语研究者则因汉语动词不富于形态变化，时态由词汇手段表达，主张将时态视为词汇范畴（如龚千炎，1995）。正是基于类似观点，学界在汉语时态上还存在无时（如王力，1943/1985；戴耀晶，1997；Ng, 2013）与有时（如吕叔湘，1944/1982；龚千炎，1995；Lin, 2010）之争。我们认为，以上争议存在的原因应该是相关研究主要自下而上进行，关注焦点在于时态的表达形式。世界上大约有6000种自然语言，这些语言形态各异，如果我们只关注形式，那么许多语言问题都很难解决。然而，纵然形式各异，其功能应该说基本是一致的，否则人类无法相互沟通。由此，我们认为对于时态等语言现象的研究应该置于功能视角下进行。本研究拟在系统功能语言学框架下对时态的意义系统进行探讨，原因在于两个方面：系统功能语言学将语言视为系统的系统，强调意义为中心，认为形式是意义的体现，主张语言研究首先自上而下进行，即注重对意义系统的研究；系统功能语言学业已发展为一门普通语言学，能够解释人类语言的共性，因而在此视角下进行的语言研究具有普遍性意义。

第二节 时态界定

以往研究一般依据语言形式探究时态本质，如 Comrie（1985：8）认为语言中存在词汇复合手段（lexically composite expressions）、词汇项（lexical items）、语法手段（grammatical）这三种方式表达时间定位意义，其中仅语法手段可表达现在、过去、将来等时间意义，由此，他认为"时态是时间定位的语法化表达"（1985：9）。可见这种依据体现形式对时态的界定必然将时态的本质意义与时态的体现形式糅为一体。但实际上，语言具有层次性，语言的意义与形式分属不同的语言层次（Halliday & Matthiessen，2004/2008：25）。在系统功能语言学看来，语言的意义是中心，因此我们认为对时态的界定应从语言功能出发。目前一些系统功能语言学学者已开始基于语言功能尝试对时态进行了界定，Halliday & Matthiessen（2004/2008：178—179）指出，时态用以将小句体现的过程定位在一定的时间里。Bache（2008：109）将时态界定为说话者对过程进行时间定位的元功能范畴（metafunctionally diverse category）。何伟（2005：54）还指出："任何一个单一时态都建构一种时间关系……不仅首要时态具有指示性，次要时态也具备这种功能。"基于以上观点，我们尝试对时态的定义进一步完善，以全面揭示时态的实质。我们认为，时态是说话者（包括说话者与作者）对过程的时间定位以及基于该时间定位建构的时间关系，在语言系统中是一个具有时间指示性的语义范畴。

时态在对过程进行时间定位以及建构时间关系时，还会涉及三个时间因素。依据 Rechenbach（1947：288），这三个时间因素即话语发出时间 S（point of speech）、事件发生时间 E（point of event）、参照时间点 R（point of reference）。但于秀金（2013）评论说，Rechenbach 的 S、R 与 E 都是时点，并未涉及 R 与 E 作为时段的情况，应该将 S 设为时点，将 R、E 视为时点或时段。我们同意该观点，因此主张依据时态对过程的定位将事件发生时间 E 描述为过程时间（time of process），简称 Pt，将参照时间点 R 描述为参照时间（reference time），简称 Rt，两者均依据语境在时点与时段中进行选择。话语发出时间 S 只表示时点，为求本研究术语统一，我们将其英文简称改为 St。

第三节 时态的意义系统

时态具有人际功能、经验功能、逻辑功能和语篇功能（贾培培、张敬源，2015）。时态指说话者对过程的时间定位以及基于此定位而构建的相应的时间关系，我们认为正是这种时间定位与时间关系体现了时态的元功能意义。进一步讲，在对过程进行时间定位时，时态与说话者相联系，而说话者在言语交际中必然承担一定的言语角色，故涉及人际意义；在对过程进行时间定位时，时态与过程相关，而过程属于及物性系统，故时态具有经验意义；在建构时间关系时，时间涉及小句、小句复合体与语篇①多个层次，这表明时态具有逻辑与语篇意义。在语义层上，这些意义共同构成时态的意义系统。

一　人际意义

系统功能语言学指出，言语交际是一个互动的交流过程，在该过程中，说话者承担给予（giving）与求取（demanding）两个基本角色，即说话者或给予受话者信息或物品/服务，或向其求取信息或物品/服务，而对于受话者而言，给予意味着接受或拒绝，求取意味着答复或否认，这体现了语言的人际意义。

时态作为语言系统的一部分也具有人际意义，这是因为这种对过程的时间定位并非自然发生，而是由承担言语角色的说话者执行，说话者将与时间相关的信息传递给受话者，受话者接受相关的时间信息并作出反应，从而时态被组织为一种涉及说话者与受话者的互动性言

---

① 本研究的语篇层次特指两个或两个以上的小句复合体构成的语言单位。

语事件，表达在时间信息方面的给予与求取。Halliday & Matthiessen（2014：332）进一步指出，人际时间不但发生在说话者与受话者之间，还以"现在"时间为参照点。基于以上，我们认为时态的人际意义主要体现为说话者与受话者在一定时域内，以"现在"时间为参照的具有互动性的时间信息交换，具体是指在时间信息方面的给予或求取。如例（1）的说话者主要向受话者求取信息，用 did 将过程 write 定位在一个时域内，求取的信息也必然来自该时域。受话者若给予回复，则会以 St 为参照，从说话者定位的时域里寻找答案，从而完成信息交换。例（2）中的说话者主要向受话者提供信息，信息发生在说话者以"马上就要"定位的时域内，受话者也会将过程定位在该时域内，然后依据实际作出反应。

（1）Right, and what did you write?（BNC）
（2）一场群众相互残杀的悲剧马上就要发生。（CCL）

学界对于参照时间为话语发出时间"现在"的时态意义存在不同的分类方式。如 Comrie（1985）用一条直线表示自然时间，"现在"时间是这条线上的一个点，其左是过去，其右是将来，据此三分绝对时态为现在、过去与将来三个次类型。从 Comrie 对三分制的描述看，这种分类主要依据自然时间，是对自然时间的直接反映，具有直观鲜明的特点。因此，学界还有许多研究也主张三分制，如吕叔湘（1944/1982）、龚千炎（1995）、何伟（2005）、Halliday & Matthiessen（2004/2008，2014）等。当然，学界还存在其他分类方式，如 Declerck（1991）主张二分时态为过去与非过去，陈立民（2002）主张四分时态为过去$_1$、过去$_2$、现在和将来。这些分类方式或将自然时间抽象化，或将自然时间进一步细化，都间接反映了自然时间。从根本上讲，这些分类方式与三分制一样都反映了自然时间，只是三分制更直接鲜明。因此我们也主张三分制，即参照话语发出时间"现在"，将时态分为现在、过去与将来三个意义类别，其中"现在"时态是指过程在时间轴上与参照时间 Rt

发生重合的情况,"过去"时态是指过程在时间轴上位于参照时间 Rt 之前的情况,"将来"时态是指过程在时间轴上位于参照时间 Rt 之后的情况。三种时态意义都是说话者进行信息给予或求取的结果。

基于以上分析,时态的人际意义系统如图 5-1 所示。

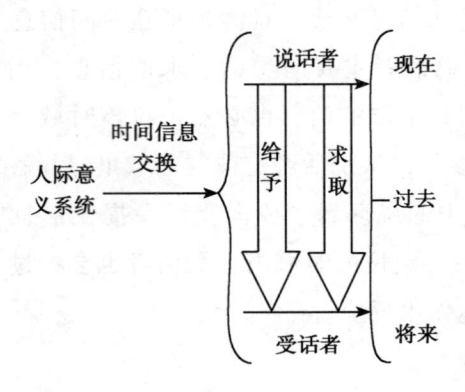

图 5-1 时态的人际意义系统

二 经验意义

人类的经验被意义识解后,主要体现在及物性系统内,涉及六大主要过程,即表示动作(doing)与发生(happening)意义的物质过程、表示关系(being)意义的关系过程、表示感知(sensing)意义的心理过程、表示存在意义(existing)的存在过程、表示行为(behaving)意义的行为过程以及表示言语(saying)意义的言语过程(Halliday & Matthiessen,2004/2008,2014)。此处需要说明,表达气象意义的气象过程可看作物质过程中的一个特殊类型,因而此处不再单独说明。时间经验作为人类经验的一部分被识解后同样也被组织为这些主要过程。这些过程均发生在一定的时间里(Halliday & Matthiessen,2004/2008:178—179),也就是说,过程在时间轴上总占据一定的位置,因此时态的经验意义应该是过程的一种时间特征。Bache(2008:109)则更明确地指出,时态就是对过程进行时间定位。据此,我们认为时态的经验意义也就是指对这些过程的时间定位,如图

5-2所示。

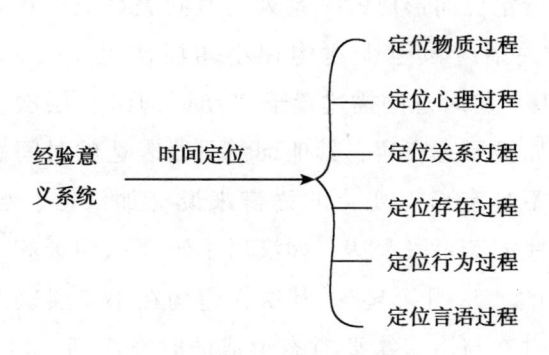

```
                              ┌── 定位物质过程
                              ├── 定位心理过程
经验意   →   时间定位   ──────┼── 定位关系过程
义系统                         ├── 定位存在过程
                              ├── 定位行为过程
                              └── 定位言语过程
```

图 5-2　时态的经验意义系统

具体来讲，时态在物质过程小句中是指对动作或事件的时间定位，在关系过程小句中是指对性质或状态的时间定位，在心理过程小句中是指对感知、认知、情感、愿望这些心理行为与心理状态进行时间定位，在行为过程小句中是指对行为动作的时间定位，在存在过程小句中是指对存现状态的时间定位，在言语过程小句中是指对话语动作的时间定位。以物质过程为例，如上文例句（1）的时态意义由 did 表达，参照时间为 St "现在"，从而把 write 这个动作定位于时间轴上的过去时域内。再如上文例句（2）的时态意义由"马上就要"表达，以 St "现在"为参照时间，"马上就要"表示将来意义，从而将"悲剧发生"这一事件定位在时间轴上的将来时域内。

三　逻辑意义

Halliday & Matthiessen（2004/2008：344—349）将时态分为首要时态（primary tense）与次要时态（secondary tense），次要时态呈现序列性质，形成时态序列（serial tense），次要时态为逻辑资源，其参照时间是前面相邻时态奠定的时间。因此，我们认为说话者基于话语发出时间以外的参照时间构建时间制约关系。时态的逻辑意义则主要涉及小句与小句复合体两个层次的时间关系，语篇意义涉及语篇层次的时间关系。

从小句层次看，时态的逻辑意义主要体现在说话者从不同时间出发对同一过程进行定位而形成的一系列的时间关系上。首先，从跨语言角度看，时间关系应该至少建构在小句层次上。因为 Halliday & Matthiessen（同上）将时态的描述置于"动词词组"层次，依据的是英语时态由动词屈折形态表达，其他词汇手段表达的时间意义处于次要地位。但对于不具有形态变化的语言来说（如汉语、缅甸语等），时态意义可由一些词汇手段表达，如汉语小句"从明天起，这头母猪也归你喂养"中的"从明天起"。其次，建构在小句层次上的时间关系主要是指首要时态与诸多次要时态形成的时态序列，何伟（2005）指出它们构建了一系列具有序列性的时间关系。如例（3）中的首要时态由 will 表达，以 St "现在"为参照时间表达将来意义，次要时态是 have been 与 doing，have been 以 will 奠定的将来时间为参照时间，在这个将来时间范围内表达过去意义，doing 则以 have been 奠定的过去时间为参照，表达这个时间范围之内的现在意义，从而共同构成一个时态序列，具有序列性时间意义。再如例（4）中的"一直""着""来着"表达时态意义（He & Ma, 2013），"来着"参照的是现在时间，将过程定位于过去，从而为"一直"与"着"奠定了过去的时间范围，这就形成一个时态序列，在小句层次上构建先时与同时关系。

（3）But voters... will have been doing no more than indicate acceptable alternatives.（BNC）

（4）诺克斯一直航行来着。（Yang, 2007：262）

从小句复合体层次看，时态的逻辑意义主要表现为说话者观察两个过程时构建的时间关系。小句复合体由两个小句组成，两个小句之间存在相互依赖关系（taxis）与逻辑语义关系（logical-semantic），两个小句分别为首要小句与次要小句（Halliday & Matthiessen，2004/2008），这两个小句共同形成的时间关系表现为两个过程之间在时间顺序上的先、后或同时关系。如例（5）中第一个小句为首要小句，句中的 am working 表达过程，第二个小句为次要小句，句中的 is doing 表达过程，两个小句由 while 连接起来，表明两个过程之间是同时关系。再如例（6）中的第一个小句为次要小句，过程由"救下"表达，第二个小句为首要小句，过程由"剩下"表达，由于表达时间意义的"当……时"的出现，两个小句过程之间构建起同时时间关系。

（5）I am working, while he is doing nothing. (Declerck, 1991: 34)

（6）当他们救下最后一名灾民时，洪水的水位离屋面只剩下30厘米。(CCL)

通过以上分析，我们认为在小句层次与小句复合体层次上建构的时间关系存在两个方面的共同点，即建构时间关系的依据与呈现的意义类别相同。首先，在这两个层次构建的时间关系都可以分为同时、先时、后时三个类别。其次，在两个层次上构建的时间关系都依靠视点切换（或重复相同视点）来实现。关于视点，沈家煊（2001: 269）的界定是"说话人对客观情状的观察角度，或是对客观情状加以叙说的出发点"，Declerck（1991）依据视点的切换解释了复合句中时态的不同。可见，时态中的视点应该是基于不同参照时间对过程的观察方式，视点是动态的（姚双云，2012），即视点会发生切换。也就是说，小句层次上的时间关系重在从不同视点观察同一过程，小句复合体层次上的时间关系重在从不同视点观察两个过程。综上所述，时态的逻辑意义系统如图 5-3 所示。

四 语篇意义

时态可组织为语篇资源，具有语篇功能，表达语篇意义，这建立在时态的经验意义、人际意义以及逻辑意义基础之上。也就是说，时态可以连贯并发展语篇，时态的这种功能建立在说话者对单一过程进

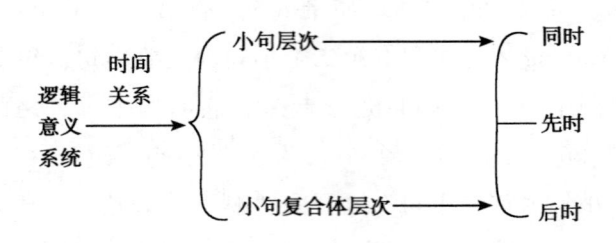

```
                           ┌── 小句层次 ──────────→ ┐── 同时
         时间               │
逻辑     关系              │                         ├── 先时
意义 ──→       ──→ ┤
系统                        │
                           └── 小句复合体层次 ──────→ ┘── 后时
```

图 5-3　时态的逻辑意义系统

行时间定位以及构建多个过程之间的时间关系的基础上，主要体现为时态在语篇层次上建构的线性时间序列关系与同步时间序列关系。前者表达线性时间序列意义，主要基于小句复合体层次上构建的先时关系与后时关系；后者表达同步时间序列意义，主要基于小句复合体层次上的同时关系。也正是这些时间关系，把一个个句子连接起来，从而形成语篇。换言之，没有时态蕴含的时间关系就没有语篇（于善志、王文斌，2014）。以英语语篇为例，如例（7）[①] 中的过程是 rang、stood up、went、opened，均表达过去时态意义，同时过程之间在时间顺序上还存在一定的关系，即 rang 为 stood up 提供了过去时域里的某个时间点为参照时间，stood up 发生在 rang 之后，形成后时关系，同理，stood up 与 went、went 与 opened 均构成后时关系，因此这些时态在时间关系上形成线性序列，从而推动语篇沿着线性时间向前推进，形成线性时间序列关系，也就是说，这些时态在语篇中共同表达线性序列意义。英语语篇中还存在类似于例（8）这样的小句复合体，过程 noticed、was talking 与 seemed excited 在时间上不存在线性的先后顺序关系，而是同时关系。当这些处于同时关系的小句复合体连接在一起构成语篇时则形成同步时间序列关系，共同表达同步时间序列意义。

　　（7）Suddenly the bell rang. Bill stood up from his chair, went to

---

[①] 本研究选取语料时，未对语篇类型（如记叙、议论、说明等）进行细分。

the front door and opened it.（于善志、王文斌，2014：328）

（8）I noticed that Bill was talking with Emma and that they seemed excited about something.（同上）

汉语语篇中的时态也表达这两种时间序列意义，如选自《生死疲劳》的语篇例（9）：

（9）①我的故事，从1950年1月1日讲起。②在此之前两年多的时间里，我在阴曹地府受尽了人间难以想象的酷刑。③每次提审，④我都会鸣冤叫屈。⑤我的声音悲壮凄凉，⑥传播到阎罗大殿的每个角落，⑦激发出重重叠叠的回声。⑧我深受酷刑，⑨而绝不悔改，⑩挣得了一个硬汉子的名声。

该语篇中的过程为"讲起""受尽""提审""鸣冤叫屈""悲壮凄凉""传播到""激发出""受""悔改""挣得"，它们形成一个在时间上存在一定关系的过程链，这个过程链体现在10个小句中（见文中标示）。句①中的过程"讲起"的参照时间是 St，将过程定位在过去。句②的"在此之前两年多的时间里"奠定了这个语篇的基础时态信息，即后文中的所有故事均发生在"1950年1月1日之前的两年多的时间里"，因而将下文的时态定位在过去中的过去。句②的过程"受尽"表达的是1950年1月1日那天之前的事件，参照时间限定在句①过程所奠定的时域内，与句①过程"讲起"构成先时关系。句③—⑩所有过程的参照时间与句②相同，都基于句①奠定的过去时间里，从而与句①构成先时关系，与句②是同时关系。句⑥中的过程"传播到"为句⑦的过程"激发出"奠定了时间，两者构成后时关系。在这个过程链中，那些存在先时、后时时间关系的过程共同表达线性时间序列意义，那些存在同时关系的过程共同表达同步时间序列意义。

依据以上分析，我们构建出时态的语篇意义系统，如图5-4

所示。

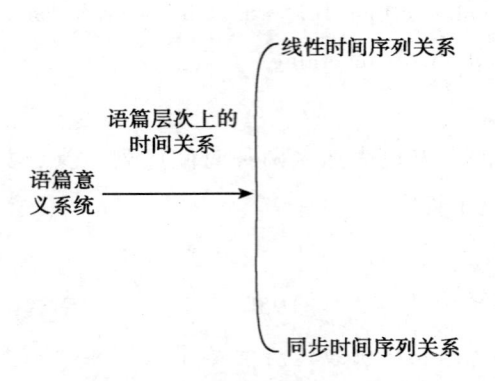

图 5-4　时态的语篇意义系统

第四节　结语

本研究在系统功能视角下对时态进行了重新界定，并基于这个定义对时态的意义系统进行了探讨，认为时态指说话者对过程的时间定位以及基于这个时间定位所建构的时间关系，是一个具有时间指示性的语义范畴。据此，本研究提出时态的意义包含时间定位与时间关系两个基本类别，前者涉及时态的人际意义与经验意义，后者涉及时态的逻辑意义与语篇意义。在精密度阶上，意义系统可进一步分类，即时态的人际意义系统可分为现在、过去和将来三个类别，经验意义系统可以分为对物质、关系、心理、存在、行为与言语等过程类别的时间定位，逻辑意义系统分为先时、同时和后时三个类别，语篇意义系统分为线性时间序列关系与同步时间序列关系两个类别。

第六章　英汉语时态体现形式对比研究

第一节　引言

英汉对比研究在国内已历经几十年的发展（潘文国，2002：60—86），近30年的相关文献回顾（杨自俭、王菊泉，2009：1—5；邵志洪，2010：47—52）表明英汉两种语言的对比研究不仅涉及宏观层面的理论问题，而且涵盖微观层面的细节对比（潘文国，2006：25—31）。但鲜有研究涉及时态范畴，这主要要归因于汉语形态变化少，汉语学界不少学者认为汉语中不存在时态范畴（比如高名凯，1986：190—199；黎锦熙，2001；吕叔湘，1982：215—233；王力，2002：85—94、211—223）。因此，汉语中的时间指示意义及其体现形式或者为学界所忽略，或者只是其形式得到一定程度的关注（李志岭，2010：4）。王菊泉、郑立信（2004：33）指出，英汉对比研究需要基于合适的理论框架。我们认为系统功能语言学比较适于英汉对比研究，该理论把语言视为一种创造意义的系统，在这个系统中，形式体现意义，意义居于首位（Halliday，1994/2000：F43），该理论视角下的语言研究旨在揭示语言的意义与形式之间的关系。

系统功能语言学界对汉语的研究可以追溯到Halliday对"现代汉语动词时间范畴"的讨论。他认为汉语语法研究中存在的问题是"因汉语缺少严格的语法范畴，学界从而把汉语与印欧语言割裂开来"（Halliday and Ellis，1951/2007：178）。他接着指出，为了解码汉语中的时间意义及其体现形式，我们必须关注语言的功能（Halliday and

Ellis，2007：178）。在其早期对汉语时间现象的研究中，他认为汉语是一种既有时态范畴又有体范畴的语言（Halliday and Ellis，2007）。时态通过小品词"过"、动词后置词"了"以及"来着"体现；后者通过小品词"着"和谓体性成分"了"体现。但是，在其后来对汉语的描述中（Halliday & McDonald，2004：305—396），汉语时间系统只包含了体范畴（aspect）和相范畴（phase），未提及时态。这可能是受到一些中国学者的影响，比如王力（2002）认为汉语中没有时态。

本研究基于系统功能语言学理论，对英语时态和汉语有标记的时态的体现方式进行对比。我们在本书第三章分析了汉语时间指示意义，并描述了较为完整的汉语时态系统，指出小句中不同时间之间的指示关系可以通过语法化、准语法化和词汇手段体现。汉语时态分为四种类型：首要时态、次要时态、首要—次要时态和次要—次要时态。我们在本章对比英语时态和以语法化和准语法化手段标记的汉语时态，并对比这两种语言中体现时态的语法化及准语法化手段与时间环境成分之间的关系。文中大部分汉语例句来自国家语委现代汉语语料库 CNCORPUS，英语例句大多数引自《柯林斯 COBUILD 高阶英汉双解学习词典》（2011）或学界学术著作。

第二节　英汉语时态的体现方式

在系统功能语言学视角下，依据语言编码的时间意义，时态分为首要时态、次要时态、首要—次要时态和次要—次要时态，如图 6-1 所示。

对于首要时态来说，其参照时间是话语发出时间，事件发生时间直接指向"现在"；对于次要时态来说，事件发生时间指向的参照时间不是话语发出时间；对于首要—次要时态来说，事件发生时间至少依次有两个参照时间；对于次要—次要时态来说，事件发生时间所依次参照的时间中没有话语发出时间。首要和次要时态构成了简单时间

第六章　英汉语时态体现形式对比研究　　81

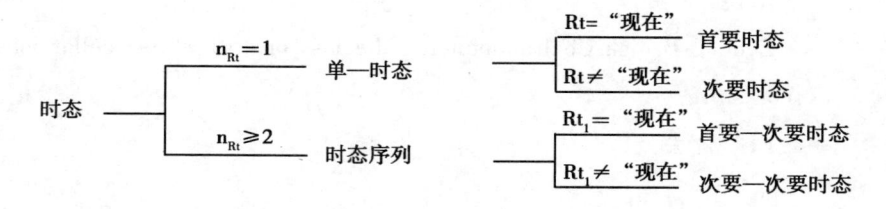

```
         ┌ n_Rt=1   单一时态  ┌ Rt="现在"    首要时态
         │                    └ Rt≠"现在"    次要时态
时态 ────┤
         │                    ┌ Rt_1="现在"  首要—次要时态
         └ n_Rt≥2  时态序列  └ Rt_1≠"现在"  次要—次要时态
```

图 6-1　时态系统（参见何伟，2007：49；2008：12）

指示关系；然而首要—次要时态以及次要—次要时态建构系列时间指示关系。因此，我们将首要时态和次要时态视为单一时态；将首要—次要时态和次要—次要时态视为时态序列。时态有将事件发生时间和先时、后时或同时参照时间联系起来的功能，因而，建构了过去、将来或现在时间指示意义。

英语中，时间指示意义是通过动词的形态变化（比如 V-ed 或 V-ing）或助动词（比如 have 或 will）体现。但在汉语中，小句中的时间指示意义是通过时态助动词、其他语法化或准语法化手段、词汇手段或零形式体现的。下面我们对英语时态以及通过语法化或准语法化手段标记的汉语时态进行对比。

一　英语时态体现方式

正如图 6-1 所示，时态可以根据时间指示关系中参照时间的数量，分为单一时态和时态序列。我们在本部分对英语时态体现方式的研究分别从单一时态和时态序列两个维度进行。

（一）单一时态

英语中，单一时态存在于表达首要过去时、首要现在时、首要将来时、次要过去时、次要现在时、次要将来时意义的小句中。以下列小句或小句复合体为例：

（1）British Coal yesterday **announced** the loss of 450 white-collar jobs in Yorkshire. （何伟，2007b：50—51） ［首要过去时/限定式］

Rt1：现在

Event：British Coal announcing the loss of 450 white-collar jobs in Yorkshire

Et：过去

```
─────────────────── Rt1（现在）───────────────────
                         ╲
                          ╲ announced
─────────── Et（过去）──────────────────────────────
```

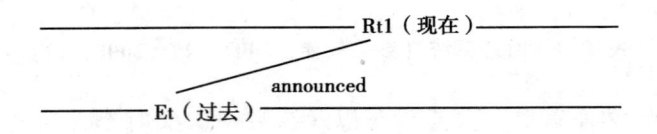

图 6-2　例（1）的时间结构

（2）My eyes **are** always skinned for a new talent.（何伟，2008：18）[首要现在时/限定式]

Rt1：现在

Event：my eyes being skinned for a new talent

Et：现在

```
─────────────────── Rt1（现在）───────────────────
                          │ are
─────────────────── Et（现在）────────────────────
```

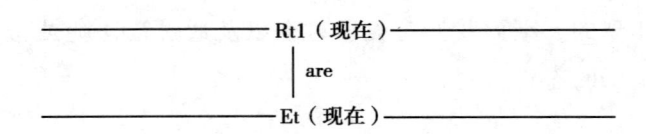

图 6-3　例（2）的时间结构

（3）It **will** be a great long-term investment for the Government.（何伟，2008：18）[首要将来时/限定式]

Rt1：现在

Event：it being a great long-term investment for the Government

Et：将来

```
─────────── Rt1（现在）───────────────────────────
                       ╲ will
────────────────────────── Et（将来）──────────────
```

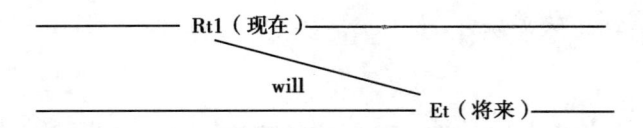

图 6-4　例（3）的时间结构

正如图6-2、图6-3和图6-4所示，例（1）至例（3）中的时间指示关系分别是从话语发出时间的"现在"到过去的事件发生时间、现在的事件发生时间以及将来的事件发生时间。由于每个小句中只有一个参照时间且事件发生时间所指向的参照时间是"现在"，例（1）到例（3）分别通过使用具有形态变化的动词 announced、are 和助动词 will 体现了单一时态中的首要过去时、首要现在时和首要将来时。值得注意的是，除了体现时间指示意义，这些体现形式也有"限定命题"的功能（Halliday, 1994/2000: 75），它们都是限定形式。

（4）She does go out to work, **having opened** a private nursery a couple of years ago.（《柯林斯COBUILD高阶英汉双解学习词典》，CD-ROM 2006）［次要过去时/非限定式］

Rt1：现在

Event1：she going out to work

Et：现在

′Rt1 = Et

Event2：(she) opening a private nursery

′Et：过去

```
——————————— Rt1（现在）
                  |
                  |does
              Et（现在）
                  |
              ′Rt1（现在）
                 /
                / having opened
           ′Et（过去）
——————————————————————
```

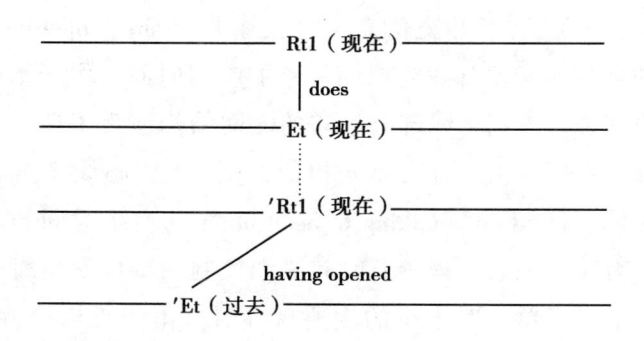

图6-5　例（4）的时间结构

（5）Children sit round small tables, **talking** to each other...

(《柯林斯 COBUILD 高阶英汉双解学习词典》，2011：1360)［次要现在时/非限定式］

　　Rt1：现在
　　Event1：children sitting round small tables
　　Et：现在
　　'Rt1 = Et
　　Event2：(children) talking to each other
　　'Et：现在

```
─────────── Rt1（现在）───────────
                │ sit
─────────── Et（现在）───────────
                ⋮
─────────── 'Rt1（现在）──────────
                │ talking
─────────── 'Et（现在）──────────
```

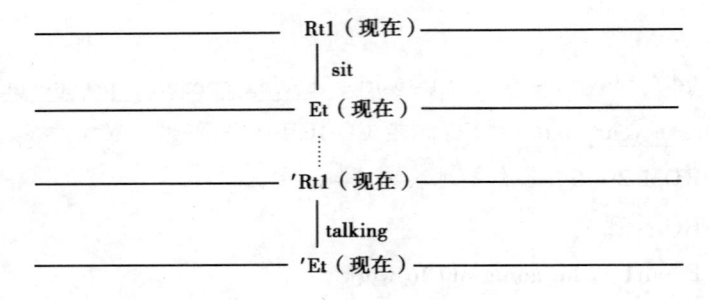

图 6-6　例（5）的时间结构

　　例（4）中的画线部分是一个依赖小句，为控制句（即学界常提及的"主句"）提供了补充信息。过去事件（she）opening a private nursery 指向和控制句事件发生时间一致的参照时间，由于事件发生在参照时间的过去，该例画线部分小句的时间结构体现了单一时态中的次要过去时。和例（4）画线部分相似，例（5）画线部分也是一个依赖句，事件（children）talking to each other 的发生时间与其参照时间（'Rt1）为同时关系，该参照时间又和控制句事件发生时间（Et1）一致，因此形成了单一时态中的次要现在时。由于无论是例（4）中的 having opened 还是例（5）中的 talking 都没有"限定命题"的功能，所以它们是非限定式。

(6) When I got there the driver had gone. (《柯林斯 COBUILD 高阶英汉双解学习词典》, CD-ROM 2006) [次要过去时/限定式]

Rt1: 现在

Event1: I getting there

Et: 过去

'Rt1 = Et

Event2: the driver going

'Et: 过去

```
─────────────────────── Rt1（现在）───────
                    \
                     \ got
────────── Et（过去）─────────────────────
           ⋮
────────── 'Rt1（现在）───────────────────
           \
            \ had gone
────────── 'Et（过去）───────────────────
```

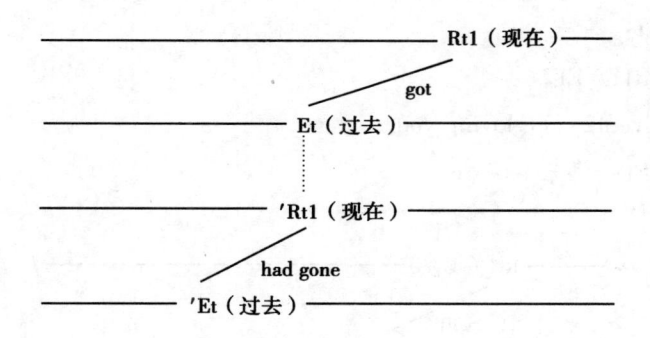

图 6-7 例 (6) 的时间结构

(7) He is going to be dentist when he grows up. (何伟, 2007: 52) [次要现在时/限定式]

Rt1: 现在

Event1: he being a dentist

Et: 将来

'Rt1 = Et

Event2: he growing up

'Et: 现在

(8) Henry will say that he will love you. (何伟, 2007: 106) [次要将来时/限定式]

Rt1: 现在

———— Rt1（现在）————

is going to   Et（将来）

'Rt1（现在）

grows

'Et（现在）

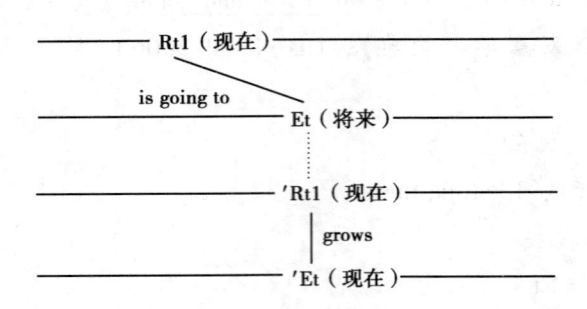

图 6-8　例（7）的时间结构

Event1：he saying

Et：将来

'Rt1 = Et

Event2：he loving you

'Et：将来

———— Rt1（现在）————

will   Et（将来）

'Rt1（现在）

will

'Et（将来）

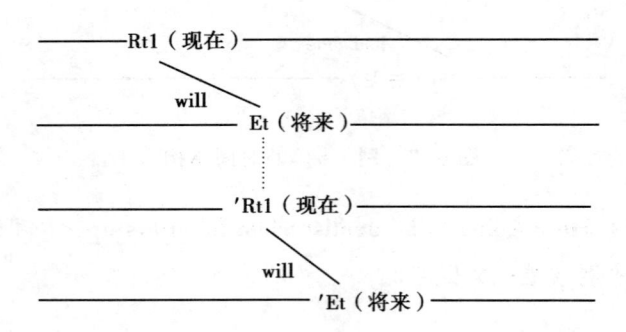

图 6-9　例（8）的时间结构

　　例（6）至例（8）中，标记为黑体的动词和动词词组所表达的时间指示意义不是直接源于话语发出时间"现在"，而是分别源于各相应控制句所确立的参照时间，由此形成了单一时态中的次要过去时、次要现在时和次要将来时。但是，与例（4）及例（5）中的不同，例（6）至例（8）中的黑体动词或动词词组使得所在依赖小句中的命题可以被争论（Halliday，1994：75），因而这些小句同样也是限定式。

以上例句表明，英语中的先时时间指示意义可以通过 V-ed（动词一般过去时）或 have + V-ed 体现；同时的时间指示意义可以通过 V-s（一般现在时）或 be + V-ing 体现；后时时间指示意义可以通过 will + V 或 be going to + V 体现。不过，除了动词的形态变化，英语中还存在其他表达时间指示意义的形式，以下列小句或小句复合体为例：

(9) He **used to** be one of the professors at the School of Education. (《柯林斯 COBUILD 高阶英汉双解学习词典》，2011：2944)［首要过去时/限定式］

Rt1：现在

Event：he being one of the professors at the School of Education

Et：过去

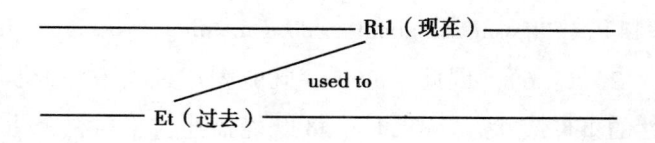

图 6-10 例 (9) 的时间结构

(10) I think he **is about to** leave. (《柯林斯 COBUILD 高阶英汉双解学习词典》，2011：6)［次要将来时/限定式］

Rt1：现在

Event1：I thinking...

Et：现在

′Rt1：现在

Event2：he leaving

′Et：将来

在例 (9) 中，used to 表达过去时间指示意义。但例 (10) 中，is about to 将依赖句 he leaving 中的将来事件指向由控制句所确立的参照时

```
———— Rt1（现在）————
              |
            think
———— Et（现在）————
              ⋮
———— 'Rt1（现在）————
              
         is about to
              ———— 'Et（将来）————
```

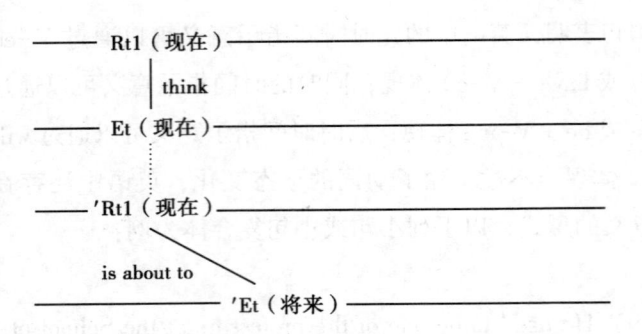

图 6-11　例（10）的时间结构

间，形成次要将来时态。除了时间指示意义，这两种时态助动词也分别传达了与 was 和 will 这类词略微不同的意义。正如《柯林斯 COBUILD 高阶英汉双解学习词典》所指出的，"if something used to be done or used to be the case, it was done regularly in the past or was the case in the past"（2011：2944）；"If you are about to do something, you are going to do it very soon"（2011：6）。因此，used to 既能表达过去事件或状态，也能表明惯常性的事件或状态。be about to 既能描述将来事件，也能表明临近的事件。

表 6-1 是我们对英语单一时态体现形式的概述，与 Halliday 描述的时态体现形式相比（Halliday，1994：199），我们作了进一步的拓展，把 used to 和 be about to 这类的表达也归为时间指示意义的体现形式。

表 6-1　英语单一时态的体现方式（参见 Halliday，1994/2000：199）

语法化手段	时间意义	限定式 后缀(post-verb)	限定式 助动词(pre-verb)	非限定式 后缀(post-verb)	非限定式 助动词(pre-verb)
	先时	V-ed（一般过去时）	used to+V	(having+) V-en	
	同时	V-s（一般现在时）		V-ing	
	后时		will+V, be going to+V, be about to+V		

（二）时态序列

我们在上文中讨论了英语中单一时态的体现形式（包括首要时态和次要时态），我们在本部分讨论英语的时态序列。

（11） For a while she **was going to have known** already by tonight. (Halliday, 1994/2000: 201)

  Rt1：现在

  Rt2：过去

  Rt3：将来

  Event：she knowing

  Et：过去

```
─────────────── Rt1（现在）───────────────
                        ╲
                  was    ╲
── Rt2（过去）─────────────────────
        ╲
  going to╲
         ────────── Rt3（将来）──────────
                    ╲
              have known╲
        ────────── Et（过去）──────────
```

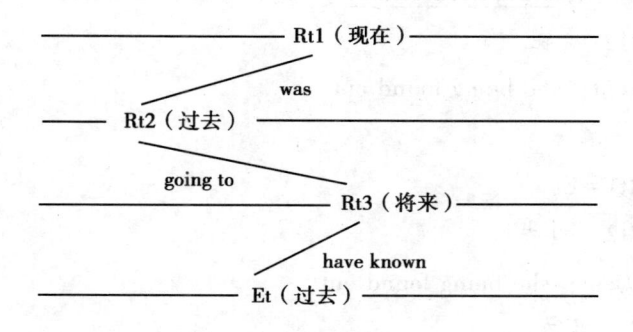

图 6-12　例（11）的时间结构

（12） He will soon find out that <u>you have been following him</u> (Declerck, 1997: 85; 转引自何伟，2005: 54—57)

  Rt1：现在

  Event：he finding out...

  Et：将来

  ′Rt1 = Et

  ′Rt2：过去

  ′Event：you following him

'Et：现在

```
────Rt（现在）────────────────
                will
─────────────────────Et（将来）─────
                        ⋮
─────────────────────'Rt1（现在）───
                        have been
────────────────'Rt2（过去）────────
                    following
────────────────────'Et（现在）─────
```

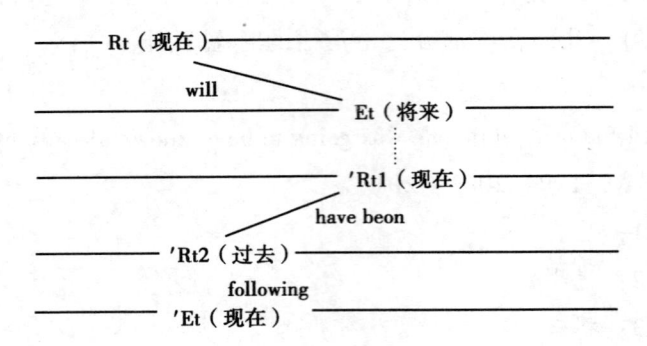

图 6-13 例（12）的时间结构

（13）**Having been following** him, she will be found out soon.

Rt1：现在

Event：she being found out

Et：将来

'Rt1 = Et

'Rt2：过去

'Event：she being found out

'Et：现在

```
────Rt（现在）────────────────
                will
─────────────────────Et（将来）─────
                        ⋮
─────────────────────'Rt1（现在）───
                        have been
────────────────'Rt2（过去）────────
                    following
────────────────────'Et（现在）─────
```

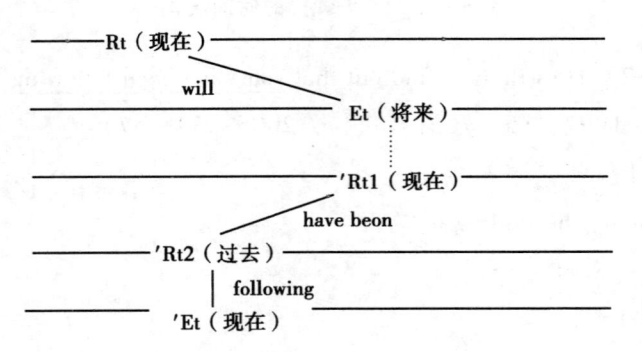

图 6-14 例（13）的时间结构

例（11）中的过去事件 she knowing 依次指向了一个将来时间（Rt3）、一个过去时间（Rt2）和话语发出时间"现在"，小句中的 have known、going to 和 was 表达过去、将来、过去的时间序列。由于时间序列选择了话语发出时间"现在"作为事件发生的第一个参照时间，从而该时态序列为首要—次要时态。

例（13）是例（12）的变体。不同于例（11）事件发生的第一个参照时间是话语发出时间"现在"，例（12）和例（13）依赖句中的′Rt1 由控制句中的事件发生时间决定，而不是话语发出时间"现在"。因而，例（12）和例（13）中依赖小句的时间结构分别形成了次要—次要时态。例（12）中的 have been following 和例（13）中的 having been following 的不同之处是前者属于限定式，后者属于非限定式。

根据上述三例时间结构的构成，我们可以得出英语中的时态序列可以通过增加一个先时于、同时于或后时于事件发生时间或其他参照时间的参照时间构成的结论。时态序列的体现形式由表6-1所列单一时态的体现形式叠加而成。不过，英语时态序列的递归性不是无穷的。应该指出的是：①"除了α（时态序列中的第一个），将来时只出现一次"；②"除了α，现在时只出现一次，且总存在于最深层次"；③"除了α，相同时态不能连续出现两次"（Halliday，1994/2000：200）。受这些"约束条件"的限制，通常情况下，时态序列不超过五个参照时间。

二　汉语时态的语法化或准语法化体现方式

与英语不同，汉语动词没有形态变化（吕叔湘，2005：79），也没有限定式和非限定式的区分。汉语中的时间指示意义可通过语法化手段中的时态助动词体现，比如"着""了""过""来着"等（陈平，1988；张济卿，1998b，1998c；陈立民，2002；李铁根，2002；何伟、马瑞芝，2016）。

（一）单一时态

根据事件发生的第一个参照时间的选择（比如事件发生的第一个

参照时间是否为话语发出时间),首要时态和次要时态之间存在区别。

(14) 过去朱自清先生写**过**这方面的文章。(CNCORPUS) [首要过去时]

Rt1: 现在

Event: 朱自清先生写这方面的文章

Et: 过去

```
━━━━━━━━━━━━ Rt1(现在)━━━━━━━━━
                    ╱
              过  ╱
━━ Et(过去)━━━━━━━━━━━━━━━━━━━━
```

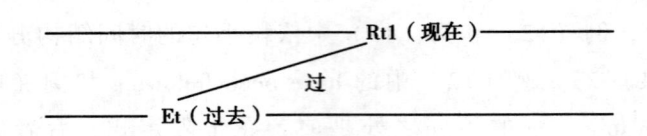

图 6-15　例 (14) 的时间结构

(15) 我们**经常**遇到这样一些问题。(CNCORPUS) [首要现在时]

Rt1: 现在

Event: 我们遇到这样的问题

Et: 现在

```
━━━━━━━━━━━━ Rt1(现在)━━━━━━━━━
                    │
━━━━━━━━━━━━━ Et(现在)━━━━━━━━━
```

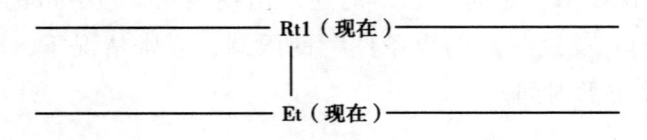

图 6-16　例 (15) 的时间结构

(16) 电视台**将**转播三场比赛实况。(CNCORPUS) [首要将来时]

Rt1: 现在

Event: 电视台转播三场比赛实况

Et: 将来

```
————————— Rt1（现在）—————————
                         将
——————————————————— Et（将来）———
```

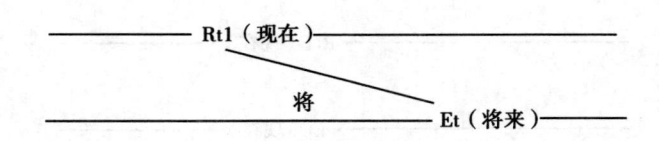

图 6-17　例（16）的时间结构

例（14）到例（16）分别包含单一时态中的首要过去时、首要现在时和首要将来时。例（14）中，事件"朱自清写这方面的文章"的发生时间是过去，是参照话语发出时间"现在"确定而来的，使用了时态助动词"过"。例（15）中，事件"我们遇到这样一些问题"的发生时间和话语发出时间一致。这一时间指示关系并没有借助时间助动词来体现，而是通过词汇手段"经常"体现的。例（16）中，事件"电视台转播三场比赛实况"的发生时间在"将来"，是参照话语发出时间"现在"确定的。

（17）我还记得，小时候咱们常在一起玩耍<u>来着</u>。（Yang, 2007：180）[次要过去时]

Rt1：现在

Event：我记得……

Et：现在

′Rt1 = Et

Event2：小时候咱们在一起玩耍。

′Et：过去

（18）妇女们提着箩筐，走在小路上。（CNCORPUS）[次要现在时]

Rt1：现在

Event：妇女们走在小路上

Et：过去

′Rt1 = Et

Event2：妇女们提着箩筐

```
———————————————— Rt1（现在）————————————
                            |
———————————————— Et（现在）————————————
                            ⋮
———————————————— ′Rt1（现在）————————————
                           /
                          / 来着
———————————————— ′Et（过去）————————————
```

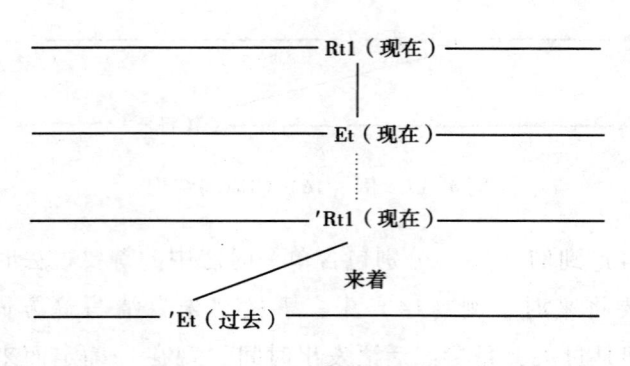

图 6-18　例（17）的时间结构

′Et：现在

```
———————————————————— Rt1（现在）————————
                          /
                         /
———————— Et（过去）————————————————————
            ⋮
———————— ′Rt1（现在）————————————————————
            |
            | 着
———————— ′Et（现在）————————————————————
```

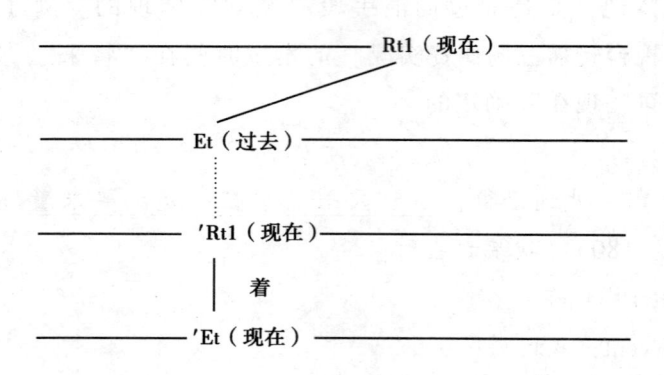

图 6-19　例（18）的时间结构

（19）徐荣凯说，轻工业部<u>将</u>花大力气……（CNCORPUS）
［次要将来时］

　　Rt1：现在

　　Event：徐荣凯说

　　Et：过去

　　′Rt1 = Et

　　Event2：轻工业部花大力气……

　　′Et：将来

第六章　英汉语时态体现形式对比研究　　95

```
────────── Rt1（现在）──────────
           ╲
── Et（过去）─────────────────────
     ┊
── 'Rt1（现在）──────────────────
   ╲
   将╲
       ── 'Et（将来）─────────────
```

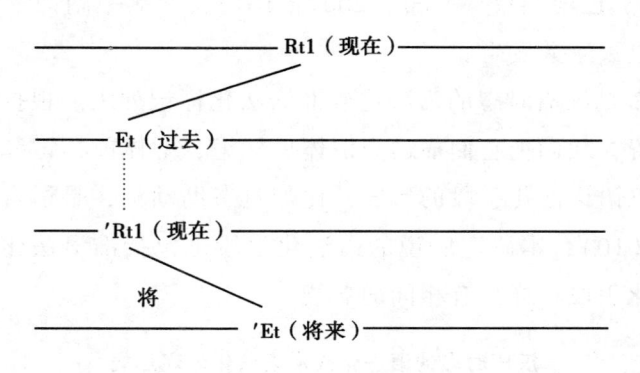

图6-20　例（19）的时间结构

　　例（17）至例（19）中的画线部分均是次要时态的例子。例（17）中，后面依赖句的时态助动词"来着"将事件"咱们小时候一起玩耍"的发生时间指向过去，是参照控制句的事件发生时间确定的。例（18）中，依赖句事件发生时间的参照时间和控制句事件的发生时间是一致的，由后置时态助动词"着"标记，相对于参照时间，事件"妇女们提着篮子"的发生时间是"现在"，从而构成次要现在时。例（19）中，画线部分是由控制句投射的小句（projected clause），前置语法化或准语法化手段"将"的使用表明，被投射小句事件发生时间的参照时间是投射小句过去事件的发生时间。

　　虽然例（14）至例（17）都表达了"先时"时间指示意义，但"过"和"来着"并不总是能相互替换。

　　（20）＊过去朱自清先生写这方面的文章来着。
　　（21）＊我还记得，小时候咱们常在一起玩耍过。

　　例（20）和例（21）分别是例（14）和例（17）的改动版本。例（20）将"过"替换为"来着"后，读起来不自然，原因是"来着"通常在非正式语境下使用，且表示的事件发生时间在参照时间之前不久（Yang，2007：179）。例（21）中，新加入的"过"通常不与"常"一起出现，原因可能是"过"表示的事件是"曾经存在过或发生过",已经结束(Yang,2007:167),而频率副词"常"则表示事件在过去频繁发生。

表6-2是汉语时态的语法化或准语法化标记列表。根据这些词在句中的位置,我们把它们描述为谓体后标记、谓体前标记和小句后标记。因为汉语语法化手段的形成,比如时态助动词,是语言进化的结果(Li,2010),本研究所说的语法化手段也包括准语法化手段,它们和语法化手段一样具有相同的功能。

表6-2　汉语时态的语法化或准语法化体现形式

	时间意义	助词（谓体后）	助词（谓体前）	助词（小句后）
语法化或准语法化手段	先时	过、了	曾经、已经	了$_2$、来着
	同时	着	正、在	
	后时		将、要、会、就要、快要、即将、正要、立刻、马上	

(二) 时态序列

汉语中除了简单时态外,还有时态序列。

(22) 李明说,等到下一个月,他的文章**早就**写好**了**。(CNCORPUS)

　　Rt1：现在

　　Event1：李明说

　　Et：过去

　　′Rt1 = Et

　　′Rt2：未来

　　′Event：他的文章写好。

　　′Et：过去

(23) 古典音乐**正在**被更多的人接受。(CNCORPUS)

　　Rt1：现在

```
———————————Rt1（现在）———————————
              ╲
———— Et（现在）————————————————————
——'Rt1（现在）————————————————————
              ╲
——————————————————'Rt2（将来）——————
  早就……了
————————————————'Et（将来）—————————
```

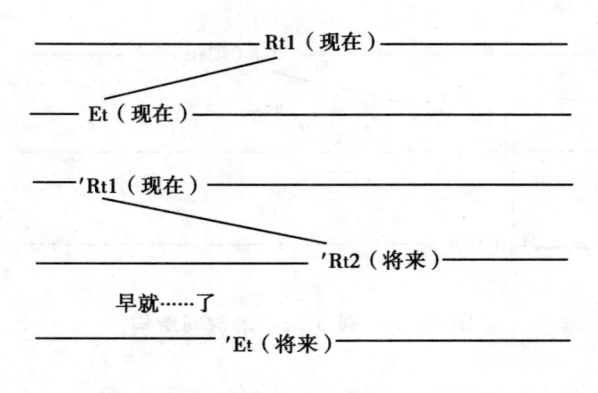

图 6-21　例（22）的时间结构

Rt2：现在

Event：古典音乐被更多的人接受

Et：现在

```
———————————Rt1（现在）———————————
                │
———————————Rt2（现在）———————————
                │现在
———————————Et（现在）————————————
```

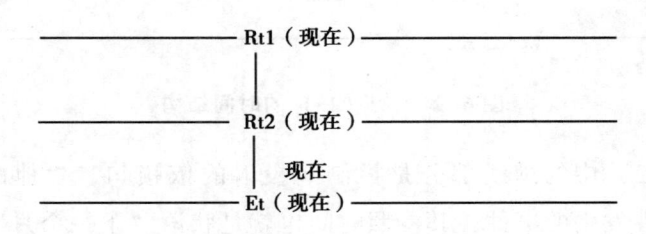

图 6-22　例（23）的时间结构

（24）山脚下**曾经**流淌**着**一条小河。（Yang, 2007：262）

Rt1：现在

Rt2：过去

Event：一条小河流淌

Et：现在

（25）他姐夫现在**已经**退休了。

Rt1：现在

Rt2：现在

Event：他姐夫退休

Et：过去

```
                    ——————— Rt1（现在）
                           /
                          /  曾经
——— Rt2（过去）—————————
         |
         |  着
——— Et（现在）—————
```

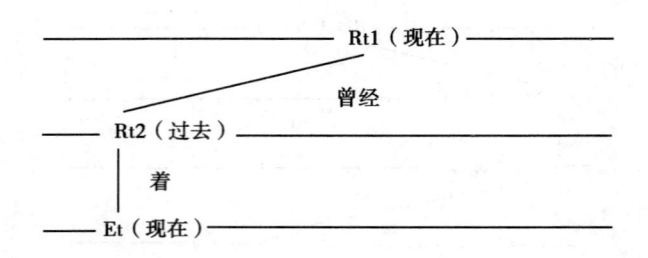

图 6-23　例（24）的时间结构

```
                    ——————— Rt1（现在）
                           |
                           |
——————————————— Rt2（现在）
                          /
                         /  已经……了
——— Et（过去）————————
```

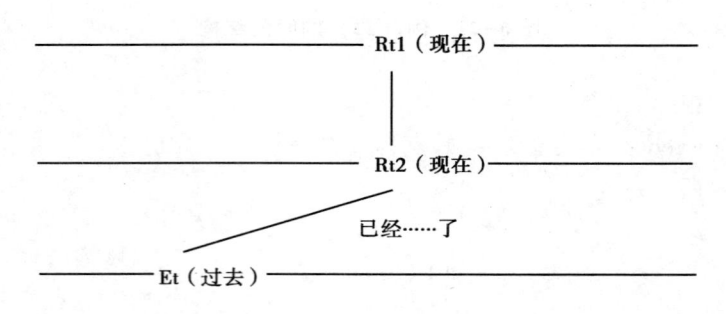

图 6-24　例（25）的时间结构

例（22）中的画线部分是控制句投射的依赖句。"他的文章写好"是过去发生的事件，其参照时间也就是状语"下一个月"表明的将来时间，表示在该将来时间，此事件已经完成。另一参照时间则是控制句时态所确立的一过去时间。这样一来，依赖句就形成了一个复合的（过去）将来过去时。例（23）中的事件发生时间是与话语发出时间处于同时关系的"现在"，因而该句的时态是现在现在时。例（24）中的事件"一条小溪流淌"有两个时间参照点，一个是"着"标记的同时关系，一个是"曾经"标记的先时时间关系，因而该句的时态序列是过去现在时。例（25）中的事件"他姐夫退休"的第一参照时间是不同于话语发出时间的"现在"，然后指向话语发出时间。此时间结构中的时间序列由准语法化手段"已经"和语法化手段"了"来体现。虽然这两个手段都有表达基于参照时间，事件发生在过去的功能，但这两个手段的组合并不表示一个简单的延伸的时间指示关系，而表示一种时间结构上的重合。

上述有关英汉语时间指示意义体现形式的对比表明，两种语言在此方面具有一些共性：首先，英汉语均可表达"先时""同时""后时"的时间指示意义。其次，在两种语言中，事件发生时间其参照时间均可是话语发出时间或者由具体语境所确立的时间，换言之，在英语和汉语中，均存在首要时态和次要时态的区别。再次，在两种语言中，同一时间指示意义可能会出现两种或两种以上的体现形式。

同时，英汉语之间也存在如下不同之处：首先，英语中的时间指示意义通常是通过动词的屈折变化来体现的，比如 V-s、V-ed、V-ing、V-en 等，只是有些时候也会使用 used to 或 be about to 等助动词结构来表达时间指示意义。然而在汉语中，时间指示意义的语法化和准语法化手段主要指时态助动词和由词汇手段演化而来的准语法化手段，比如"着""了""过""正""来着"等，以及"曾""已""正""将"等，没有屈折变化形态。其次，英语中，时间指示意义是通过动词的形态变化或时态助动词来表达的，换言之，英语中的时间指示意义是通过语法化形式来明确表达的。然而汉语中，时间指示意义的主要体现手段是词汇，不是语法化或准语法化手段，有时候还是零标记形式，这时其时间指示意义需要通过小句的具体语境来判断。再次，英语中，限定成分和非限定成分存在形式上的区别，也就是首要时态和次要时态的体现形式存在明显的区别，而汉语中，一般情况下，限定成分和非限定成分不存在形式上的区别，也就是首要时态意义和次要时态意义可通过同一手段来体现。

第三节 英汉语时态和时间环境成分

从系统功能语言学的概念功能看，时态既体现对过程的时间定位之经验意义，还体现逻辑意义，作为表达时间意义的另外一种手段，时间环境成分体现经验意义（Matthiessen，1996）。时态被普遍看作语法化手段，编码事件发生时间和其参照时间的时间指示关系，时间环境成分被看作反映频率、时段或时间点的词汇化手段。时态和时间环境成分之间的关系事实上指的是参照时间、事件发生时间和时间环境成分体现的经验时间意义之间的关系（何伟，2003b：17—22）。下面，我们主要探讨英汉语中构建时间指示关系中的时间环境成分的作用。

一 英语中的时态和时间环境成分

从系统功能语言学角度，英语时态和时间环境成分的关系为"镜像一致"（Halliday，1994/2000：200），也就是时间环境成分的顺序常常是时态的倒置。但也有学者指出时态和时间环境成分之间的关系并不总是明确的。有时，小句中也可能没有时间环境成分。在这两者的关系中，时态起主导作用（何伟，2003b：17—22），如以下例句：

（26）We will work for a long time next Tuesday.（何伟，2003b：17—22）

Rt1：now

Event：we working

Et：future time

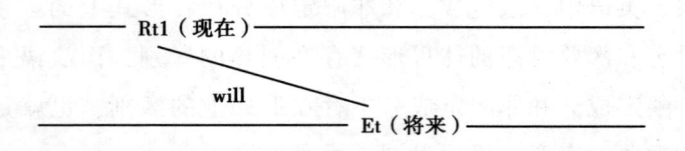

图 6-25 例（26）的时间结构

（27）We will have worked for a long time next Tuesday.（何伟，2003b：17—22）

Rt1：now

Rt2：future time

Event：we working

Et：past time

第六章 英汉语时态体现形式对比研究　　101

```
————— Rt1（现在）—————
              will
——————————— Rt2（将来）————
                    have worked
————— Et（过去）——————————
```

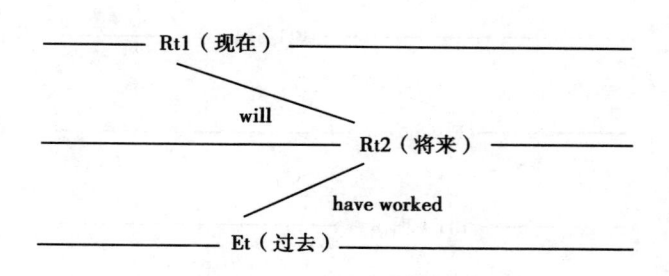

图 6-26　例（27）的时间结构

虽然例（26）和例（27）的时间环境成分都是 for a long time next Tuesday，但由于事件时态时间结构的变化，两个句子的潜在时间意义是不同的（何伟，2003b：17—22）。在例（26）中，发生在将来的事件 we working 是以话语发出时间为参照时间的，从而该句是首要将来时，时间环境成分 for a long time next Tuesday 表示的是一段没有明确界线且在将来方向上可以延展的时间。例（27）中，事件 we working 先以将来为参照时间，再以话语发出时间"现在"为参照时间，时间环境成分 for a long time next Tuesday 指的是在事件发生时间和第二参照时间之间的一段时间，它所表达的经验时间意义是有界的。

二　汉语中的时态与时间环境成分

汉语中的时态和时间环境成分之间的关系与英语有所不同。

（28）李明说，他的文章**早就**写好了。
Rt1：现在
Event1：李明说
Et：过去
′Rt1 = Et
′Event：他的文章被写好
′Et：过去

```
————————————————— Rt1（现在）—————————
                                    ╲
    ————— Et（过去）——————————————————————
                    ⋮
    ————————————— Rt1（现在）—————————————
                    ╲   早就……了
    ————— Et（过去）——————————————————————
```

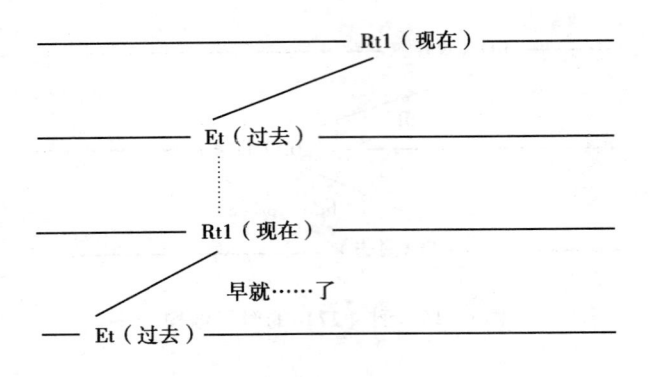

图 6-27　例（28）的时间结构

我们可以看到，例（22）中，时间环境成分表示的是将来的一个时间点，画线部分表示的事件首先定位在将来，其次定位在控制句的事件发生时间。例（28）中，删除时间环境成分后，依赖句中的事件直接指向控制句的事件发生时间。通过两例的对比，我们发现时间环境成分有确定事件发生时间参照时间的功能。但是这并不意味着所有的时间环境成分都可以影响事件发生时间的参照时间。对于具有表达相同时间指示意义的时间环境成分和语法化方式的小句，时间环境成分的存在与否并不能改变事件发生时间的参照时间，但能使参照时间更加具体。比如：

（29）那架飞机**明天将**飞往北京。（Yang，2007：126）
Rt1：现在
Event：飞机飞往北京
Et：未来

```
——————— Rt1（现在）———————————
                        ╲
                     将   ╲
    ————————————————————————— Et（将来）———
```

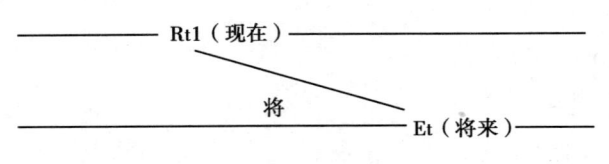

图 6-28　例（29）的时间结构

例（29）中的时间环境成分"明天"表明的是将来时间。准语法化手段"将"把将来发生的事件指向其参照时间话语发出时间"现在"，如果去掉时间环境成分"明天"或准语法化手段"将"中的任意一个，该句时态的时间结构均不会改变。当然，这并不意味着语法化手段或准语法化手段在建构小句的时间指示意义方面，作用可以忽略。相反，它们与时间环境成分在构建时间指示意义方面存在合作关系。

（30）那架飞机**明天这个时候正**飞往北京。

Rt1：现在

Rt2：未来

Event：飞机飞往北京

Et：现在

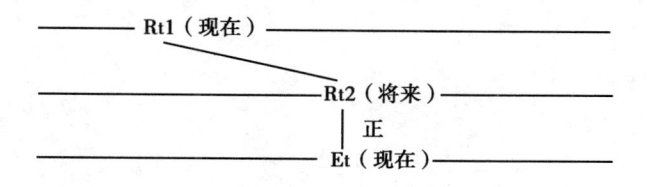

图 6-29　例（30）的时间结构

（31）那架飞机**正**飞往北京。

Rt1：现在

Event：飞机飞往北京

Et：现在

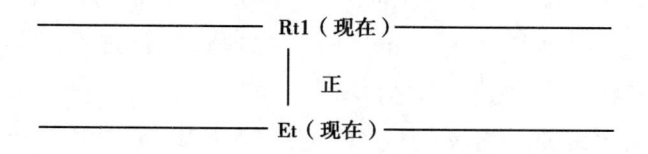

图 6-30　例（31）的时间结构

（32）那架飞机**明天这个时候已**飞往北京。

Rt1：现在
Rt2：将来时间
Event：飞机飞往北京
Et：过去

```
———— Rt1（现在）————
                    ＼
                     ＼
            ———————— Rt2（将来）————
                    ／ 已
                   ／
———— Et（过去）————
```

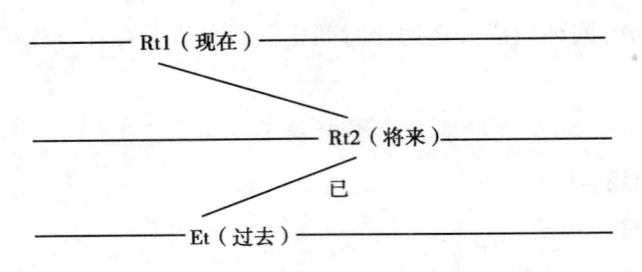

图 6-31　例（32）的时间结构

(33) 那架飞机已飞往北京。

Rt1：现在
Event：飞机飞往北京
Et：过去

```
            ———— Rt1（现在）————
           ／
          ／ 已
———— Et（过去）————
```

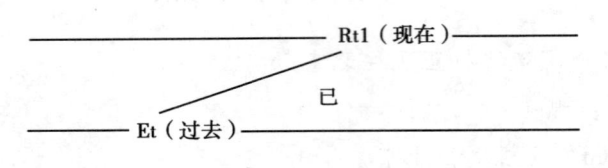

图 6-32　例（33）的时间结构

　　时间环境成分"明天这个时候"编码了后时的时间指示意义。准语法化或语法化手段"正"和"已"分别具有将现在事件指向其参照时间"现在"和"过去"的功能。与"正"和"已"不同，时间环境成分如果删除，小句中的时态时间结构会发生变化，比如例(31) 和例(33)。

　　综上，通过对时态与时间环境成分之间关系的探究，我们可以看出英汉语之间在表达时间指示意义上的区别。英语中，时态和时间环境成分之间是"镜像一致"关系,在此关系中,时态起主导作用,时态时间结构中的每一次转换都是由动词形态变化或时态助动词来标记的,时态时间结构的改变可能会影响到我们对时间环境成分所表达的时间指示意义的阐释。然而汉语中,时间环境成分和其他表达时间指示意义的手段之间是一种合作关系,当时间环境成分编码的时间指示意义和语法化或准语法化手段表达的时间指示意义一致时,时间环境成分的增添或删除并不能从整体上影响时态的时间结构,否则,它可能改变时态的时间结构。

第四节 结语

我们在本章对有英语时态与汉语时态的语法化或准语法化体现形式进行了对比,得出:两种语言均拥有体现时间指示意义的首要时态、次要时态、首要—次要时态和次要—次要时态;英语时态标记为动词形态变化和时态助动词,而汉语中的时态标记主要为词汇手段、语法化手段和准语法化手段,有时没有任何标记;英语中首要时态和次要时态的体现方式有明显的区别,而汉语中首要时态和次要时态的体现方式没有差别;英语中,时态和时间环境成分形成一种"镜像一致"的关系,在此关系中,时态起主导作用,添加或删除时间环境成分并不会影响时态的时间结构,而在汉语中,时态和时间环境成分之间是一种合作关系,时间环境成分或影响时态时间结构,或不影响时态时间结构。

第三部分
时间描述系统即"体"研究

第七章　现代汉语体系统及体现形式

第一节　引言

汉语是体凸显语言（尚新，2007），汉语学界普遍认为汉语中存在体[①]范畴，但对于体的定义、内涵及分类却有着不同的见解。综观有关体的文献，我们发现研究大致分为两类：一类只研究动词或动词短语带有语法化标记的情况，即语法体（如王力，1943/1985；吕叔湘，1944/1982；高名凯，1948/2011；戴耀晶，1997）；另一类既研究动词或动词短语带有语法化标记的情况，也研究动词或动词短语本身及其他附加成分所表示的相关意义，涵盖了语法体和词汇体两个范畴（如龚千炎，1995；孙英杰，2007）。随着对汉语体研究的深入，许多汉语学者意识到，除了严格意义上的语法体标记，如"着""了""过"等，小句中其他成分对于整个事件的体意义也有着重要影响（如邓守信，1985；龚千炎，1995；孙英杰，2007），比如用作状语的副词等词汇手段。另外，谓体也表达体意义（如 Vendler, 1967；Comrie, 1976；李临定，1990；龚千炎，1995；杨国文，2001；崔希亮，2004）。然而，在讨论体的表现方式时，多数学者均忽略了通过包括谓体、副词等词汇手段而体现的体意义。

有鉴于此，本研究从系统功能语言学角度，在意义和形式两个层次对现代汉语中的体进行研究，界定体的意义，基于意义对其分类，

---

① 本章中提到的术语名称如果与系统功能视角不一致，则用引号标记。

并探讨这些类别的体现形式,目的是对汉语中的体进行全面而系统的描述。

第二节 功能视角下汉语体的定义和分类

自20世纪50年代末,Halliday(1956/2007)提出阶与范畴语法以来,该理论经过系统语法、功能语法、系统功能语法和系统功能语言学、社会符号学等阶段的发展,如今已成为一门普通语言学和适用语言学。系统功能语言学认为语言是一个由不同层次组成的系统,其中意义是中心,形式是意义的体现方式;语言具有三大元功能——概念、人际和语篇。在谈及语言表达的概念功能中的时间意义时,Halliday(1994/2000)描述了英语中的时态、体和相。之后,Halliday & McDonald(2004)提及了汉语中的体,他们根据体标记出现的位置,将汉语体分成动词体和小句体,依据体的意义将汉语体分成中性体、完成体和未完成体。我们认为体应该是小句表达的事件的内部时间意义,体概念应置于小句层次上探讨。学界很多研究(如 Comrie,1976;龚千炎,1995;左思民,1998;戴耀晶,1997;尚新,2007)已经表明,小句的体意义应该是小句层次的,不应限于动词本身,这是因为多数情况下体在形式上附着于动词,但其功能是帮助完成整个小句的内部时间意义表达。

从逻辑角度看,小句体现的事件的内部时间状态分为三大阶段:开始前阶段、进行阶段、完成后阶段。这三大阶段是由开始和结束两个时间点分割开的。邓守信在《汉语动词的时间结构》(1985:32)中提到:时间结构分为起点、终点,这两点之间为过程;过程为时段,起点和终点为时点。李向农在《现代汉语时点时段研究》(1997:55—56)中也提到类似的观点:时点和时段共存于时轴之中,时段由一个时点经历到另一个时点,起点和终点可以界定一个时段的两端。房玉清(2008:297)指出表示"动态"(aspect)的基本概念有两个:持续性和间断性。持续性在语法上称为"进行",间断性在语法上称为"开始"或"完成"。由此可见，动作、状态的进程和变化基本如图 7-1（房玉清，2008：297）所示。

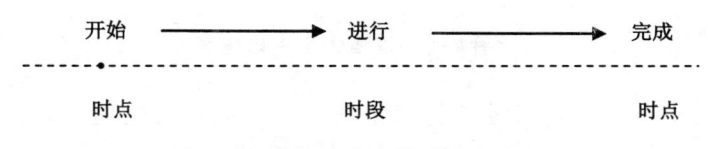

```
开始 ────────→ 进行 ────────→ 完成
 时点            时段            时点
```

图 7-1 动作、状态的进程和变化

"进行"跟时段相联系，表持续性；"开始"是进行的起点，"完成"是进行的终点，表间断性，是时点上的动态。

我们赞同这种对事件内部时间的划分，并据此对汉语体进行如下分类：位于开始点之前的阶段是尚未开始阶段，又叫开始前阶段，此阶段的体意义是将行体；开始点的体意义是开始体；进行阶段的体意义是进行体；完成点的体意义是完成体；完成后阶段的体意义是实现体，它和完成体相比，区别在于完成体表示瞬间完成，完成后事件就结束了，而实现体表示事件完成后达到的一种状态，是持续的，如："我的腿瘸了，一瘸一拐地逃离院子东侧的杏树，逃到院子西侧。"[①]与其说"瘸"这个动作已经"完成"，还不如说已经"实现"，因为"瘸"的状态仍在持续，并未完结。所以，汉语共有五种体，它们在时轴上连成一个"体链"，如图 7-2 所示：将行体→开始体→进行体→完成体→实现体。与此文见解基本一致的是崔希亮（2004：9），他指出："事件的过程通常可以分为三个连续的阶段：开始、持续、完成。不过，我们还可以加上两个阶段：开始前（将要开始）和完成后（结果和影响），这样就构成一个五个阶段的序列：开始前→开始→持续→完成→完成后。"

陈平（1988）、龚千炎（1995）先后提出并阐释了由"时制"（tense）、"时相"（phase）、"时态"（aspect）等构成的汉语时间系统，他们的"时态"实际上指的是狭义的体。陈平并未给出"时态"

[①] 除特别标注，本章所举例子均来自莫言的长篇小说《生死疲劳》，该版本是 2012 年 11 月由北京作家出版社出版的。

将行 ——→ 开始 ——→ 进行 ——→ 完成 ——→ 实现

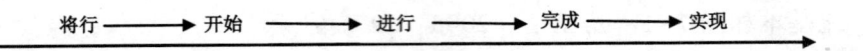

图 7-2　汉语体系统体链

详细的分类，但通过时轴上的"情状"和不同点之间的关系，给出了"时态"的划分标准，如图 7-3 所示（参见何伟、马瑞芝，2011：20）。

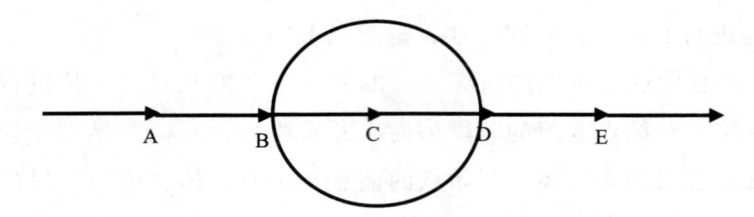

图 7-3　"情状"在时轴上的不同发展阶段

图 7-3 中时轴上的字母代表"情状"的各个发展阶段，B 为"情状"的起始点，D 为"情状"的终结点。由此可以看出，陈平将时轴大致分为三大部分：B 之前（开始前），B 和 D 之间（进行中），D 之后（结束后）。本研究对时轴的划分与陈平的观点相似，至于 A 点、E 点的意义，陈平并未在文章中指出。龚千炎在陈平文章的基础上提出"时态"链，他明确将"时态"划分为"将行时态""即行时态""起始时态""进行、持续时态""继续时态""完成、实现态""近经历时态""经历时态"，如图 7-4（龚千炎，1995：120）所示。

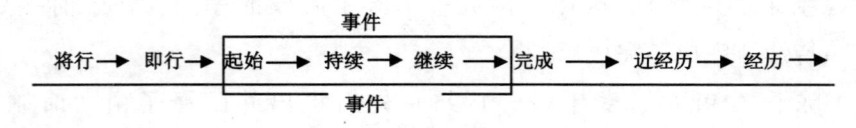

将行 → 即行 → 起始 → 持续 → 继续 → 完成 → 近经历 → 经历 →
（事件）

图 7-4　汉语"时态"（aspect）系统"时态"链

陈平没有对"时态"进行细分，龚千炎在陈平的基础上将"时态"细分为八种。本研究认为龚千炎对"时态"的划分太细，没有抓住三大阶段及两大时点。在时轴上，最明显且可以明确标明位置的两个时点是：起始点、终结点；这两个时点将整个时轴分为三个时段：开始前、进行中、完成后，每个时段都由无数的时点组成，我们无法对其进行更为细致的划分。龚千炎的分类有一定的意义，但在时轴上，我们很难明确标明这些时点（"将行时态""即行时态""近经历时态""经历时态"）的位置，并将其和其他时点表示的体意义区分开，因为在一些情况下，"将要"和"就要"是同义词，刘叔新（2011）把"将要""就要""即将""行将"列为同义词，贺国伟（2005）把"即将""行将""就要""快要"列为同义词。

从体现形式上看，体可分为语法体、准语法体、词汇体。所谓语法体，即以语法手段（"着""了""过"等）体现的体。所谓准语法体，即以虚化程度比较高或正在虚化过程中的词汇手段来体现的体。所谓词汇体，即以词汇手段体现的体。从体现形式的数量上看，现代汉语的体分为单一体和复合体。所谓单一体，即小句中只出现一种体形式，由于形式是意义的体现，因而这种包含单一体的小句也只表达一种体意义。所谓复合体，即小句中出现一种以上的体形式，同理，这种包含复合体的小句表达一种复杂的体意义。本研究只探讨单一体。

第三节 语法体和准语法体的意义与形式

一 语法体

早期学者们研究汉语中的体时多偏重以语法形式体现的体，即语法体。崔希亮（2009：144）指出语法形式系语法外部表现形式，词尾、冠词、格标记、词序、虚词、形态标记、重叠等形态变化都是语法的外部表现形式，它们都是可以直接观察的。崔希亮同时指出汉语的"着""了""过""来着"等虚词是语法形式表达的"体貌"意义。

汉语学界普遍认为"着""了""过"是语法体的标志。王力

(1943/1985)提出"着"表达"进行貌","了"表达"完成貌";吕叔湘(1944/1982)提出"着"表达"方事相","了"表达"既事相";高名凯(1948/2011)提出"着"表达"进行态、绵延态","了"和"过"表达"完成态、完全态";龚千炎(1991)提出"时态"(aspect)助词"着""了""过"是表达"时态"即体意义的专用语法标记,"着"表达"进行、持续体","了"表达"完成、实现体","过"表达"经历体";戴耀晶(1997)提出"着"表示"持续体","了"表示"现实体","过"表示"经历体";尚新(2007)提出"着"表达"持续体","了"表达"接续体","过"表达"间断体"。

我们赞同汉语学界的观点,认为"着""了""过"是语法体的标记,它们是虚词中的助词,常用来表达与时间相关的意义。从历时的研究角度来看,此类助词是动词的语法化形式(何伟,2010b:134),所以,我们认为"着""了""过"可看作助动词(Auxiliary)。

在系统功能视角下,"着"表达进行体,如例(1)中"着"表示"挑"这个事件正在进行中;"了"既可表达完成体又可表达实现体,如例(2a)中,"了"表示"吃"的动作已经完结,所以,此处"了"表达完成体,然而例(2b)中的"了"表示"瘸"的状态已经实现,仍在持续,尚未完结,所以例(2b)中的"了"表达实现体。"了"何时表达完成体或实现体要根据具体的语境来判断。"过"表达完成体,如例(3)中"过"表示"担任"已经完成,现在不担任了。

(1)这时,他的老婆秋香,西门闹曾经的三姨太太,用扁担挑着两个箩筐,箩筐里放着两个婴儿,黄互助,黄合作。

(2)a. 吃了几颗杏子后,我的心沉静下来。

b. 我的腿瘸了,一瘸一拐地逃离院子东侧的杏树,逃到院子西侧。

（3）看，那个怀抱着大石头、罗圈着腿吃力挪动的瘦老头，是担任过三个月伪保长的余五福。

除"着""了""过"，我们认为"来着"也是语法形式，表达完成体的意义。龚千炎（1991：55）指出从发展上来看，"来着"可以看作表示"时态"的语法手段，它虚化得比较彻底。房玉清（2008）在讨论表示"动态"的语法手段时对"来着"进行了阐释。比如在下面例（4）中，"来着"表示"说"这个动作已经完结；在例（5）中，"来着"肯定了"打人"动作已经完结。

（4）你怎么说的来着？

（5）过去了以后，看见马路边上站着七八个小伙子，就问刚才你们谁打人来着？（CCL）

崔希亮（2009）认为重叠是语法形式；万波（1996）把动词的重叠形式看作体的语法形式；房玉清（2008）谈到表示"动态"的其他语法手段时也讨论了动词重叠的形式。本研究认为动词重叠也是语法形式，因为动词重叠没有改变动词本身的词汇意义，而是加强了动词本身表达的事件内部的时间意义。比如"看"，表示看这个动作，而"看看"，除了表示看这个动作，还表示试试、将要的意思。

一些学者把动词重叠看作"短时貌"（"相/体/态"）或"尝试态"（王力，1943/1985；吕叔湘，1944/1982；范晓，1987）。本研究认为动词重叠表达将行体，即表达事件将要发生的意义。比如在下面例（6）中"看看"表示将要看；在例（7）中"研究研究"也表示将要研究。

（6）好你蓝脸，你能，你就一个人在外边，等着看吧，看看是我们集体的力量大，还是你蓝脸的力量大。

（7）我们研究研究几天可以完呢？（CCL）

二 准语法体

准语法体是本研究提出的一种叫法。前文已经提到，所谓准语法体，即以虚化程度比较高，而又没有完全虚化的"词汇"手段表达体意义，这些"词汇"手段主要指学界所讲的"时间副词"。

对于这些"词汇"手段是否表达体意义，学界有不同的观点。万波（1996：25）指出学者们在谈论体的表现方式时，往往只谈论那些比较典型的语法形式，对于时间副词，往往不作讨论。而陆俭明、马真（1985：106）表示通常所说的时间副词，大多不表示"时"（时态）而表示"态"（体）。如："明天八点他已经到上海了。"其中"已经"表示的不是"时"，而是"态"（体），表示"已然态"（完成体）。龚千炎（1995）明确指出时间副词已经慢慢发生了演变，逐渐得以虚化，程度不等地表达"时态"（体）的功能，按照其性质和作用，应视为"时态"（体）副词。从时间副词的功能角度看，邹海清（2011：3）认为体功能为时间副词的基本功能，具有整体上的普遍性，时功能为其次功能。

从体的角度看时间副词，学者们有不同的分类。龚千炎（1995：57）根据"虚化程度"的高低，将通常所说的时间副词分为"时态"副词和"准时态"副词两类，"时态"副词，如"曾经""已经""正在""将要"，虚化程度高，可以看作专门的"时态"表达手段；"准时态"副词，如"就要""快要""即将""马上""立便""立刻""立即""即刻""当即"，虚化程度低，还保存着若干词汇意义。可以看出，龚千炎把时间副词分为两类：一类是专门的"时态"表达手段，即语法体形式；另一类是准语法体形式，表达体意义的同时还保存着词汇意义。陆俭明、马真（1985：107）根据是否只能用来表明某一特定时间的事（如过去、现在或将来），把时间副词分为定时时间副词和不定时时间副词两类。定时时间副词，只能用于表明在某一特定时间存在或发生的事；不定时时间副词，既适用于表明过去的事，所以，不定时时间副词重在"态"（体），不在"时"（时态）。

陆俭明、马真列举了104个不定时时间副词，根据所表示的"态"的不同，将它们分成18个小类。陆俭明、马真提出不定时时间副词，并说明不定时时间副词重"态"而不重"时"，这一做法很有意义，然而，在对不定时时间副词的具体分类上，他们没有完全从"态"（体）意义的角度划分，偏离了其提出的重"态"而不重"时"，因为如果从"态"（体）意义的角度划分的话，不会出现18个小类。邹海清（2011）根据时间副词表达的体的功能，把时间副词分为量化义时间副词、界变义时间副词和过程义时间副词三大类。邹海清的分类，角度新颖，值得借鉴。杨荣祥、李少华在《再论时间副词的分类》一文中从两个分类标准出发，把时间副词分为四类：根据副词的时间意义特征，即表示时间位置的相对先或后的关系，把时间副词分为先时副词和后时副词；根据副词的时间意义特征，即表示时间跨度的大或小，把时间副词分为延时副词和瞬时副词。可以看出，杨荣祥、李少华的第一个分类标准是从时态（先时和后时）角度出发的，第二个分类标准是从时相（延时和瞬时）角度出发的。汉语时间系统包括时态、体、时相三部分，杨荣祥、李少华从时态、时相的角度对时间副词分类，具体详细，但是，他们没有从体的角度出发，可谓是一种缺失。

　　本研究认为从体意义的角度对时间副词进行分类是可行而有意义的。上文提到，陆俭明、马真将重"态"而不重"时"的时间副词归为不定时时间副词的做法很有意义，但他们没有完全从"态"（体）意义的角度对不定时时间副词分类，所以，我们将以陆俭明、马真列举的不定时时间副词为基础，参考其他学者列举的表达体意义的时间副词，从体意义的角度对时间副词分类。上文中，我们根据汉语的体意义把汉语中的体分为五类，形式是意义的体现方式，所以，从汉语的体意义出发，时间副词表达的体也分为五类。在陆俭明、马真列举的104个不定时时间副词中，不是所有的不定时时间副词都能划归在本研究提出的五类体意义的框架下，而且，可以表达体意义的时间副词也不只这104个——因为表达相对先后时间关系的时间副词也同时表达体意义。有鉴于此，我们从体意义的角度，对陆俭明、马真列举的不定时时间副词进行遴选，选取能表达本研究提出的体意义的不定时时间副词，同时，参考其他学者（龚千炎，1995；邹海清，2011）列举的表达体意义的时间副词，并查询现代汉语同义词词典（贺国伟，2005；刘叔新，2011）归纳列举具有相同意义的时间副词，最终勾画出本研究对时间副词表达的体的框架。

经过我们的遴选，五类时间副词表达的体如下所示：将行义时间副词，如"即将""将要""就要""快""行将""将""要""正要""快要""刚要""立刻""立即""即刻""立马""马上""就""便""赶紧""赶快""赶忙""连忙""急忙""当即""随即""旋即""迅即"等，表达将行体；开始义时间副词，如"开始"，表达开始体；进行义时间副词，如"在""正在""正""一直"等，表达进行体；完成义时间副词，如"曾经""曾""刚""刚刚""才"等，表达完成体；实现义时间副词，如"已经""已""早已""早就""业已""都"等，表达实现体。

下面，我们对这五类时间副词表达的体进行举例说明。

1. 将行体

（8）有好几次我看到他那只又黑又脏的手就要向包子伸去，但最终他还是克制住了自己。

（9）面对着这群饥民，我浑身战栗，知道小命休矣，驴的一生即将画上句号。

（10）正要开打，那条蒙古母牛如同一堵朽墙，扑地便倒。

将行体表示事件将要进行，这里例（8）中"就要"表明"伸"这个动作没有发生，但将要发生。例（9）中"即将"表示驴的生命马上要结束。例（10）中"正要"表示"打"这个事件尚未发生，但马上就要发生。

2. 开始体

（11）河里的冰开始融化，冰面坑坑洼洼，露出了蓝色的水面，反射着扎眼的光线。

开始体表示事件正处于开始的点上。上面这个例子中，"开始"表明"冰融化"这个事件正在起始点上。

3. 进行体

（12）我知道春耕即将开始，那是农场的机修队在检修机器。

（13）我哥已经加入了共产主义青年团，听说他还递交了入党申请书，正在积极表现，向党靠拢，争取加入共产党。

（14）县报与县电视台的记者，一直紧密追踪报道。

进行体表示事件正在进行中，这里三个例子都是表示事件正在进行中，尚未完成。

4. 完成体

（15）这时，他的老婆秋香，西门闹曾经的三姨太太，用扁担挑着两个箩筐，箩筐里放着两个婴儿，黄互助，黄合作。

（16）你干兄弟莫言的爹刚走，西门家院子里——应该是村公所院子里就忙活起来了。

完成体表示事件已经完成，成为现实。这里例（15）中"曾经"表示秋香是西门闹三姨太的事实已经发生并完结，现在秋香不是西门闹的三姨太了。例（16）中，"刚"表示"走"这个动作已经完结。

5. 实现体

（17）他已经五岁有余，随着年龄的增长，脸上那块痣越来越蓝。

（18）因为柴油短缺，早已停止磨电，所以即便我把那根灯绳砸断也砸不来一线光明。

（19）您摸摸脑门子，汗珠子都冒出来了，还说不热！

实现体表示事件完成后达到的一种持续的状态。这里例（17）中，"已经"表示"五岁有余"是一种持续的状态。同理，例（18）中车子"停止"的状态仍在持续，并未完结，所以是实现体。例（19）中，"都"不是"全部"的意思，而是"已经"的意思，所以，我们认为此处"都"也表示实现体。

对于上述讨论的时间副词是纯粹的词汇形式，还是准语法化形式，甚或是语法化形式，龚千炎（1995）曾指出时间副词与其他副词不同，其词汇意义有不同程度的减弱。根据"虚化程度"的高低，他将通常所说的时间副词分为"时态"副词和"准时态"副词两类，虚化程度高的是"时态"副词，如"曾经""已经""正在""将要"；虚化程度较低的是"准时态"副词，如"就要""快要""即将""马上""立便""立刻""立即""即刻""当即"。我们（何伟、马瑞芝，2016）在描述现代汉语有标记的时态的体现形式时，提出这些"时间副词"均系表达时间意义的虚词，其词汇意义完全虚化，或正在虚化过程中。我们此处同样认为这些"时间副词"因其演化为主要表达外部时间先后或同时时间关系，或内部时间关系，并且数量相对固定，因此均系表达时间意义的语法化或准语法化的形式。

除了时间副词外，汉语中还存在由动词虚化而来的助词，比如"起来"和"下去"，它们用在动词后不仅可表达一定的时间意义，还可表达空间上的向上或一定的印象或看法。戴耀晶在《现代汉语句子中"起来"的语法化分析》一文中指出V+"起来"表达三种语义，只有表达事件发生的时间语义时，"起来""下去"才表达体意义。比如在"鬼卒还用叉子把我叉起来，高高举着，一步步走上通往大殿的台阶"中，"起来"表达的词汇意义是空间位置上的移动，不与事件发生的时间相关,所以此处的"起来"不是体标记。也就是说,"起来""下去"还不是纯粹的语法体标记。龚千炎(1991)也将"起来""下去"划分为"准时态"助词,和专用语法体标记——"时态"助词"着""了""过"——区分开。尚新在《英汉体范畴对比研究》一书中把"起来""下去"排除在语法体的范围之外,因为在其查找的语料中没有找到纯粹虚化的"起来"和"下去"。如上所述,在表达时间意义时,本研究把它看作准语法体。"起来"表达开始体或实现体,"下去"表达进行体。

(20)我看到西门金龙的脸突然变得像一张破旧的白纸那样,他的身体也如当头挨了一棒似的摇晃起来。

(21)想起来了,钱包忘在家里了。(CCL)

(22)我没容他再啰唆下去,张大嘴,龇出板牙,对着他那颗扁平的脑袋。

这里的例(20)和例(21)中的"起来"分别表达时间意义"开始"和"实现";例(22)中的"下去"表达时间意义"继续"。如此,"起来"分别是"开始体""实现体";"下去"是"进行体"。

第四节 词汇体的意义与形式

所谓词汇体,即完全通过词汇手段表达的体(即时相)。何伟(2010b:125—139)在谈论英语体系统时,指出词汇体有广义和狭义之分,狭义的词汇体指充当谓体的动词或动词短语本身,广义的词汇体包括狭义的词汇体和其他词汇手段。同理,汉语的体系统中,词汇体也有广义和狭义之分。

一 谓体表达的体意义

体的语法手段和准语法手段是体意义的标记。当小句中没有任何体标记的时候，一些学者称为"中性体"（如尚新，2007），一些学者认为是零形式或零标记，即形式上没有体标记，但小句仍具有体意义，需要对话人自己去体会（如王力，1943/1985；赵元任，1979；杨国文，2001）。因为汉语缺乏动词的屈折变化，所以零形式在汉语中较为常见。对于是否存在体标记的问题，本研究不着重讨论，此处仅需说明：对于体的语法化和准语法化形式，我们认为它们是体意义的标记；对于不存在语法体和准语法体的小句，我们认为这样小句的谓体同样表达体意义，在一定语境中，它们的体意义是可以确定的。

在英语中，能做谓体的只有动词，然而，由于汉语的特殊性，汉语中可以作"谓语"的不只动词，还有形容词、形容词短语、名词、名词性词组等（马真，1997；房玉清，2008）。所以，讨论汉语中谓体表达的体意义时，我们不能像讨论英语中的体那样，只讨论汉语动词的分类，而要考虑汉语的特点，讨论能作谓体的所有成分表达的体意义。

在汉语中，谓体既可以由形式项直接说明，也可以由其他语法单位来填充。能直接说明谓体的形式项主要是指不同类别的动词：行为动词（如"走""坐""看""打""拿""批评""学习"等）、心理活动动词（如"爱""恨""怕""想""要""喜欢""厌恶""害怕""想念"）、状态（存在、变化、消失）动词（如"在""有""存在""出现""失去""消失"等）、趋向动词（如"上""下""进""出""去""起""来"等）、表达判断、存在、所有或确认意义的动词"是"。当谓体由语法单位来填充时，既可以由词组来填充，也可以由小句来填充。谓体由小句填充，构成所谓的"主谓谓语句"，如"昆明四季如春"。谓体也可由词组/短语填充，主要包括名词词组、性质词组和数量词组（何伟等，2015a），如"我上海人""天气很冷""他大约50岁"。

下面，我们分别从由动词说明的谓体、小句填充的谓体、词组填充的谓体这三个方面讨论谓体表达的体意义。此处，为方便讨论，我们把带有语法体和准语法体标记的情况排除，只限于小句中唯有谓体的情况。

(一) 由动词说明的谓体表达的体意义

小句在概念层上与事件对应,谓体是小句的核心(Fawcett,2000),同理,谓体也是表达事件的核心。事件内部时间状态分为三大阶段和两大时点,那么,谓体表达的过程结构也可以划分为由起点和终点分割的阶段,进而,说明谓体的动词也可以划分为由起点和终点分割的阶段。此观点在汉语学界也有论述。

郭锐(1993:410—419)在讨论汉语动词的过程结构时指出:动词作为一个陈述性成分,其所指有一个随时间展开的内部过程。这个内部过程由三个要素构成:a. 起点(inception),过程开始的时点(用 I 代表);b. 终点(finish),过程结束的时点(用 F 代表);c. 续段(duration),过程持续的阶段(用 D 代表)。过程结构就是起点、终点和续段三个要素的组织。如果把时间过程用空间的形式表示出来,那么一个典型的过程结构如图 7-5(郭锐,1993:410)所示。

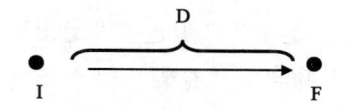

图 7-5 汉语动词时间过程结构

根据过程结构的三要素(起点、终点和续段)的有无和强弱,郭锐把动词过程结构分为五个大类、十个小类,并指出这是一个表现为状态、动作和变化三个核心之间的过渡的连续统,如图 7-6(郭锐,1993:416)所示。

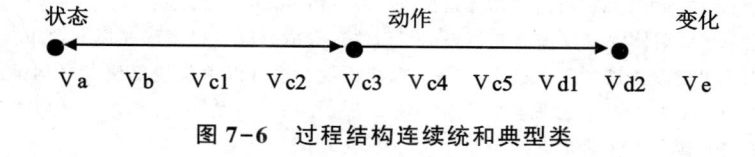

图 7-6 过程结构连续统和典型类

郭锐对动词过程结构三要素的划分与本研究三大阶段和两大时点的划分是一致的,所以,郭锐的讨论也从侧面证明了本研究对事件内部时间状态划分的可行性。其实，郭锐的划分可以看作从体的角度对动词分类，即通过考察动词本身的内部时间状态（动词本身起点、终点和续段的有无和强弱）对动词分类。

由于郭锐（1993：418）指出恒态事件、动作事件、变化事件是汉语中最重要的三种事件，其他事件只是这三种事件的变异形式，再者，本研究也把事件内部时间状态划分为三大阶段和两大时点，所以，此处我们从体的角度对动词分类时，主要讨论状态类动词、动作类动词和变化类动词。对于郭锐讨论的过渡类动词，本研究把它们归为这三类中的某一类。根据动词过程结构的三要素（起点、终点和续断）的有无和强弱，我们将上文提到的五类动词大致进行如下归类：行为动词属于动作类动词；心理活动动词、状态动词以及动词"是"属于状态类动词；趋向动词属于变化类动词。

动作类动词，即行为动词，如"走""坐""看""打""拿""批评""学习"等，在小句中单独出现的情况比较少。通常情况下，动作类动词和谓体延长成分①或助动词②一起出现，如"走"，小句中经常出现的是"走到""走上""走进""走出""走着""走了"；如"看"，经常出现的是"看到""看着""看到了"；如"学"或"学习"，经常出现的是"学会""学会了""学过""学了""学着"。下面，我们以"走"为例，讨论动作类动词表达的体意义。

（23）我走。

（24）沿着大街，迎着太阳，手托着这冻僵的孩子往家里走。

---

① 何伟等（2015a）指出"谓体延长成分"（Predicate Extension）是对谓体的延伸和补充，用来帮助谓体完成过程意义的表达。谓体延长成分既可以由形式项（"下""上""进""出""过""进去""过来"等）直接说明，也可以由其他单位（名词词组，如"打交道"中的"交道"；性质词组，如"说清楚"中的"清楚"；介词短语，如"看在眼里"中的"在眼里"）来填充。

② 何伟等（2015a）把助动词分为四类：表达与现在时间相关的助动词，主要有"着""在"等；表达与过去时间相关的助动词，主要有"了""过"等；表达与将来时间相关的助动词，主要有"要""将"等；以及其他与时间相关的助动词，如"下去""起来""来着"等。

（25）两个身穿皂衣、腰扎着橘红色宽带的鬼卒从两边厢走到我近前。

（26）鬼卒还用叉子把我叉起来，高高举着，一步步走上通往大殿的台阶。

（27）在合作社社长洪泰岳的引领下，陈区长与他的几位挎枪的警卫走进大门。

（28）终于走出隧道，然后登上高台。

（29）我爹追上来，与我并肩走着。

（30）金龙走了。

例（23）中谓体"走"表示行为人"我"离开，而"我"是"将要离开"，"正在离开"，还是"已经离开"需要根据具体的语境确定，仅凭此小句无法知晓。通过观察"我走"的上下文："那个放我进来的守门人，神色惶恐地跑过来，不是命令我走，而是哀求我走。我走。我走到车龙马水的大街上，恨不得当街大呼：春苗，你在哪里？"我们发现，"我走"前文表达"要走"的意义，后文表达"走到"的意义，所以，此处"我走"可以看成"走着"，即"走"这个动作在进行中的意义，由此可以看出，考察行为动词说明的谓体表达的体意义时，需要结合语境。同理，例（24）中单看谓体"走"我们不能看出它表达什么体意义，根据"沿着""迎着""手托着"，可以知道此处"走"和"沿""迎""手托"表达的体意义是一样的，即表达进行体。

例（25）至例（28）中，谓体"走"和谓体延长成分"到""上""进""出"一起出现，"到"表达"完成或实现"的意义，和谓体"走"一起出现，"走到"表达动作"走"已完成的意义；"上"表达"趋向"意义，即表达将要运动的方向是"上"，"走上"表达动作"走"将要进行或正在进行；同理，"走进""走出"表达动作"走"已经完成的意义。通过对语料进行分析，我们得出当谓体和谓体延长成分一起出现时，小句的体意义由谓体延长成分的意义决定，与我们持类似观点的有龚千炎。龚千炎（1994：151）提出现代汉语除了"时态"成分可以表示"时态"外，一些"谓语"动词的"补语"也具有某种"时态"功能。例如："中午，太阳射出耀眼的光芒。"其中"出"表示某种持续状态。"他走过去把门关上。""群众把小偷逮住了。""他已经收集到不少的材料。""他一口气吃完五碗饭。"在这几个例子中，其中"上""住""到"表示某种完成状态。

在例（29）和例（30）中，谓体"走"分别和助动词"着""了"一起出现，"着""了"是语法体的标记，分别表示"进行体""完成体"或"实现体"（前文有论述），所以，此处"走着"表达动作"走"进行中的意义，即表达进行体，"走了"表达动作"走"已经完成的意义，即表达完成体。

状态类动词，包括心理活动动词、状态动词以及动词"是"（表达判断、存在、所有或确认意义）。下面我们对它们分别各举一例来讨论。

（31）尽管你们这个家，也算是我的家吧，与别人家比较，显出了寒碜，但我还是喜欢这里。

（32）我家的门前，迎着朝阳，靠着南墙，有一个用木棍和苇席搭起来的棚子。

（33）他是我从关帝庙前雪地里捡回来的孩子。

上述例（31）中谓体"喜欢"是心理活动动词，表示心理活动者"我"的心理状态，一般情况下，心理状态是一种持续进行中的状态，因而此处谓体"喜欢"表示进行体。例（32）中谓体"有"是状态（存在、变化、消失）动词，表示"存在"的状态，是一种持续进行中的状态，因而此处谓体"有"表达进行体。例（33）中谓体"是"表示判断或确认，表示的也是一种持续进行的状态，因而此处的"是"表达进行体。

综上分析，状态类动词，即心理活动动词、状态动词、动词

"是",表达进行体,因为在一般情况下,它们都表达持续进行中的状态。

变化类动词,即趋向动词,如"上""下""进""出""去""来"等,表达运动的趋势方向,亦即表示运动尚未而行将发生,因而我们认为趋向动词一般表达将行体。例如:

(34)"去哪里?"
(35)"回办公室。"

上述例(34)和例(35)中的谓体"去"和"回"都表达运动的趋势方向,表示尚未而行将发生,因而它们表达将行体。

(二) 由小句填充的谓体表达的体意义

谓体由小句填充时,构成"主谓谓语句"(何伟等,2015a),如"昆明四季如春"。"主谓谓语句"这个名称由丁声树(1961/1999)首先提出,其后,关于"主谓谓语句"的研究层出不穷(如朱德熙,1982/2011;李临定,1986;殷苏芬,2008)。关于"主谓谓语句",类型学界的观点不一致——或五种,或七种,或八种。在系统功能语言学视角下,我们(何伟,2017)全面分析了学界所普遍认可的七种"主谓谓语句",指出只有其中的两种是真正的"主谓谓语句"。例如:

(36)她体态健美……给我们西门屯的人和牲畜都留下了美好的印象。
(37)女青年们原本就办事认真,虽心情不快也不会过分胡闹,男青年们就不管那一套了。

例(36)中"体态健美"是"主谓谓语"结构,充当全句"她体态健美"的谓体,其中,"体态"是小主语,"健美"是小谓体。全句的谓体"体态健美"描述的是人的外貌,是一种持续的状态,因而它表达的是进行体。同样,例(37)中小句"女青年们原本就办事认真"的谓体是"办事认真","办事认真"是一个"主谓谓语"结构,其中,"办事"是小主语,"认真"是小谓体。大谓体"办事认真"描述的是一个人的工作态度,这种态度也是一种持续的状态,因而它表达的也是进行体。

(三)由词组填充的谓体表达的体意义

谓体也可由词组/短语填充,主要包括名词词组、性质词组和数量词组。下面我们对其各举一例进行分析。

(38)那时我刚刚24岁,新娶了白马镇首富白连元家的二小姐为妻。
(39)集市上很热闹。
(40)煤的种类很多。(CCL)

例(38)中谓体"24岁"是名词词组。只看谓体,我们无法判断它表达何种体,通过考察语境,我们明确了"24岁"指的是过去某个时段的事件,该事件现在已完结,因而我们认为此处"24岁"表达完成体。例(39)中谓体"很热闹"是性质词组,描述的是"集市"的状态,因而我们认为此处"很热闹"表达进行体。例(40)中谓体"很多"是数量词组,单看谓体"很多",我们无法判断它表达何种体,通过考察语境,我们明确了"很多"是"煤的种类"的内在性质,因而我们认为此处"很多"表达进行体。

在上述三个小节中,我们分别讨论了由动词说明的谓体、小句填充的谓体、词组填充的谓体表达的体意义。通过实例分析我们得知:由动作类动词说明的谓体单独出现时,小句表达的体意义由语境决定;当动作类动词说明的谓体和谓体延长成分一起出现时,小句的体意义一般由谓体延长成分决定;当动作类动词说明的谓体和助动词("着""了"等),即语法体标记一起出现时,小句的体意义由语法体标记决定。状态类动词通常描述的是持续进行的状态,因而由状态类动词说明的谓体一般表达进行体。变化类动词，即趋向动词，表达运动的趋势方向，表示尚未而行将发生，所以趋向动词一般表达将行体。谓体由"主谓谓语"结构填充时，我们要根据"主谓谓语"结构表达的意义，来确定大谓体表达的体意义。谓体由词组填充时，判断由名词词组和数量词组说明的谓体表达的体意义时，需要根据语境确定，而性质词组一般描述某种状态，状态一般都是持续性的，故由性质词组说明的谓体一般表达进行体。

第五节 结语

我们从系统功能语言学视角对现代汉语中的单一体进行了比较全面而系统的描述。我们认为从体的意义进行分类，汉语中共有五类单一体——将行体、开始体、进行体、完成体、实现体；从体现形式上看，它们表现为语法体、准语法体和词汇体。在语法体标记中，除了助词"着""了""过"，我们还讨论了"来着"和动词重叠的形式。在讨论语法体抑或准语法体时，我们将表达体意义的时间副词分为五类——将行义时间副词、开始义时间副词、进行义时间副词、完成义时间副词和实现义时间副词，这些时间副词因其词汇意义的虚化——程度或高或低，而被看作语法体抑或准语法体标记。除此之外，我们把由实义动词虚化而来的"起来""下去"等也看作准语法体。词汇体主要指由谓体表达小句体意义的情况，在仅有谓体表达体意义的小句中，谓体表示的体意义在一定的语境和上下文中是可以确定的。

第八章 英汉语单一体体现形式对比研究

第一节 引言

"体"概念自19世纪初被引入斯拉夫语研究，从此成为哲学家和语言学家关注的一个焦点。在相当长一段时期内，体研究主要集中在外国语言学领域，其中较为著名的包括 Vendler（1967）、Hudson（1971）、Quirk et al.（1972）、Comrie（1976）等。直至20世纪20年代，体研究才在国内引起重视。黎锦熙（1954）主要是引进西方语言学理论，王力（1943/1985）、吕叔湘（1944/1982）、高名凯（1986）等从汉语本身的特点出发，对体进行了探索。现当代语言学家，如国外学者 Li & Thompson（1981）、Brinton（1988）、Smith（1991）、Bache（1995）、Hewson（1997）、Olsen（1997）等对汉语中的体或英语中的体进行了更为深入的研究，国内学者龚千炎（1991，1995）、戴耀晶（1993，1997）、尚新（2007）、Yang（2007）、杨国文（2011，2012，2015）等结合国外语言学理论对汉语中的体现象进行了考察。综观各个时期的体研究，不同学者对其定义、分类和体现方式莫衷一是，对体在不同语言中的普遍性和差异性的探索也不够系统，这源于相关研究没有置于一个完整的理论框架之下。韩礼德创建的系统功能语言学自20世纪50年代发展至今，已具有相对完备的思想体系和理论体系。其中纯理功能、系统、功能、层次、语境以及近似或盖然等思想在揭示复杂语言现象时表现出较强的阐释力。有鉴于此，本研究将从系统功能语言学视角对体在英汉语中的体现形式进行比较,以探讨两者的异同。

第二节 不同视角下体的定义和分类

对于体的界定,Comrie(1976:3)从普遍语义角度将其定义为"对情状内部时间构成的不同观察方式",并区分了完整体和非完整体。Smith(1991:14)认为"体关注情状的时间组织和时间视角",进一步将体划分为"情状体"和"视点体"。Olsen 提出体包括语法体和词汇体,她将语法体定义为"由一些动词性助词和词缀对既定时间内'情状'的进展或结果的表示"(1997:3)。杨国文(2015:3)称体为"时态",指出"时态对应于情状内部时间构成的情状状态的不同观察方式",她提出汉语体包括"完成体""未完成体"和"即行体",并从分类和语义适用条件两个角度进行了说明。何伟、付丽(2015:11)认为"体应该是小句表达的事件的内部时间意义",基于意义将体划分为将行体、起始体、进行体、完成体和实现体五个类别。本研究认同以上观点,认为体研究首先应着眼于其意义,对其意义的考察不能局限于动词或动词短语,而应置于小句层面讨论。这是因为从功能视角来看,体是用来描述事件在时间进程中的进展状况,这种进展状况是由整个小句进行描述的,而不只是其中的动词性部分。有关这一点,Kruisinga(1932)、Comrie(1976)、Hopper & Thompson(1980)、龚千炎(1995)、戴耀晶(1997)、左思民(1998)、尚新(2007)、Yang(2007)、何伟、付丽(2015)等都有类似的看法。综合上述观点,我们从功能角度对体定义如下:"体指言语者对事件在一定的或一系列时间视点观察到的某一或系列进展状态。"

按照事件的发展顺序,每一个事件都有从将行、即行、开始、发展到结束、实现的过程(杨国文,2012)。体现在时轴上,整个事件的发展由开始点和完成点[1]分为三个阶段:开始前阶段、进行阶段和

---

[1] Ritter & Rosen(1998)称为起始线和终点线。

完成后阶段。在这些时间点和时间段上观察，事件有五种不同的状态。对应的体按照事件发展顺序形成一条"体链"，即将行体→开始体→进行体→完成体→实现体（何伟，2010b；何伟、付丽，2015）。观察视点位于开始前阶段，事件将要发生而没有发生，此阶段的体意义是将行体；位于开始点，事件一触即发，此时的体意义为开始体；位于进行阶段时，事件已经开始而没有结束，此时的体意义是进行体；位于完成点，事件瞬间结束，此时的体意义是完成体；位于完成后阶段，事件已经结束，此时的体意义是实现体。

在现实世界中，言语者可以从一个或多个视点对事件的进展状况进行观察，并以语言形式表述出来（龚千炎，1995；戴耀晶，1997；Yang，2007；尚新，2007；张存玉、何伟，2015；鞠志勤，2015）。对应一个视点的体为单一体，对应多个视点的体为复合体。限于篇幅，本章仅对比英汉语单一体（下文也称体）的体现形式。

综观学界对体，主要是单一体体现形式的研究，我们发现主要存在三种趋向：主要研究体的语法①化及准语法化手段，即语法体和准语法体②；主要研究体的词汇手段，即词汇体；既研究语法体、准语法体也讨论词汇体。第一种包括 Hudson（1971）、Quirk et al.（1972）、Hewson（1997）、Biber, et al.（1999）、Morley（2000）、Downing & Locke（2002）等；第二种包括 Vendler（1967）、Verkuyl（1972）、Dowty（1979）、Bache（1995）等；第三种包括 Jespersen（1924/1951）、Comrie（1976）、Brinton（1988）、Smith（1991）、龚千炎（1995）、Olsen（1997）、Yang（2007）、何伟（2010b）、何伟、付丽（2015）、鞠志勤（2015）等。本研究认为在意义层面体是人类语言共有的，但其体现形式因语言而异，从而形成各具特色的体系统。英语属于形态变化丰富的印欧语言，主要通过语法和准语法化手段体现，并辅以一定的词汇手段；汉语形态变化少，体是通过少量的语法化手段、一定的准语法化手段以及丰富的词汇手段来体现的

---

① 语法体是指在形式上通过语法手段表达的体。
② 准语法体是指以语法化程度较高，或者正在语法化过程中的词汇手段来体现的体。

(尚新，2007；Yang，2007；邹海清，2011)，因此英汉语中都存在语法体、准语法体和词汇体，只是在各种体现形式上的组成成分和数量方面存在差异。

第三节 单一体体现形式在英汉语中的对比

一 英汉语中的语法体体现形式

牛保义、徐盛桓（2000：5）指出语法化的形态是指语法形式下存在的状态。崔希亮（2004：144）也提出语法形式是指语法外部的表现形式，包括词尾、格标记、词序、虚词、形态标记、重叠等。基于系统功能语言学，我们认为，英语中的语法体主要指助动词 will 和 shall、不定式成分 to、动词屈折变化形式，或前置或黏着在主要动词上。

一些学者［如 Morley 等（2000）等］提出 will 和 shall 不是屈折变化形式，不能作为语法体。我们认为此观点不太妥当。语义上，will 和 shall 本身词汇意义脱落，一般用来表达将来时间意义或情态意义；形式上，will 和 shall 与动词关系紧密，常置于动词之前。由此看来，will 和 shall 的语法化程度较高，可描述为语法体表达将行体意义。何伟（2010b：129）也指出语法体的体现形式主要是动词的时态形式及一些准语法化或正在被语法化的动词或动词的固定搭配。因此，语法体不应该只拘泥于屈折形式。

对于动词的屈折变化形式（一般现在时形式、一般过去时形式、现在分词形式和过去分词形式）所表达的体意义，学界的观点比较一致。Halliday & Matthiessen（2004/2008）在讨论动词形式表示的语法体意义时曾提出未完成体由动词的 -ing 形式来体现，表示非限定性的真实性；完成体由动词前加小品词 to 的形式来体现，表示非限定性的潜势。那么，根据我们对体类别的划分，动词的 -ing 形式用来体现进行体，动词前加不定式标记 to 表示将行体。

结合上述观点，我们提出，一般现在时形式、现在分词形式（常与 be 动词同现）、不定式 to、助动词 will 和 shall 与动词结合可以表达将行体；现在分词形式、不定式成分 to 与动词结合可以表达开始体；一般现在时形式、现在分词形式可以体现进行体；一般过去时形式和过去分词形式（常与 have 同现）既可以表达完成体，也可以表达实现体意义。例如：

（1）What time **does** the train **go**? (BNC)[①]

（2）I must **be going**. (BNC)

（3）We are **to meet** at the zoo. (BNC)

（4）She **'ll** laugh. [②]

（5）Winter is coming. The leaves of the trees are **turning** yellow. (BNC)

（6）I'm **to go** back. (BNC)

（7）Sometimes he **goes** to the bank and draws out large sums of money. (BNC)

（8）One of the soldiers, he realizes, is **singing**.

（9）By the time he **died** at the age of, he was a multi-millionaire. (BNC)

（10）But I really **loved** being with the Spensers. (BNC)

（11）My grand friend Porua has **visited** Italy more than once. (BNC)

例（1）至例（4）中，表达小句事件意义的分别是 go、go、meet 和 laugh，小句的观察视点均位于开始前阶段，即这些动词的一般现在

[①] 引自英国国家语料库（BNC, British National Corpus）。

[②] 除特别标注，本研究所举的英文例句均来自美国小说家安东尼·多伊尔的英文小说《看不到的光明》(All the Light We Cannot See)，该版本于 2014 年 5 月由美国斯克里布纳出版社（Scribner）出版。

时形式、现在分词形式、不定式形式、前加助动词 will 形式均表示事件尚未发生，而将要发生，因此，这些语法体标记表达将行体意义。例（5）中，-ing 在这个语境下的使用主要表达的是"树叶开始变黄"，而非"树叶正在变黄"，并且这个事件有持续下去的趋势，其观察视点位于事件的开始点，因此，类似用法的 -ing 形式体现开始体。例（6）中事件的开始点为其观察视点，言语者在说话时刻同时起身要离开，即此处的动词不定式形式表示事件立即发生，也就是表达事件在时间上的起始意义。例（7）中的一般现在时形式表示进行体中的惯常体，即表示一定阶段内事件的惯常性发生，是一种特定意义上的进行体。例（8）表示"当他意识到的时候，一个战士正在唱歌"，现在分词形式此时表达的是进行体。例（9）中的 -ed 表明死亡动作的完成，因此，动词的一般过去式可表示完成体意义。例（10）中的观察视点在事件的完成点之后，即小句表达"我曾经喜欢跟斯宾塞一家待在一起，而现在不喜欢了"；例（11）中的观察视点位于完成后阶段，而 more than once 则更强调了"游览"的次数，由此可见，一般过去式和过去分词形式均可表达实现体意义。

与英语有所不同，汉语的体意义更多依靠广义的形态和分析形式来体现，其形式的选择具有灵活性，两者并非一一对应。目前，学界对汉语中语法体标记的看法尚未统一，但对"着""了""过"的看法比较一致。学界认为这三个助动词意义较为空洞，用法接近于词尾，一般把它们描述为语法体标记（王力，1943/1985；吕叔湘，1944/1982；高名凯，1986；龚千炎，1991；戴耀晶，1997；李铁根，2002；尚新，2007等）。除上述助动词外，助动词"来着"、时间副词"正""正在"及动词重叠形式作为语法体标记的观点也引起了广泛讨论。黎锦熙（1954）认为"来着""正（在）"、动词重叠也属于语法体，分别表达"完成体""进行体"和"未完成体"意义。王力（1943/1985）、吕叔湘（1944/1982）等也认为"来着"可以标记"完成貌"或"后事相"。戴耀晶（1993）、李宇明（1996）、崔希亮（2004）、王林娟（2009）等也支持动词重叠作为语法体表达体意义的观点。还有一些学者，如 Li & Thompson（1981：232），就曾指出，重叠是一种形态化的过程。他们将汉语的动词重叠式看作体标记的一种，并称为"有限体"。石毓智（1996）在前者的基础上提出动词重叠是汉语的一种典型形态，并从稳固的语法意义、确定句法功能的作用、严格的语音表现形式等角度进行了论证。结合前人研究，我们认为汉语语法体的体现形式既包括助动词"着""了""过""来着"，时间副词"正（在）"，也包括动词重叠句法形式，这些手段表达的体意义可以通过以下例句进行说明。

（12）三霸嘴里嬉笑**着**。眼睛却凶恶地瞪着我，你喊慧仙干什么？①

（13）春花，孩子哭**了**。（CCL）

（14）一句下流话把慧仙惹急了，她啪地打**了**李庄老七一个耳光，你们别以为我落到这一步，就由你们欺负了？

（15）我跑到街道的右侧，街道左侧母亲的幻影就消失**了**……

（16）看你失魂落魄的，是刚偷**过**东西，还是刚杀**过**人？

（17）我帮妈妈买醋**来着**。（CCL）

（18）慧仙的脚**正**踩在一堆碎发上，就像踩着一座不洁的黑色小岛。

（19）我去跟他**说说**，让他上船认个错，以后不要惹你生气了？

例（12）和（18）中，"着"和"正"的使用表明"嬉笑"和"踩"两个事件的观察视点位于事件的进行阶段，表达进行体意义。例（13）中，小句表达的意义为"开始哭了"而非"已经哭了"。其观察视点位于事件的开始点，即"了"标记动作"哭"的开始，表

---

① 除特别标注，本章所举中文例句均来自苏童的长篇小说《河岸》，该版本于2009年4月由人民文学出版社出版。

达开始体意义。例（14）中，"了"的使用表明"打"的动作瞬间完结，表达完成体意义。例（15）至例（17）中，"了""过"和"来着"的使用表明"消失""偷"和"杀"以及"买"这些事件已经完成，且结束了有一段时间，表达实现体意义。例（19）中，"说"字发生了重叠，其动作本身的词汇意义并没有改变，而小句所描述事件的进展发生了变化。原本"说"只表示说话这个动作，而"说说"表明说话这个动作即将发生，表达事件的将行体意义。综上所述，本研究认为"着"和"正（在）"表达进行体意义；"过""来着"表达实现体意义；"了"既可以表达完成体，也可以表达开始体意义，具体情况需要根据语境进行判断；动词重叠手段表达将行体意义。

综上所述，在意义方面，语法体在英汉语中表现出了一致性，主要分为将行体、开始体、进行体、完成体和实现体意义。从体现形式来看，英汉语言也表现出了相似性：进行体、完成体、实现体和开始体体现形式的语法化程度较高，而将行体体现形式的语法化程度较之稍低。语言学界普遍认为，语法化的最高程度就是实现屈折化。当然，屈折化有个过程。尚新（2007：62）指出，从内容词到屈折词尾之间并不是截然的二分，而是一个梯度连续统。就英汉语法体体现形式的语法化程度的高低而言，应分别是这样排列的：动词屈折变化形式>不定式成分 to>助动词 will、shall；助动词"着""了""过"和"来着">动词重叠>时态副词"正（在）"。事实上，语法化程度与体现形式的位置高度相关，Givón（1985）从认知角度提出语符距离象似于概念距离，Bybee（1985）也认为，动词词干与其屈折变化形式之间的紧密度反映了两者在概念上的相关度，如此看来，语法体在两种语言中的体现形式虽多样化，其位置主要是附着或前置于主要动词或谓体本身。另外，从各种体的使用频率看，英汉语之间也比较一致。根据系统功能思想，语言的元功能之一在于描述主客观世界。其中进行体、完成体、实现体常用于描述物质和关系过程，占总数的57%，而将行体主要用来描述个体的打算抑或预测，属于心理过程，占总数的 25%（Fawcett forthcoming）。Fawcett 对英语的描述也符合我们对汉语语篇的实际观察情况。这就说明进行体、完成体和实现体的使用频率远远高于将行体，即人们通常习惯表达自己过去或现在所做之事，以及同万物之间的关联。

由于两种语言之间的差异，英汉语中具体的语法化形式存在不同，比如汉语在句法层面存在动词重叠的形式，而英语中不存在。石毓智（2009：501—505）曾就汉语动词重叠式的产生作了历时研究，他认为动词重叠式产生于宋元时期，在此之前，汉语语法中要求位于名词"宾语"之前的两个（多个）动词性成分必须都是及物的，而且分别与"宾语"具有动作和受事的关系。随着动补结构的产生和体标记系统的建立，动词和"宾语"之间出现了一个新的句法位置，并允许不及物成分的出现以描写其前动词的进行状态。而英语中由于句法形式的严格要求，小句中只能有一个动词作为主要动词，汉语中动词重叠表达的将行体意义在英语中以 will 或 shall 以及动词不定式形式体现。再者，汉语中的一些表示时间意义的副词虚化程度比较高，可被描述为语法化形式，而英语中的语法化形式则不包含时间副词。这源于英语是"时制凸显"（即系统功能视角的"时态凸显"）的语言，时间副词主要起到辅助说明的作用，语法化程度相对较低。

二 英汉语中的准语法体体现形式

何伟、付丽（2015）认为，准语法体指虚化程度较高，而又未完全虚化的词汇手段体现的体。Quirk *et al.*（1972）也曾提到 be going to 可作为体标记描述将行之事。一些学者，如 Freed（1979）、Brinton（1988）等把一些体现开始体、进行体和完成体的形式称为"体标识"，认为这些体标识在形式和功能上与助动词相似，因而将它们看作体的准语法化标识。在系统功能语言学理论框架内，Halliday（1994/2000）及 Halliday & Matthiessen（2004/2008：497—523）把"动词词组复合体"中的第一个"动词词组"看作类似的"体标识"。由于这些"动词词组复合体"实际上只建构一种过程意义，即由其第二个"动词词组"来承担，那么我们可作出这样的推断：begin/start/continue/cease to v/v-ing 中的 begin/start/continue/cease，以及 keep/stop/finish v‐ing 中的 keep/stop/finish 都可描述为建构时间意义的助动词。

本研究认为，既然体意义属于小句层面，那么从句法上来讲，体的体现形式不仅包括语法体，小句中其他与时间意义相关的句法成分也可以表达体意义。不过，我们认为这些成分不是完全的语法体形式，它们既保留了部分词汇意义，其语法化程度又相对较高，故而属于准语法体范畴。在英语中这类形式的数量有限，是闭合词类，包括英语中的一些助动词[①②]、部分助动词延长成分[③]、操作词[④]及个别时间副词等。对于这类准语法体，我们认为其体意义受本身词汇意义影响较大。Halliday（1994/2000）、Halliday & Matthiessen（2004/2008）从"动词词组复合体"内的语义关系上进行描述时，也认为第二个词组表达的时间意义与它本身的形式关系不大，而与控制它的那个词组（即上文的准语法体标记）的意义紧密相关。例如：

(20) Every night people **got** killed.（BNC）

(21) But something strange **began** to happen...

(22) She **used** to read the *Times* from cover to cover.（BNC）

(23) Balfour's role was **likely** to be crucial.（BNC）

(24) Frau Elena, does a bee know it's **going** to die if it stings

---

① 引自北京大学现代汉语语料库（CCL）。

② 英语中的助动词按照语法化程度的高低体现语法体和准语法体，其中前者包括语法化程度较高的 *will* 和 *shall*，后者主要包括表示被动意义的 *be/get* 形式，表达回顾意义的 *have* 形式，表达时间意义的 *used*、*use* 形式，以及 *seem*、*appear*、*sound*、*happen*、*need*、*prove*、*tend* 等词汇，这一类词常与 *to* 共现。

③ 何伟等（2015b）中指出"助动词延长成分"是对助动词的延伸和补充，既可以由形式项（如 *got*、*going*、*bound*、*set*、*due*、*likely*、*able*、*willing* 等）直接说明，也可以由其他句法单位（小句，如 The department is required by law to calculate your charge；性质词组，如 Elderly people are more likely to be found in homes lacking center heating.）来填充。

④ 何伟等（2015b）提出，操作词可用来表达一定人际、情态、时态和极性意义。通常由形式项直接说明，像情态动词（*may*、*might*、*shall*、*should*、*will*、*must*、*can*、*am*、*is*、*are*、*were*、*was*），表强调意义的 *dare*、*do/have* 形式，表达"是"过程的 *be* 动词形式等。

somebody?

(25) She **can** hear the bombers when they are three miles away. (BNC)

(26) They have **already** eaten their lunch. (BNC)

(27) Has the furniture been delivered from the factory **yet**? (BNC)

(28) The crests above the door lintels **still** have bumblebees carved into the oak.

例（20）中的 kill 是瞬间动词，但助动词 get 的使用强调了"死亡"的结果，即事件的观察视点位于完成后阶段，在这里表达实现体意义。例（21）和例（22）中，助动词 began 和 used 分别表示"开始"和"过去常常"，因此小句主要描述的事件 happen 和 read 分别表达开始体和实现体意义。例（23）和例（24）中，助动词延长成分与前面的助动词共同表达一个完整的意义，be likely 和 be going 与 to 共现，表示可能性或将行意义，指事件尚未发生，因此表达的是将行体意义。例（25）中的"能力类"操作词 can 表明获得许可，或具备做某事的能力，体现的是一种恒常态，表达进行体意义。例（26）中的时间副词 already 用来表示事件已经发生，是刚刚完成还是已完成了一段时间，不能确定，因此可以表达完成体或者实现体意义，具体还需要依照语境判断。例（27）中，yet 常用于否定句或疑问句中，可用来表示一个事件是否完成，即事件的观察视点常位于完成点之后，通常表达完成体意义。例（28）中的 still 本身意为"仍旧、仍然"，表示所处的动作状态仍在持续，表达进行体意义。

早在 1924 年，黎锦熙就提到汉语的体意义除了借助后置助动词如"着""了""来着""起来""来"等，还可通过时间副词来体现。王力（1943/1985）也认为时间副词能表明状态，将其分为八个类别，并区分了表时间和体意义的时间副词。吕叔湘在 1944 年提出表达体意义的 13 种形式，其中包括"将、快、要""方"和"已、既"等时间副词，它们分别表达将行体、进行体和完成体意义。高名凯（1986）对体的体现形式的界定更加宽泛，除了上述时间副词，还包括"完""住""的""到""刚刚""才""恰"等。随着研究日渐深入，时间副词表达体意义的观点开始被学界广泛接受（陆俭明、马真，1985；龚千炎，1995；Yang，2007；邹海清，2011；何伟、马瑞芝，2011等），这样一来，体范畴的研究对象从严格意义上的语法范畴扩展到准语法化范畴。值得注意的是，虽同为时间副词，但各自的语法化程度并不相同，龚千炎（1991）根据"虚化程度"的高低，将时间副词分为"时态[①]"副词和"准时态"副词，后者相对前者仍保留了大量词汇意义。

对于时间副词表达的意义，陆俭明、马真（1985）列举了104个不定时时间副词[②]，并根据所表达"态"的不同，将其分为18个小类。邹海清（2011）按照时间副词表达的体功能，将其分为量化义、界变义和过程义时间副词三大类。杨荣祥、李少华（2014）从先时/后时、延时/瞬时角度，把时间副词分为先时副词/后时副词和延时副词/瞬时副词。何伟、付丽（2015）在陆俭明、马真（1985）对不定时时间副词分类的基础上，结合其他学者的研究成果，将其分为表达将行体、起始体、进行体、完成体和实现体意义的五个类别。我们认同何伟、付丽（2015）的观点，并在其分类的基础上稍作调整：表达将行义的副词包括"即将""将要""就要""快""行将""将""要""正要""快要""刚要""随即""赶紧""赶快""赶忙""连忙""急忙"等；开始义时间副词包括"开始""就""立刻""立即""即刻""立马""马上""立即""旋即""迅即"等；进行义时间副词包括"在""一直"等；完成义时间副词包括"刚刚""刚""才"等；实现义时间副词包括"曾经""曾""已经""已""早已""早就""业已""都"等。具体可由以下例句说明：

[①] 龚千炎（1991）称体为"时态"。
[②] 陆俭明、马真（1985：106，113）指出不定时时间副词重在表达"态"（即本研究中的体意义），不在"时"（即时态意义）。

（29）这个小镇**即将**发生翻天覆地的变化，成为金雀河地区的样板城镇。

（30）她这么喊着，一只手**开始**拔赵春堂的钢笔了。

（31）看起来母亲**一直**在暗中跟踪我们。

（32）拖轮的轮机**刚刚**隆隆地发动起来，又熄火了。

（33）我闻声赶往一号船时，好多船民都**已经**走在我前面。

例（29）的观察视点位于事件"发生翻天覆地的变化"之前，因此"即将"在这里表达将行体意义。例（30）中，"开始"在小句中的使用表示，"拔钢笔"这一动作瞬间启动，因而"开始"表达开始体意义。例（31）中，"一直"是指"跟踪"这一事件正在持续，没有结束，表达进行体意义。例（32）中的"刚刚"表明观察视点位于轮机"发动"的完成点，表达的是完成体意义。例（33）中的"已经"表示"走在我前面"已成现实，即视点位于完成后阶段，表达的是实现体意义。

除时间副词外，我们认为在汉语句法中，表达"目的"的不定式成分①、助动词②"起来""下来""下去"以及表示"能力类"的操作词③也体现一定类别的体意义。张志公（1982：69）就曾提出，在动词和形容词前加"能愿动词"可以表达"尚未开始"的"动态"（即本研究所讲的体）意义。本研究认为不定式成分"以""来"表目的和期望，可以表达将行体意义，"能力类"操作词和助动词"下去"表达进行体意义，助动词"下来"表达实现体意义，助动词

---

① 何伟等（2015a）提出，不定式成分可用来引导小句，表达一定的目的、对象、用途等意义，主要包括"于""以""来""以便""用来"等。

② 现代汉语中，助动词常用来表达与时间相关的意义。按照各自语法化程度的不同，助动词可以用来体现语法体，如"着""了""过"等，以及准语法体，如"起来""下来"和"下去"等。龚千炎（1991）也将助动词分为专用语法体标记——"时态"助词，"着""了""过"，以及"准时态"助词，"起来"和"下去"，持相同观点的还有何伟、付丽（2015）。

③ 何伟等（2015a）指出，汉语中的操作词用来表达一定的人际意义、情态意义和极性意义。按功能可分为以下六类："可能类""意愿类""必要类""能力类""是类"和"敢类"。其中表达体意义的"能力类"操作词主要包括"会""能""能够""可""可以"等。

第八章 英汉语单一体体现形式对比研究

"起来"既可以表达开始体意义,也可以表达实现体意义。例如:

(34) 发达国家非常注重售后服务,**以**保护消费者利益。(CCL)

(35) 父亲犹豫**起来**,也许他在心里评估自己的罪恶,是否必须要以下跪来洗清。

(36) 这并不夸张,看**起来**她的模样像一堆爆炸过后的废墟,面色灰白如土,额头和脸颊上却又脏又黑。

(37) 我警告你,你再这样堕落**下去**,迟早要走上犯罪道路!

(38) 一番话听**下来**,代表们既满意,又担心。(CCL)

(39) 于是就都撑她,她一到牌桌边他们就挥手说,走,走,你哪里**会**打扑克?

例(34)中,"保护"行动,即比如"维权"的行动并没有实际发生,但如果发生相关的情况,"保护"行动将很快实施,因此,"以"体现了将行体意义。"起来"既能表达开始体意义,也能表达实现体意义。如例(35)的观察视点与"犹豫"事件的开始点重合,后两句是对"父亲"犹豫内容的猜测,因此,这里"起来"表达的是开始体意义。而例(36)中,"看"这个动作并非刚刚开始,而是强调"她"的模样给人留下的印象,因此"起来"表达的是实现体意义。例(37)中,"下去"表明了事件继续发展,且尚未结束的潜势,即如果"你"一直保持"堕落"的状态,终有一天会犯罪,因此,"下去"表达进行体意义。例(38)中,"下来"的使用表明视点位于动作"听"的完成后阶段,因此"下来"表达实现体意义。例(39)中,操作词"会"表明"打扑克"是一种可以长存的能力,因此表达进行体意义。

综上所述,英语中的准语法体主要包括一些助动词、部分助动词延长成分、操作词和个别时间副词;在汉语中,准语法体主要包括不定式成分、少数准语法化的助动词、"能力类"操作词和时间副词。

较之语法体，英汉语中有的准语法体所体现的体意义受本身词汇意义的影响，其体意义的确定需通过具体语境来判断。另外，从上文的讨论看，由准语法手段体现的开始体较之语法手段体现的开始体，数量明显增多。不同点在于，英语中的助动词延长成分必须与相应的助动词结合，共同表达体意义，而汉语中的准语法体本身即可表达体意义。从句法位置看，准语法体在英语中多位于主要动词之前，只有个别时间副词可能出现在句末，有时还会占据句首位置。然而，汉语中的准语法体除了时间副词、能力类"操作词"和不定式形式外，其他助动词一般多位于谓体之后。还有一点，英语与汉语之间也存在差异：英语中表达体意义的时间副词明显少于汉语中的时间副词。这是因为英语富有形态变化，时间意义在英语中首先必须通过语法化形式表达出来，而汉语形态变化少，时间意义一般通过词汇手段表达。

三　英汉语中的词汇体体现形式

英语中体意义的表达常通过改变动词形态或添加助动词来表示，同时形态的变化也伴随着词汇手段的使用（Yang，2007：49）。牛保义、徐盛桓（2000：5）曾指出事物存在的状态在体现形式上可以分为两类：显性状态和隐性状态。显性状态指以语法化或准语法化形式体现的状态，隐性状态指以词汇形式体现的状态。就体意义的存在状态看，一般句式结构的语法化形态是显性的，如动词重叠形式；词类形态涉及两种情况，即词类可以表示语法体、准语法体和词汇体意义。因此，当小句中不存在语法体和准语法体标记时，其体意义的判断主要依靠小句中的词汇手段。在本研究中主要是指表达时态意义的词汇手段，通过建立其所表达的时态意义和体意义之间的关联，判断小句的体意义。

英语是"时制凸显"的语言，而作为时间系统内部紧密相关的时态和体系统，二者在体现形式上也表现出一定的关联。Comrie（1976）提出过去时和将来时形式可以表示"完成体"意义，现在时形式一般表示"未完成体""进行体"或"惯常体"意义。Brinton

(1988) 认为动词的过去时和现在时形式表示"完成体"。Hewson (1997) 比较详细地讨论了动词形式除了可以建构时态意义外，同时还表达体意义。其中"前瞻体""进行体""回顾体"分别由表示将来时间意义的助动词形式、动词的现在分词形式、动词的过去分词形式来表示，"述行体"（即完成体）由动词的简单形式来表达。系统功能语言学认为一种语言形式可以表达多种意义，这是语言多功能性质的体现，何伟（2010b）以及张存玉、何伟（2015）在这一原则的指导下指出，时态与语法体之间在形式上呈现对应关系，即过去时形式和将来时形式表达"完成体"，现在时形式表达"未完成体"。

我们认为时态表达事件在时间线性轴上相对于言语者当时的时间位置（先于、同于或后于言语时间）；而体是言语者对事件在不同时间视点观察到的进展状态，比如事件是将要发生，正在进行还是已经完成，等等。虽然时态和体有种种区别（如时态是指示性的，体是非指示性的等），但鉴于二者的时间相关性，时态与体之间应存在一定的对应关系。尚新（2007：61—62）也提出"完整体倾向于表达过去的事件，非完整体倾向于表达现在或将来的事件；同理，过去时制可以附带表达完整意义，非过去时制可以附带表达非完整意义"。按照不同体的定义，我们可以得出的结论是一般情况下，体现过去时的形式同时表达完成体或实现体意义，体现现在时的形式同时表达进行体意义，体现将来时的形式同时表达开始体或将行体意义。有关这一点，我们在本章第三节第一部分讨论动词的屈折变化形式时已有所提及。此处，我们只是从功能句法角度说明，表达时态意义的显性手段，即词汇手段，包括名词词组、性质词组和介词短语，也体现相应的体意义。当然，在英语中，这些词汇手段表达的体意义与小句中的时态相呼应。例如：

（40）**Everyday** I look at myself, and see how I can better myself. (BNC)

（41）We **usually** go one of the other ways. (BNC)

(42) Now I shall tell you something which I wish you to remember, even if we do not meet again soon **after this week**. (BNC)

例(40)中，名词词组 *everyday* 意为"每天"，即一种常态，小句的时态为一般现在时，可以说，表达时间意义的名词词组与小句的一般现在时形式相呼应，均表示进行体意义。性质词组 *usually* 意为"通常，经常"，在例(41)中表达的是由过去经验形成的一种习惯，因此小句也表现为一般现在时，表达进行体意义。例(42)中的条件句虽然在形式上是一般现在时，但由于主句以现在为说话时间，从句事件的发生时间设为介词短语表达的"本周之后"，是将来时间，因此表达将行体意义。

英语的形态变化丰富，加上时态的普遍性使得体标记的使用往往具有显性和强制性特征；而汉语作为非形态型语言，大多数情况下体标记往往具有"隐性特征"(尚新，2007：135)，并呈现出"零形式"的特点(王力，1943/1985；赵元任，1979；王松茂，1981；Yang，2007等)。但汉语小句体意义的表达不因体标记形态的缺失而受到丝毫影响，体意义可以通过语境、逻辑语义或者词汇手段推断得出。一些学者称这种情况下的体为"中性体"(Smith，1991；尚新，2007等)，或"词汇体"(何伟，2010b；何伟、付丽，2015等)。基于体的体现形式，本研究沿用"词汇体"这一名称。

根据上述相关讨论，表达时态意义的词汇手段同样也表达体意义。汉语学界对汉语时态的存在与否以及其体现方式已经进行了广泛的探讨，本研究认同吕叔湘(1944/1982)，陈平(1988)，金立新(1998)，李铁根(2002)，何伟、吕怡(2015)等的观点，认为汉语中存在时态范畴。同体一样，作为时间系统的重要组成部分，时态在功能语义层面存在于所有语言中，因为没有时态就无法定位语言(李明晶，2013：124)。但是在具体的语言中，时态也有不同的体现手段，按照体现形式的不同分为有标记和无标记两种。汉语中体现时态的语法化形式较之英语少，然而在词汇手段方面丰富许多。从功能句法角度看，汉语中表示时态的词汇手段除名词词组、性质词组、介词短语之外，还包括小句。例如：

（43）**今天**晴天。（CCL）
（44）他**不停地**咳嗽吐痰。
（45）今天用外汇券标价的金饰品，一克黄金为外汇券90元左右，**明天以后**还按同样的外汇券价格出售。（CCL）
（46）……自己**是**怎么回到船上**的**。

例（43）中，小句的主语为表示时间的名词词组，暗示了整个小句的时态，即现在时，因此小句表达的是进行体意义。例（44）中，"不停地"意味着动作不间断进行，表达进行体意义。例（45）中的介词短语"明天以后"表示将来时间意义，"按同样的外汇券价格出售"这个事件并没有发生，因此在这里表达的是将行体意义。例（46）是一个小句，没有明显的语法体或准语法体标记，但我们认为其句子结构"是……的"表明事件"回到船上"发生在过去（参见何伟、滑雪，2013），由此，我们可判断出该小句体现的是过去时，表达实现体意义。

综上所述，英汉语中均存在时态和体范畴，两者关系紧密。通过考察时态和体的关系，我们认为表达时态的词汇手段同样也表达体意义。因此从意义角度来说，一般情况下，两种语言中的过去时表达完成体或实现体，现在时表达进行体，将来时表达开始体或将行体。不同的是，在形式上英语是"时制凸显"的语言，小句的时态具有强制性和普遍性，通常不需要再借助上下文来判断，因此其词汇体并不包括小句体现形式。而汉语是意合的语言，语句之间的起承转合可以完全不借助标记，只通过语境和逻辑语义推断就可以确定，因此小句单位本身也可以成为词汇体的体现形式。同时间副词一样，英语中词汇体的位置相对自由，可以占据句首、句中甚至句末位置，而在汉语中大部分词汇体位于句首或靠近于句首位置，位于句末的则很少见——

这应该源于英语是图形凸显的语言，而汉语则是背景凸显的语言。图形—背景理论起源于认知心理学，后来被引入语言学研究，成为语言组织概念内容的一个基本原则。图形—背景的特性，反映了语言在时间及空间上所遵循的规律。具体说来，图形是指在时间方位上是可变换的时间，具有相对性；背景是指参考性的事件，在时间方位上相对固定，参照它可以确定图形的时间方位（梁丽、赵静，2004：118）。这也与英语"时制凸显"和汉语"体凸显"的特点密不可分，即英语时态的使用具有强制性，其小句过程的时间得以确定，词汇体在英语中只起到辅助说明具体时间位置及频率的作用，其位置相对自由；汉语中小句过程的时间主要依靠语法体及准语法体的标记。当上述体标记空缺时，词汇体对小句时间的确定起决定性作用，因此主要位于句首的位置。此外，词汇体在英汉语中的位置也与系统功能语言学中新旧信息的分布不谋而合。

第四节 结语

我们在本章首先从系统功能语言学视角对语言中的体现象进行了界定和分类，我们认为，体指言语者对事件在一定的或一系列的时间视点观察到的某一或系列进展状态。根据观察视点或进展状态的数量，体可分为单一体和复合体两个类别。单一体指言语者对事件在某一时间视点观察到的单一进展状态，由一种形式体现；复合体指言语者对事件在一系列的时间视点观察到的系列进展状态，由多种形式体现。然后，我们对英汉语中单一体的体现形式进行了相对系统的描述和比较。研究发现：英汉语两种语言均涉及语法体、准语法体和词汇体体现形式；在两种语言中不同语法化程度的体其体现形式在组成成分和数量特征上表现出一定的相似性和差异性。语法体体现形式在英语中包括动词屈折变化、不定式成分 to 及助动词 will 和 shall，在汉语中包括助动词"着""了""过"和"来着"，高度语法化的时间副词"正（在）"，以及动词重叠形式；准语法体的体现形式在英语中包括一些助动词、部分助动词延长成分、操作词和个别时间副词，汉语中包括不定式成分、个别助动词、"能力类"操作词和时间副词；词汇体的体现形式在英汉语中均可由表达时态意义的名词词组、性质词组和介词短语来体现，但由于汉语时态标记的使用并不具有普遍性和强制性，还存在完全依靠小句本身的结构而判断的词汇体。这些不同的体现形式基于本身的语法或词汇性质，表达将行体、开始体、进行体、完成体或实现体意义，有的体意义，尤其在汉语中，需要通过语境判断。

第九章 英汉语复合体对比研究

第一节 引言

随着体研究的深入,小句中的复合体现象逐渐得到学界的关注。Comrie(1976:62)将英语中的体划分为"完整体"和"非完整体",并从前者的定义中指出现行状态与过去情形的联系,就两者在小句中共现的情形给出了说明。Smith(1991)认为"视点体"(即本研究中的体)同样可以分为"完整"和"非完整"两类,二者并非孤立存在,而是相互作用。在汉语体系中,龚千炎(1995:61)也注意到各种"应用灵活,配合默契"的"时态"(即体)成分,它们既可以配对使用,也可以隐含不现。同时,他还以"已经-了$_1$-了$_2$"为例,说明了各个成分的隐现情况。刘宓庆(2006:354)称小句中两个语法体同现的现象为"二体并用",并简要阐述了"完成进行体"并用的目的。何伟、付丽(2015)在前人研究的基础上,从体现形式的数量方面区分并界定了复合体。上述文献虽然都提及了复合体,但均未对其进行系统的研究。

对于复合体,学界也有学者从形式语言学视角对其进行了较为深入的探讨。Chomsky(1995)在最简方案中提出,动词的形态变化及其本身的特征,如时特征、体特征等都是词库中所固有的,生成句子的过程即纯粹的演算过程。孙英杰(2007:28)也主张句子的整体意义是各部分意义及它们组合方式的函数。他认为一个理想句子的时体特征包括动词本身的特征、"述谓"的特征、观察或陈述"述谓"的角度以及"述谓"在时间上的位置,并认为以上特征构成一个完整的"时—体阶层",即:[时制[语法体[述谓体[动词]]]],并将其看作汉语成句的运算公式,提出句子的整体意义是各部分意义及它们组合方式的函数,每个句子的体值均可通过组合性原则计算得出。

然而,复合体的意义绝非是其中参与复合的体意义的简单函数运算,而是一种复杂的体意义。刘宓庆(2006:354)就曾以"完成进行体"为例,指出这种"并用"既表明动作的有限延续性,又表明有限到主语说话的给定时间为止,也不排斥不再延续的可能。尚新(2007:197)则明确提出,"完成结构与进行结构的共现是为适应表达更为复杂概念的需要而产生的",并以语义特征对立和视点分布对立为基础,对体标记中立化①的内在机制进行了探讨。由此,一些学者开始从功能视角进行思考,以建立相对深入、系统的复合体网络。

何伟(2010b,2010c)指出英语动词形式可以同时表达时态和语法体②(即狭义的体)两种意义,并且两者在形式上呈现对应关系,即"完成体"由过去时和将来时形式表达,"未完成体"由现在时形式表达。时态可以在系统功能语言学框架内形成时态序列,表达多个时态意义(Halliday,1994/2000;Halliday & Matthiessen,2004/2008;Bache,2008等),因此是复合时态。按照何伟的观点,时态序列形式亦即体序列形式。张存玉、何伟(2015:8)支持这种观点,认为"复合视点体"(即本研究的复合体)是一条基于视点动态切换或重复选择而形成的视点链条,并按照观察方式的不同将其分为同质复合和③异质复合两种情况。以上学者的研究将时态与体的体现形式联系起来,其中时态三分,一一对应于不同的体。但此处的体现形式仅限

---

① 是指体标记对立的双方在一定的语境条件下,区别性特征得以消除,共有特征得以保留的过程和现象。它的产生源于在范畴化视角下,均等对立模式中的双方可以分别形成原型用法和边缘用法,后者使体标记的同句共现,即本章的复合体现象成为可能。

② 语法体指通过语法手段体现的体。

③ 同质复合即时态序列的视点重复选择,包括"完成+完成"和"非完成+非完成"两种类型。异质复合即时态序列的视点存在切换,即"完成+非完成"。

于动词形式,因此相应的体是狭义的。同样对体貌进行研究,鞠志勤[①](2015:182)发现汉语中的"视点体"(即本研究中的体)系统沿着两个参数进行递归:一是动词词组的宏观递归;二是在视点系统内部,视点不同的体现形式的递归,包括语法化、构式化和词汇化三种。首先,在递归时所选择的语义特征不得相互冲突;其次,语法化程度较高的体标记可以递归到语法化程度较低的体标记中,视点系统内部递归的结果是体标记附着在同一个动词词组上,即视点体标记共现。不过,鞠志勤对层级递归的研究主要限于"着""在"等个例。对复合体研究比较系统的是 Yang(2007),她(2007:53)称体为"时态",构建了以"完全时态""未完全时态"和"即行时态"组成的汉语体系统,并从时间结构、"时态"功能和应用条件几个方面,详细地对"未完全体"与"未完全体""完全体"与"未完全体"以及其他类型的复合体进行了说明。至于复合体表达的意义,杨国文认为它是由参与复合的语义上最受限的体决定的。相比英语中的复合体,汉语复合体受到较多的体语义特性的限制,因而很少呈现出规律性。

回顾前人研究,由于不同学者在体的划分上存在差异,他们对复合体组合类型上的描述就有所不同,对复合体意义的认识也存在区别。有鉴于此,我们在本章从系统功能视角对英汉语中的体进行定义和划分,并从意义和形式两个层面对体的复合进行较为系统的探讨和对比。

第二节 体的界定和分类

承上所述,有关复合体的研究和对比依赖于对参与复合的体的界定和划分。本研究基于系统功能思想,即根据形式体现功能的原则,

---

① 鞠志勤(2015:28)认为词汇和语法同是体现意义的手段,除此之外,词汇—语法的中间地带,即构式语法和形式语法框架下研究的组合模式(简称为构式)也表达体意义。

提出体是言语者对事件在不同视点观察到的进展状态。在语言使用中，言语者可以从一个视点或连续从几个相同或不同的视点对事件的进展状况进行描述，这样一来，小句中就出现了单一体或复合体。尚新①（2007：189—190）认为在描述中立化现象时确定语义特征的对立关系是关键所在，而语义特征又来自视点在参照时间对事件进展状况的观察。由此可见，复合体的形成与观察视点的变化息息相关。至于视点发生的变化，尚新（2007：190）指出，由于受到语境语用条件的触发，体标记会产生"视点位移"或"视点重合"。Yang（2007）、张存玉、何伟（2015）等也认为复合体的形成依赖于视点的动态移动，视点或重复或发生切换。因此要研究复合体，对其中单一体视点的考察十分必要。

每一个事件都可以由其开始点和完成点划分为三个阶段：开始前阶段、进行阶段和完成后阶段。依据体的定义，当观察视点位于以上时间点和时间段时，对应的单一体分别为：将行体、开始体、进行体、完成体和实现体，体的复合基于此分类进行。单一体的观察视点，即参照时间（reference time，Tr）在时间轴上与事件的开始时间（initial time of the event，Ti）和完成时间（terminating time of the event，Tt）形成的关系以及它们所表达的功能如下所示。

将行体：事件尚未发生。观察视点可以位于开始前阶段的任意位置，对于事件是否持续以及是否具有完成点并不关注（见图9-1）。

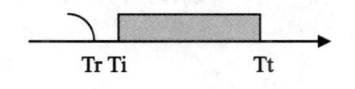

图 9-1 将行体的时间结构

开始体：事件一触即发。观察视点位于开始点，对事件的持续性及完成点并不关注（见图9-2）。

进行体：事件正在进行阶段。观察视点可以位于进行阶段的任意位置，被观察对象需为持续事件，不关注事件的开始点，其完成点具

---

① 尚新（2007）称为体范畴的"时间指向功能"。

Tr= Ti　　　Tt

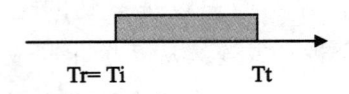

图 9-2　开始体的时间结构

有开放性（见图 9-3）。

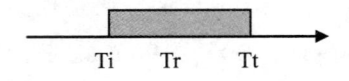

Ti　Tr　Tt

图 9-3　进行体的时间结构

完成体：事件完结。观察视点位于完成点，不关注事件的开始点及持续性（见图 9-4）。

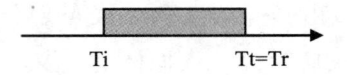

Ti　　　Tt=Tr

图 9-4　完成体的时间结构

实现体：事件已经完结。观察视点可以位于完成后阶段的任意位置，不关注事件的开始点及持续性，也不关注达成的状态是否对后续有影响（见图 9-5）。

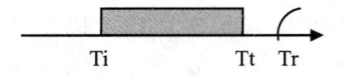

Ti　　　Tt　Tr

图 9-5　实现体的时间结构

第三节　英汉语中复合体的意义

理论上，单一体可以无限递归。按照参与复合的单一体功能是否相同，递归形成的复合体可以分为同质复合体和异质复合体两类。然而，受词汇本身、句法和语用的限制（尚新，2007；邹海清，2011；张存玉、何伟，2015），英汉语中除了常见的二体和三体复合，多体复合的情况很少在实际语篇中出现。孙英杰（2007：31）在提及体与体的"匹配问题"时指出，体的复合必须遵循双向"体选择限制"。杨国文（2012：265）也提出，汉语中两个简单"时态"复合的基本条件是二者具有可以共享、兼容而不形成冲突的语义特征，由此本研究主要以二体复合为例进行考察。

对于英汉语中复合体的意义，杨国文（2015：9）认为参与复合的单一体，其体功能有主辅之分，参照时间容易确定的一方其功能更为显著。张存玉、何伟（2015：11）则明确指出位于体序列最底层的"视点体"意义是复合体意义的焦点。其观点可以从系统功能语篇信息的配置上得到解释，即位于体链前端的单一体传递已知信息，而位于体链末端的单一体传递新信息。Halliday（1994/2000：197）也指出，作为动词词组唯一具有经验功能的成分，动词是整个体序列的观察对象。依据语言的就近原则，分析的焦点自然停留在与其最近的体标记上，因而其体意义得到凸显。这与认知语言学中"语符距离象似于概念距离"（Givón，1985；金立鑫，1999；尚新，2007等）的观点相似，即两个概念在语义或功能上越紧密，它们就越可能在词语、词素结构和句法上被靠近放置，这是一种比较省力的心理操作。Bybee（1985）同样指明主要动词词干与其屈折变化形式之间的紧密度反映了两者在概念上的相关性，王寅（1999）也有类似的表述。本研究认同以上学者的观点，认为小句复合体的意义深受体链最末端体意义的影响。

对于体链上其他单一体对复合体意义建构的作用，我们认为位于前端的单一体对其后单一体的观察视点产生影响。前人研究表明，与体链密切相关的时态序列也存在类似现象，如何伟（2010c）在Halliday（1994/2000）关于首要—次要时态的基础上提出，复合时态的时间参照点不止一个，其中首要时态的参照点是话语发出时间，次要时态的参照点是前面时态所确定的时间，并以此类推。Bache（2008）也指出在多次变换基点时间的时态序列中，上一次选择的功能时间为下一次选择的基点时间。至于对体链中观察视点的影响，我们认为这源于前端单一体所蕴含的时态意义使其后单一体的视点发生位置移动。鉴于引言中已经提到，英语时态与语法体之间存在形式对应关系（何伟，2010c；张存玉、何伟，2015），再者龚千炎（1995：41）、陈立民（2002）等也表明汉语体标记同样表达时态意义（这在系统功能语言学视角看，是语言多功能本质的体现），我们提出将行体的视点对应于将来时的参照时间，开始体、进行体的视点对应于现在时的参照时间，完成体和实现体的视点对应于过去时的参照时间。有关二体复合的意义，详见下文的阐释。

一 英汉语中的同质复合体

在意义层面，英汉语中均存在不同组合类型的二体复合。因此本节各选取一例，首先对同质复合体表达的意义进行讨论。

（1）将行体+将行体

a. We are available for work and our people **will be going to** work every day. (BNC[①])

b. **就要快**追到时，大三把斧子扔了过去。（CCL）

（2）开始体+开始体

a. It seemed of the utmost importance that he did not **begin to get to** know the man who had come here and turned her small world upside-down so quickly. (BNC)

b. 从 80 年代起，不同国家的理论心理学工作者**开始**组织**起来**，出版统一的理论刊物，建立理论心理学的国际组织。（CCL）

（3）进行体+进行体

a. Rezia **is waiting** for her son to come home from school. (BNC)

b. 芦苇摇动，大队的牛**在**撕**着**芦苇梢上的枯叶，仰着头吃，

[①] 除特别标记，本章例句均来自英国国家语料库（British National Corpus，BNC），北京大学中文语料库（Center for Chinese Linguistics PKU，CCL）及北京语言大学语料库中心创建的语料库（BLCU Corpus Center，BCC）。

咔咔嚓嚓，如嚼铁片这不像牛的进食方式倒像长颈鹿的方式啊。①

（4）完成体+完成体

a. Detroit must **stop stopping** itself. （BCC）

b. 虽然1998年民政部修订颁布了试图规范民间组织的新的管理条例，但这一规范过程**才刚刚**开始。（CCL）

（5）实现体+实现体

a. She **had worked** for Pringle's for years. （BNC）

b. 哈什米表示，情报部门实际上**早就已经**参与禁毒工作。（CCL）

如（1）所示，当发生"将行体+将行体"复合时，体链末端将行体受到前端将行体所蕴含的将来时间影响，其观察视点沿时轴向前②移动，它描述的事件的开始点也向前移动。复合体视点发生前移并且越来越靠近事件的开始点，强调事件即将发生的"紧迫状态"（杨国文，2012：255）。如（2）所示，当发生"开始体+开始体"复合时，两个开始体的观察视点均位于事件的开始点，复合体的视点不发生移动，事件呈现即发性。如（3）所示，当发生"进行体+进行体"复合时，两者的观察视点均位于进行阶段，位于体链前端进行体的观察视点与位于体链末端进行体的观察视点一致，强调了事件的进行性。如（4）所示，当发生"完成体+完成体"复合时，两者的观察视点均位于事件的完成点。复合体的视点发生重复选择，强调事件结束的瞬时性。如例（5）所示，当发生"实现体+实现体"复合时，位于体链末端的实现体受到前端实现体所蕴含的过去时间影响，其观察视点后移，它所描述事件的完成点也向后移动。复合体的视点后移，且越来越接近事件的完成点，强调事件在相对原预计时间更早的过去时间完成。

---

① 选自莫言的长篇小说《生死疲劳》，该版本于2012年11月由北京作家出版社出版。

② 在本章中，与时轴方向一致的移动为向前，逆时轴方向的移动为向后。

上述分析表明,当同类单一体复合时,位于末端的单一体其观察视点或者在同一时间点重复选择,或者沿时轴向前或向后移动。杨国文(2015:265)曾谈到,同质复合体是对共享特征(即单一体的相应特性)的保持。张存玉、何伟(2015:11)也提出"同质复合视点体"源于视点的重复选择,完成体或未完成体的体意义会得到同类增强。由此我们推断,同质复合体的功能不是单一的,而是特定的功能得到增强。

二 英汉语中的异质复合体

本节探讨英汉语中不同组合类型的异质复合体,针对其表达的复合体意义进行说明。

(1)将行体+开始体

a. The economy **will begin** to pull out of recession in the second quarter. (BNC)

b. 这时,人们高兴得**快要**欢呼**起来**。(CCL)

(2)将行体+进行体

a. Suzanne, 18, **will be starting** an art foundation course at Middlesex University this month. (BNC)

b. 这项活动**将要**年复一年地开展**下去**。(CCL)

(3)将行体+完成体

a. If the public is outraged by press behavior it **will stop** buying newspapers. (BNC)

b. 转眼三年过去,宋飞琼**就要**毕业**了**。(CCL)

(4)将行体+实现体

a. We **will have told** them then. (BNC)

b. 这都**快**成**了**无头公案了。(BCC)

(5)开始体+将行体

a. Well, that's what everybody **is going to** think. (BNC)

b. 这时，他**开始要**实现自己梦寐以求的计划了。（CCL）

（6）开始体+进行体

a. If the big winds are blowing and you bribe them right, our staff may prolong safety cover to allow those who can competently carve gybe and water **start to continue** sailing.（BNC）

b. 伴随着明代中期社会经济特别是商品市场经济的发展，中国的商人也**开始**萌动**着**突破传统经济格局和官方朝贡贸易的限制走出国门，投身到海上贸易的……（CCL）

（7）开始体+完成体

a. Tourists **begin stopping to** take pictures of the dwarfs.（BCC）

b. 俄罗斯去年**开始刚刚**崛起，我们都看到这个刚刚崛起之中的国家都干了些什么？（CCL）

（8）开始体+实现体

a. ... as pupils **start to get killed** all over the place.（BNC）

b. 随着生产力的发展，社会产品除了维持人们生活必需外，**开始**有**了**剩余。（CCL）

（9）进行体+将行体

a. ... but if I'**m going to** be there for a long time I can give all the love I can.（BNC）

b. "别问了！"王六说着，**一直就要**奔上房去。（CCL）

（10）进行体+开始体

a. He **is beginning to** cry.（BNC）

b. 斯蒂尔从观察地带就**一直开始**陪着珍娜，他没有对他的离开感到有任何抱歉……（CCL）

（11）进行体+完成体

a. Western logic **is ceasing to be** adequate for all our needs.（BNC）

b. 他在九个月前吻过她母亲的手，当时她母亲也**正刚**

刚入睡。(CCL)

（12）进行体+实现体

a. Not only **is having had** some form of employment considered to increase a job seeker's attractiveness to an employer and diminish the chances of a devaluation of his work skills, but temporary placings themselves can turn into permanent ones. (BNC)

b. 昨晚玩得怎么样？市子以为你们会来这里，<u>一直</u>等你们<u>来着</u>呢！(CCL)

（13）完成体+将行体

a. David Mellor **was about to** resign. (BNC)

b. 那两封信送来的时候，他们**刚刚要**出去溜达。(CCL)

（14）完成体+开始体

a. I **started to** be more aware. (BCC)

b. 当然，幼儿的独自语言**刚刚开始**形成，发展水平还很低，尤其在幼儿初期。(CCL)

（15）完成体+进行体

a. The announcement must specify in what circumstances any irrevocable undertakings will **cease to be binding** (eg on receipt of a higher offer). (BNC)

b. 但是你**刚刚一直**紧抓着胸口。你受伤了吗？(CCL)

（16）完成体+实现体

a. An answer might be that a false belief that p is relevant in the required sense if, had the believer believed instead that −p, his belief that q would **cease to have been** justified. (BNC)

b. **刚刚**德瑞克说什么**来着**？一艘去圣奎斯特的船？(CCL)

（17）实现体+将行体

a. Herr Hamnett **had been going to** teach his wife Dutch and

German. (BNC)

　　b. 我猜我**已经快要**忘记自己是个白人了,我的皮肤也在变黄。(CCL)

（18）实现体+开始体

　　a. Elgar's music **had begun to** mirror our own times. (BNC)

　　b. 令人痛心疾首的是,烟草**已经开始**袭击到人类中更为优雅的一性。(CCL)

（19）实现体+进行体

　　a. She **had been crying**, and was still shaking badly. (BNC)

　　b. 邱吾权**早就一直**认定杨威利所指挥的兵力是一项贵重的资源。(CCL)

（20）实现体+完成体

　　a. By that time the prop **had stopped turning**. (BNC)

　　b. 我父亲知道了,虽然长子**已经刚刚**横死山野,灾难并不会因此而停止。(BCC)

　　限于篇幅,本研究主要以将行体和实现体与其他单一体的复合,来说明异质复合体所表达的意义。例（1）至例（4）分别是将行体与开始体、进行体、完成体和实现体的复合。根据上文,将行体蕴含将来时间意义,当发生"将行体+开始体"复合时,开始体的视点（即开始点）受前者的影响沿时轴向前移动,从而复合体的视点前移,由开始前阶段指向开始点,描述事件在将来某时间开始的状态。当发生"将行体+进行体"复合时,受前者影响,进行体的视点前移,从而复合体的视点前移,并由开始前阶段指向进行阶段,描述事件在将来某时间正在进行的状态。当发生"将行体+完成体"的复合时,完成体的视点（即完成点）受前者影响向前移动,从而复合体的视点向前移动,并由开始前阶段指向完成点,表明事件在将来某时间完成。

当发生"将行体+实现体"的复合时,实现体的视点向后移动,从而复合体的视点向前移动,并由开始前阶段指向完成后阶段,表达事件在将来某时间已经完成的意义。总的来说,将行体与其他单一体结合时,后者的视点沿时轴向前移动,视点发生切换。

例(17)至例(20)分别是实现体与将行体、开始体、进行体和完成体的复合。上文提到,实现体蕴含过去时间意义。当发生"实现体+将行体"复合时,将行体的观察视点受前者影响向后移动,从而复合体的视点向后移动,并由完成后阶段指向开始前阶段,强调事件在过去时间就有即将发生的趋势。当发生"实现体+开始体"复合时,开始体的视点向后移动,从而复合体的视点向后移动,并由完成后阶段指向开始点,表达事件在过去某一时间点开始发生的意义。当发生"实现体+进行体"复合时,进行体的视点后移,从而复合体的视点后移,由完成后阶段指向进行阶段,表达事件在过去某时间就在进行过程中。当发生"实现体+完成体"的复合时,完成体的视点向后移动,从而复合体的视点后移,并且由完成后阶段指向完成点,表明事件在过去某时间点前就已完成。总之,实现体与其他单一体结合时,后者的视点沿时轴向后移动,视点发生切换。

以上分析表明,当不同单一体复合时,末端体的观察视点受体链前端所蕴含时间意义的影响沿时轴向前或向后移动。杨国文(2015:265)在探讨汉语复合体时,强调异质复合体是对兼容特征的继承,提高了单一体的语义受限程度。张存玉、何伟(2015:11)在探讨英语复合体时,也提出"异质复合视点体"源于视点的切换,参与复合的两种体意义相互补充,使小句的视点体意义出现异质变化。本研究认为,异质复合体的意义并非参与复合的单一体其意义的简单相加,而是一种相互补充,即一定程度上对末端体所表达的意义在时间上给予限制。

综上所述,英汉语中的复合体在意义层面表现出了极大的相似性,按照参与复合的单一体其功能是否相同,两种语言中的体均可以分为同质复合体和异质复合体,其中同质复合体的意义得到同类增强，异质复合体的意义得到相互补充。

第四节　英汉语中复合体的形式

系统功能语言学秉承"意义为中心，形式体现意义"的语言描述原则，因此我们在以系统功能视角描述复合体现象时，既可依据意义上的复合，探讨形式上的复合，也可通过形式上的复合，探讨意义上的复合。

一　英汉语中单一体的体现形式

从功能上讲，体是言语者对事件在不同视点观察到的进展状况。这种进展状况是由整个小句进行描述的，因而体研究应置于小句层面讨论（Comrie，1976；龚千炎，1995；尚新，2007；Yang，2007；何伟，2010c；何伟、付丽，2015）。从句法上讲，不同语法化程度并且与体意义相关的小句成分均可以作为体的体现形式。综观学界对体的体现形式研究，主要存在三种不同的趋势：主要研究体的语法及准语法化手段，即语法体和准语法体①（Hudson，1971；Hewson，1997等）；主要研究体的词汇手段，即词汇体②（Vendler，1967；Bache，1995等）；既研究语法体、准语法体，也讨论词汇体（Yang，2007；何伟，2010c；何伟、付丽，2015；鞠志勤，2015等），我们认同第三种观点。

鉴于上文中已经提到时态与体在形式上的对应关系，语法体的体现形式在英语中包括动词屈折变化形式、不定式成分to及助动词will和shall（Hewson，1997），在汉语中包括动词重叠形式、助动词"着""了""过""来着"以及时间副词"正（在）"（黎锦熙，1954）；至于准语法体，我们认为在英语中主要包括一些准语法化的助动词，如start to、begin to 等（Freed，1979；Brinton，1988；Dik，

---

① 准语法体指以语法化程度较高或者正在语法化过程中的词汇手段来体现的体。
② 词汇体指以词汇手段体现的体。

1994；何伟，2010c；何伟、李璐，2016 等)、部分助动词延长成分，如 going to、about to（Quirk *et al.*，1985；Halliday，1994/2000；Halliday & Matthiessen，2004/2008 等），汉语中主要包括部分准语法化的助动词，如"起来""下去"（龚千炎，1995；鞠志勤，2015 等)、"下来"（戴耀晶，1997）和正在语法化进程中的时间副词（陆俭明、马真，1985；Yang，2007；邹海清，2011；何伟、付丽，2015 等)。根据时态与体的形式对应关系，以及英语是时态凸显的语言，而汉语是体凸显的语言这一不同特点，严格意义上讲，英语中不存在词汇体，相应的词汇表达是辅助语法表达的方式；汉语中存在词汇体，由表达指示时间意义的名词词组、性质词组和介词短语来体现（何伟、吕怡，2015），但汉语中还存在完全依靠小句本身的结构而判断的词汇体（何伟、滑雪，2013）。上述不同的成分基于本身的性质各自表达不同的体意义。

二 英汉语中的同形复合体

以二体复合为例，理论上，语法体、准语法体和词汇体之间共有九种复合形式。按照参与复合的单一体其语法化程度是否相同（此处语法化程度相同是相对的），体在形式上的复合可以分为同形复合和异形复合。受不同语言特征的限制，无论在英语还是汉语中，并非所有的形式复合都能实现。本节主要对其中同形复合体的存现情况进行阐释，具体如下。

(1) 语法体+语法体

a. It's safe to say that in a few years time they **will be playing** Las Vegas.（BNC）

b. 长春中医院附属医院门前有一被遗弃女孩，**正在**哭**着**找家。（CCL）

(2) 准语法体+准语法体

a. They may **be about to start** making too much money.

（BCC）

　　　　b. 现在飞机**已经快要**飞到德国边境。（CCL）
　（3）词汇体+词汇体
　　　　我**明天这个时候**给你打电话，告诉你怎么办。（CCL）

　　如上所示，英汉语在"词汇体+词汇体"的形式复合上出现非对等现象，这是源于作为"时制凸显"（即本研究的时态凸显）的语言（Bhat，1999；尚新，2007等），英语中的时态意义均由语法化形式或准语法化形式体现，词汇形式只是帮助语法化或准语法化形式说明具体时间。鉴于时态与体之间的对应关系，英语中的复合体意义不会由"词汇体+词汇体"的复合形式体现。而汉语作为"体凸显"的语言，其时态的语法化或准语法化标记的使用并不具有普遍性和强制性，小句的时态意义多以词汇形式体现。正如刘宓庆（2006：350）所讲，汉语中词汇的"时态标记代偿功能就相对地宽很多"，因而，汉语中"词汇体+词汇体"的复合现象普遍存在。

三　英汉语中的异形复合体

　　承上所述，并非所有的异形复合体均存在于英汉语中。两种语言在特定的形式复合中表现出了空缺和非对等性的特征。

　（1）语法体+准语法体
　　　　a. See yourself as someone who **will be going to** China.（BNC）
　　　　b. 弄堂前的街道照旧车来车往，午后三四点钟的繁忙，带着种闲暇和倦意，**正在**将一日里的生计最后收拾**起来**的样子。也不知道头顶上在发生什么。（CCL）
　（2）准语法体+语法体
　　　　a. It was another sad race day, however, for Johnny Herbert, who was desperate to **finish having done** so in only four of the

previous 15 races this year. （BNC）

  b. 我**已经**提到**过**郭象，他是《庄子》的大注释家之一。（CCL）

  显而易见，英汉语中的异形复合体均不包括语法体或准语法体与词汇体复合的情形。这是因为词汇体的产生源于小句中缺乏明显的语法体或准语法体标记。当英汉语中出现上述体标记时，用以说明具体时间或视点位置的词汇形式只起到辅助语法化形式的作用，并不单独表达体意义，因而英汉语中均不存在语法体或准语法体与词汇体共现的现象。一些小句中的单一体在形式上容易被误判为复合体，如 I **will** see you **later**（BNC）和"我有一辆自行车，**每天**骑**着**它上学"（CCL）等。实质上小句中只存在一种体形式，也仅表达单一体意义。其中看似表达体意义的词汇手段 later 和"每天"，只是用来辅助说明小句中语法体所描述事件发生的具体时间或频次，并不与它们形成复合体。

  从上述例句我们可以得出以下结论，英汉语复合体在形式上均可以由同形复合体和异形复合体体现。其中，同形复合体在两种语言中均可以由"语法体+语法体""准语法体+准语法体"的复合形式体现，在汉语中还存在"词汇体+词汇体"的形式复合。异形复合体在英汉语中均可由语法体与准语法体以及准语法体与语法体的复合形式体现，另外两者都不存在语法体或准语法体与词汇体复合的现象。就上述形式复合体，需要指出的是，至于哪种复合体意义由哪种复合体形式体现，取决于言语者的观察视点、意图，以及语言本身的特点。就"语法体+语法体"复合形式而言，刘宓庆（2006：342）以"着"为例，从构词法提出"着"作为"定位性附加语素"，只能定位附加在动词之后或居于述宾式复合动词之间（如"下着雨""打着伞"）。因此我们将其扩展后认为，英语中的动词屈折变化形式，汉语中的动词重叠形式、助动词"着""了""过"等均属于定位性附加语素。它们紧紧依附于小句动词之后，各自之间是非此即彼的关系。

第五节 结 语

体作为极具争议的话题之一,是语言学家和哲学家研究的热点和难点(Yang,2007:1)。很长一段时间内,学界主要侧重于单一体的研究,对复合体的探索尚处于初步阶段。本研究在前人研究的基础上,从系统功能视角定义复合体,并在意义和形式两个层面对英汉语中的复合体进行了相对系统的比较,为复合体在这两种语言中的理解和使用提供新的思路。我们认为,复合体是言语者对事件连续从几个相同或不同视点观察到的进展状态,是因视点发生重复或切换变化而形成的一条体链。体的复合是意义和形式的双重复合。在意义层面,复合体表达相对复杂的体意义,其体意义以体链最末端的意义为本。位于体链前端的单一体对其后单一体的观察视点产生影响,因此理论上所有的体意义均可发生复合。根据参与复合的单一体功能是否相同,英汉语中的复合体均可通过同质和异质两种方式实现。同质复合体的视点不发生切换,此时复合体意义得到增强;异质复合体的视点发生切换,其中单一体的体意义相互补充。在形式层面,按照参与复合的单一体其语法化程度是否相同,英汉语中的复合体均可分为同形复合体和异形复合体。同形复合体在英汉语中包括语法体与语法体,或准语法体与准语法体的复合,汉语中还存在词汇体与词汇体的复合形式。异形复合体在英汉语中均包括语法体与准语法体以及准语法体与语法体的复合。具体哪种复合意义由哪种复合形式体现,取决于言语者和语言特点本身。

第四部分
时间性质系统即"时相"研究

第十章 现代汉语小句成分与时相

第一节 引言

时相（phase）研究已经有很长的历史了。Vendler（1957）依据不同动词具有的情状特征将英语动词分为活动（activity）、终结（accomplishment）、实现（achievement）和状态（state）四类。Mourelatos（1978）、Comrie（1976）等对 Vendler 的观点进行了验证和修正：Mourelatos 从本体论角度将 Vendler 四种"情状"总结为事件（event）、过程（process）和状态（state）；Comrie 则在"体"框架下仔细区分了划分"情状"的三对语义标准。尽管西方学者对有关时相的现象进行了研究，但对时相这个概念并未进行严格的界定。

从 20 世纪 80 年代开始，汉语的时相意义开始引起学者们的注意。国内对汉语时相的研究以陈平的《论现代汉语时间系统的三元结构》一文为起始点。陈平（1988：401）将时相定义为"句子纯命题意义内在的时间特征"，并依据 [±静态]、[±持续] 和 [±完成] 这三组语义特征将汉语"情状"分为状态、活动、结束、复变、单变五种类型。之后的研究多在这三组语义特征下对"情状"和时相进行研究。国外学者也尝试探讨汉语时相，以 Smith（1994）为代表，他提出"双部理论"，将"情状"类型置于时体表现方式之中并划分了五种"情状"类型：活动、终结、一次性、实现和状态"情状"。

在研究汉语时相的学者中，一部分认为时相是表现"时体"（即本研究中的"体"，下文统一用"体"这个术语）的方式之一，即时相包括在体中,以邓守信(1985)、戴耀晶(1997)、Comrie(1976)、Smith(1994)为代表;另一部分则认为时相为独立的系统,以陈平(1988)、龚千炎(1994,1995)以及齐沪扬、章天明(2001)为代表。本研究认同后者的观点,即时相为时间系统中的一个独立系统,与时态和体并列。时相与体有着不同的内涵:时相指小句情形(即学界常提及的"情状")本身表现的时间特征,而体着重考察小句情形所处的阶段。

在具体研究汉语时相时,不同的学者采用不同的研究单位,如马庆株(2004:1—8)以单个动词为研究对象;邓守信(1985)和陈平(1988)以句子为单位,但邓在讨论时相时考虑了时态和体的因素,陈则不考虑时态和体因素的影响。

前人研究汉语时相采用的单位虽不同,但得出的结论趋于一致,即普遍认为汉语"情状"可分为状态、实现、终结和活动四种;在区分"情状"类型时的语义标准总体来说采取[±静态]、[±持续]和[±完成]这三组。Halliday(1994/2000:286)在系统功能语言学领域也谈及了 phase 这一概念,胡壮麟等(2008:255)将其译作"相"。但其概念及意义与本研究中的 phase 概念不同。Halliday 文中的"相"只出现在动词词组复合体中,指的是两个动词之间的阐释关系。其理论中"相"的概念只存在于词组中,并且与时态、体[①]混杂在一起。本研究认为时相存在于任何一个小句中,是独立于时态、体之外的时间系统的另一个组成部分。龙日金、彭宣维(2012)则将 phase 译为"位相",并认为"位相"出现在兼语句中,把"发生在同一个小句中的两个过程(其中后一个过程从属于第一个过程),及其所共享的参与者"一起称作"位相结构"(2012:33)。龙日金和彭宣维对时相的定位和理解与本研究中的时相不同,前者时相与时间特征没有任何关系,只是一种特殊的形式层次上的概念,而本研究中的时相则是语义概念,体现一定的时间特征。

---

① 时态着眼于强调事件发生于过去、现在还是将来;体强调事件所处阶段,如起始阶段、进行阶段、结束阶段等。

学界以往的研究对时相有不同的认识，概念不一致，研究单位也有不同，这应该是缺乏一个系统的理论框架指导而造成的。还需指出的是，以往的研究鲜有考虑由性质词组、名词词组和小句填充小句谓体的情况。有鉴于此，本研究以系统功能语言学为理论框架，以"意义为中心，形式体现意义"为指导原则，目的是对汉语时相作一个较为全面的分析和讨论。

第二节　系统功能语言学视角下的时相

学界以往有关汉语时相的研究普遍采用陈平（1988：401）的定义，即"句子的时相结构体现句子纯命题意义内在的时间特征"。该定义体现了时相的本质特征，但表述不够明确。本研究从系统功能语言学的功能思想出发，对时相重新定义，认为时相指的是"小句体现的情形本身的时间特征"。首先，时相指时间特征。其次，小句体现的情形是分析时相时的关注点。该处的"情形"可以是动态的，也可以是静态的。根据系统功能语言学内部加的夫语法创始人Fawcett（2008）的观点，情形是语义层次上的概念，与过程紧密相连——过程是情形的核心成分。在形式层次上，与情形相对应的是小句，与过程相对应的是谓体。因此，在小句内谓体是分析时相时的必要依据。再次，一个小句通过谓体体现一种情形，因此，该定义也表示小句是进行时相分析所采纳的最合理的单位。最后，需注意时相和体是两个不同的概念。体关注情形（即上文提到的"事件"）所处的阶段，而时相关注情形内部的时间特征。

本研究采用Vendler（1957）和龚千炎（1995）对"情状"（对应于本研究的"情形"）类型的普遍分类方法，即把情形分为状态情形、实现情形、终结情形和活动情形，但分类时所采用的语义标准稍有不同。学界以往研究多采用[±静态]、[±持续]和[±完成]的语义标准，但本研究认为[±完成]这一标准与[±持续]有时很难区分，故将其替换为[±时限]，意为动作是否有时间限制。[±静态] 指情形是否为静态，静态情形在时轴上具有均质的特点，即在时轴的每一个点上都处于相同的状态；而非静态即动态，情形在时轴上富于变化，呈异质状态。所在小句情形为状态情形。对于状态情形来说，无论其是否持续、有无时限，其静态特征都不会发生改变，换句话说，状态情形是最稳定的情形类型。[±持续] 和 [±时限] 是针对非静态情形而言的。[±持续] 表明情形在时轴上是否可占据一段持续的时间。如果情形在时轴上的起点和终点之间的距离很短，几乎可以重合，则该情形为实现情形，动作一开始便很快结束。如果情形可以持续下去，又可用 [±时限] 这一语义特征区分为两种情况：一种情形理论上可以无限持续下去，该情形为活动情形；另一种情形只表现有限的持续，该情形为终结情形。终结情形从开始就朝着自然终结点进行，直至完结。四种情形类型的时相特征见表 10-1。

表 10-1　　　　　　　情形类型及其时相特征

情形类型 \ 时相特征	静态	持续	时限
状态情形	+		
实现情形	-	-	+
活动情形	-	+	-
终结情形	-	+	+

第三节　句法成分与时相特征及情形类型

一　谓体与时相特征及情形类型

谓体是识别小句时相特征的基本成分。谓体这一句法成分体现的是语义层上情形中的过程，因此，本小节以过程类型为出发点，分析不同过程类型的典型时相特征及情形类型。为重点突出，选取语料时，不考虑其他句法成分对时相的影响。

本研究所依据的过程类型为我们在《汉语功能语义分析》（何伟等，2017a）一书中，结合系统功能语言学内的悉尼模式和加的夫模式而区分的七种：动作过程、关系过程、心理过程、交流过程、行为过程、存在过程和气象过程。

1. 体现动作过程的谓体与时相特征及情形类型

动作过程表示"做"的过程，我们（何伟等，2017a）认为它又可以分为物质动作过程和社会动作过程。动作过程是各类语言表达最多的过程类型，换言之，用于表示动作的动词在汉语所有动词中数量最多，占动词总数一半以上（戴耀晶，1998）。汉语学界依照意义对动词作过细致的分类，比如张谊生（2013）将汉语动词分为动作动词、心理动词、使令动词、存现动词、形式动词、关系动词、判断动词、趋向动词、能愿动词等九类。其实，张谊生上述分类中的动作动词与我们（何伟等，2015a）提及的行为动词范围基本一致，包括物质行为和社会行为动词。

典型的动作过程可以表示除状态情形以外的其他三类情形：首先，小句可以表达［-静态］、［+持续］、［-时限］，即活动情形的时相特征。动作过程是动态的，事物在过程中处于变化状态；原则上，动作过程是可以无限持续下去的，没有终结点。其次，动作过程可以表现为［-静态］、［+持续］、［+时限］，即终结情形特征——谓体体现的过程本身含有自然的内在终结点，此类小句中常见谓体由诸如"解开""放松""拓宽""改良""赢得"等动词说明。最后，有一部分动作过程可体现具有［-静态］、［-持续］、［+时限］特征的实现情形，动作从发生到结束持续时间很短，几乎瞬间完成。体现该类情形的小句的谓体经常由"醒""生""死""熄""合并""成立""看见""爆炸""跨""迈"等（齐沪扬，2007：209）以及表示趋向的动词"上""下""进""出""过""去""进去""出来""过来"等来说明。例如：

（1）他提着盛满墨汁的水桶，拿着饱蘸墨水、用麻丝扎成的大笔，直接就往墙上写。①

（2）我双爪合抱，对他们作揖，嘴巴出声，向他们问候。

（3）我姐解开我哥腰间那条白天黑夜都不解的牛皮带。

（4）西门闹的正妻白氏，在一个持枪民兵和治保主任的押解下，从大门口进来了。

例（1）和（2）分别为由物质行为动词和社会行为动词说明谓体的动作过程，小句表现出活动情形具有的典型的时相特征——［-静态］、［+持续］和［-时限］。例（3）中，谓体"解开"后必须有补语，其动作本身是有内在的自然终结点的，即到补语状态为"开"的时候即动作结束的标志，小句表现出了终结情形具有的特点。例（4）小句谓体由趋向动词"进来"说明，过程类型显然为动作过程，但在时间特征上，动作"进来"是瞬时完成的，当"白氏"出现在大门口，"进来"这一动作便宣告完结，小句体现的是实现情形。

需要注意的是，尽管动作过程可以表示三种不同的情形，但活动情形是其最典型、最常见的类型，其次为终结情形，而实现情形最少，这是因为能用于建构对应于实现情形的那组时相特征的谓体动词具有很强的局限性。

2. 体现关系过程的谓体与时相特征及情形类型

关系过程为典型的表静态特征的过程类型。关系过程可进一步分为归属型、认同型、处所型、所有型和相关型关系过程（何伟等，2017a）。汉语学界注意到有些动词表达静态功能，但在分析动词静态功能时已经考虑了小句其他成分的影响。比如李临定（1990）区分出的状态动词均是在助动词"着"的影响下具有静态的特征。而本研究关注的是谓体本身建构的时间特征，排除其他成分的影响。归属型关系过程的谓体可由动词直接说明，可由性质词组或小句填充；认同型关系过程的典型谓体为"是"；典型的处所型关系过程谓体由"在"

---

① 除特别标注，本章语料均出自作家出版社于2012年出版的莫言小说《生死疲劳》。

说明；典型的所有型关系过程谓体由"是"说明；相关型关系过程的谓体由"比似动词"（参见邢福义，2011），如"等于""同""如同""像"等说明。例如：

（5）a.（用熊胆治病的事很多，但用人胆治病的事从没听说，）这又是那小子胆大妄为的编造。
　　b. 那时我刚刚二十四岁。
　　c. 我的声音悲壮凄凉。
　　d. 想我西门闹，在人世间三十年，热爱劳动……
（6）洪泰岳是西门屯的最高领导人。
（7）谁在那里？洪泰岳在那里，黄瞳在那里，杨七在那里，还有黄瞳的老婆吴秋香在那里。
（8）车是我家的车，马是我家的马，但赶车的人却不是我家的长工。
（9）两边的鬼卒噘口吹哨，如同成群的吸血蝙蝠鸣叫。

例（5）组为归属型关系过程，其中 a 小句谓体由动词"是"直接说明，b、c、d 小句谓体分别由名词词组、性质词组和小句填充。可以看到，这四个小句在时相上具有静态的特征，不含有任何动态的特征。以 a 句为例，谓体"是"之后的补语"那小子胆大妄为的编造"为主语"这"的一个属性，在时间轴上的任何一点都处于同一个状态，小句体现的情形为状态情形。例（6）、（7）、（8）和（9）的过程类型分别为认同型、处所型、所有型和相关型。它们的静态特征由体现关系过程的谓体"是""在""是"和"如同"来建构，谓体后面的补语体现的是前面主语代表的参与者的身份、处所、所有者、相关方。从这些例子看，体现关系过程的谓体建构的是典型的静态时相特征，那么关系过程表示的是典型的状态情形。

3. 体现心理过程的谓体与时相特征及情形类型

心理过程可进一步分为情感过程、感觉过程和认知过程（何伟等，2017a）。汉语学界对表示心理的动词也作过一定研究，并从语义上对其进行了分类。李临定（1990：112—113）将心理动词区分为表喜爱等愉快义的、表怨恨等不愉快义的、表感觉的、表认知的以及表遗忘的；张全生（2001）认为心理动词包括心理情感动词、心理感知动词和心理意志动词；李秋杨（2014）在初步将心理动词分为心理活动动词、心理状态动词和心理使役动词后，又进一步将其分为思考类、回忆类、想象类、推测类、判断类/评价类、通晓类、筹划类、感觉类、注意类等九类。这些研究都给出了不同类型的例子。值得注意的是，心理动词不仅包括表示心理状态的动词，也包括表示心理活动的动词。但此处的活动不同于动作过程，此处心理活动为非外在的可视活动，而是一种思维活动。本研究按照《汉语功能语义分析》（何伟等，2017a）划分的心理过程类型，将不同的心理动词归入不同的心理过程次类别。用于情感过程的动词常常包括"爱""愁""担心""惦记""发愁""害怕""恨""后悔""怀念""怀疑""嫉妒""满意""满足""佩服""热爱""讨厌""同情""喜欢""嫌""羡慕""着急""尊敬""尊重""想（'想念'义）""想念""打算""决定""期望""企图""希望""想（'打算'义）"；用于感觉过程的动词有"看见""看到""听见""听到"等；用于认知过程的动词包括"估计""觉得""认为""想（'认为'义）""以为""明白""相信""晓得""知道""懂""思考""考虑""了解""认得""认识""忘记""记得"等。在这三类谓体动词中，可以看到，认知类动词中一部分具有动态的特征，尤其思考类动词，因此，下文将思考类认知动词与其他认知类动词区分开，与情感类、感觉类动词一起进行研究。例如：

（10）（他）喜欢跟着响器班子串街走巷。

（11）我听到从高高的大堂上，从那高高大堂上的辉煌烛光里，传下来阎王爷几近调侃的问话……

（12）a. 我知道许多鬼卒对我暗中钦佩。

b. 他蹙着眉头，显然是在思考。

例（10）至（12）分别为情感过程、感觉过程和认知过程小句，其中例（12b）为表示心理活动的思考类过程。例（10）、（11）和（12a）分别表达主语体现的参与者对某事物的喜爱、感知和了解状态，都没有动态、可变化的特征，小句体现的情形为状态情形。例（12b）则不同，"思考"作为思维活动，在时轴上是有变化的，表现在大脑内部的活动性，此时与彼时的思考会有内容或结果上的变化，因而是动态的，可无限持续的，因而小句体现的情形为活动情形。

由此可看出：大部分体现心理过程的谓体建构的典型的时相特征为［+静态］，相应的情形类型为状态情形；而认知心理过程中的思考类动词谓体建构的典型的时相特征为［-静态］、［+持续］和［-时限］，相应的情形类型为活动情形。

4. 体现交流过程的谓体与时相特征及情形类型

交流过程表示信息的交换，其主语体现的参与者既可以是有生命的个体，也可以是无生命的事物，谓体由表交流意义的动词说明。汉语学界将同类小句称作"言说行为"或"言语行为"小句，主要动词称作"言说动词"（吴剑锋，2009）或"言语行为动词"（钟守满，2008a）。尽管名称不同，但其概念与本节讨论的体现交流过程的谓体动词大同小异。实际上，两者的实质是一致的，只是我们（何伟等，2017a）提出的概念更强调了此类小句主语体现的参与者的多变性。汉语中用于交流过程的谓体动词有"说""尖叫""喊""责备""责怪""批评""承诺""报告""警告""补充""提问""回答""告诉""通知""辩解""狡辩""辩护""解释""唠叨""嘀咕""嚷""道歉""声称""宣称""宣布""抱怨""发誓"等。典型的交流过程在时相方面具有动态的特征，理论上动作可以无限持续下去，因而具有持续和无时限的特征。相应地，小句体现的情形类型为活动情形。例如：

（13）下完命令我哥又赶紧与那老红卫兵说话。

上述例句中,"说话"一词具有明显的动态特征,需要身体部位的动作和变化才能发出此动作;理论上,该动作可以一直持续下去,本句中也无其他限制成分限制该动作的持续性。

5. 体现行为过程的谓体与时相特征及情形类型

行为过程是生理状态的外部表现,常用于行为过程的谓体动词有"做梦""咳嗽""呼吸""凝视""嗅""微笑""叹息"等(李发根,2004：27)。从语义上看,"咳嗽""呼吸""嗅""微笑""叹息"是可短时完成的动作,不可持续,而"做梦""凝视"则是可持续的动作。但短时行为动词在实际使用中常常与小句其他成分(必要的主语除外)如补语、状语共同出现并受到这些成分的影响,从而失去谓体动词本身建构的［-持续］时间特征。例如：

（14）因为过量吸烟得了喉炎,便不停地咳嗽。

谓体动词"咳嗽"本身义虽为瞬时的动作,但在实际应用中,由于受小句中其他成分的影响,比如此句中的状语"不停",而其持续的特征是典型的无标记的用法,那么所在小句体现的情形为活动情形。

6. 体现存在过程的谓体与时相特征及情形类型

存在过程表示某事物的存在。汉语学界普遍将表达存在意义的句子称作"存现句",将句中主要动词称作"存现动词",并将其列为动词种类中的一种。田臻（2012：60）在国家语委现代汉语在线语料库中对存在构式的用法进行了数据检索和统计,得出常用于存在句的动词有30个,按其频率由高到低排列依次为："存在""挂""写""放""坐""长""摆""站""装""拿""充满""住""包含""贴""闪""躺""堆""铺""藏""戴""覆盖""蕴藏""刻""包""流传""印""插""夹杂""嵌""陈列"。他指出,除了原型动词如"存在",表示存在意义的许多典型动词有静态动词和动作动词之分,静态动词主要包括构型动词如"充满",动作动词主要包括置放类、成事类、姿态类、生长类、执持类和穿戴类动词。尽管田臻没有说明除原型动词外,其他动词是如何表达存在意义的,然而从其举的例子可以看出,这些静态动词和动作动词后面一般附着一个"着"字。用我们的术语来说,就是此类存在过程的意义一般由谓体和助动词一起来体现,如置放类动词"挂""放""摆"等,在表示存在意义时,需要后附"着",这意味着小句体现的是置放动作发生后相关事物所呈现出的状态。

本小节重在考察由谓体动词本身建构的存在过程的时相特征,有关其他小句成分对时相的影响将在下文讨论。请看下例:

(15)(而是因为)猪场里确实没有精料存在。

例(15)中,"存在"为典型的明确表示存在意义的动词,该句表示"精料"存在与否的客观情况,并无动态含义,因而小句体现的是状态情形。

存在过程小句描述的是一种静止的"有无"的状态,不包含动态的变化,所在小句体现的情形为状态情形类型。存在过程与关系过程一样表示的都是典型的状态情形。

7. 体现气象过程的谓体与时相特征及情形类型

气象过程描述天气状况。用来体现气象过程的谓体常常由"下雨""下雪""晴天""阴天"等动词、词组来说明和填充。例如:

(16)下雨了。(CCL)
(17)晴天了。(CCL)

同归属型关系过程一样,包含非动词性谓体的气象过程小句体现的情形在时相上具有静态的特征,小句着重强调天气的属性和性质,如例（17），相应地，其情形类型为状态情形。但由动词说明的谓体所在的小句体现的情形在非标记状态下具有动态的特征，如例（16），并且在理论上可以无限持续下去，因而小句体现的情形为活动情形。

二　谓体延长成分与时相特征及情形类型

谓体延长成分与汉语学界"补语"的概念在很大程度上是相通的，另外还包含部分"宾语"的概念。关于"补语"的分类问题，角度不同、方法不同，分类结果也不尽相同。何伟、杨楠（2014：2）在总结前人对"动补结构""补语"分类的基础上，按照"补语"所示意义的不同，将其分为结果"补语"、趋向"补语"、数量"补语"、程度"补语"、可能"补语"、状态"补语"和时地"补语"等七类。借鉴加的夫语法的观点，这七种"补语"分别被描述为七种延长成分。

谓体延长成分对小句时相的影响，可以通过以下几组例句来说明：

（18）a. 他在盥洗间里一边冲洗墩布一边引吭高歌……

b. 你妻子用井台边的水桶里和脸盆里的积水冲洗干净身体。

c. 把那些肮脏的沂蒙山猪统统用碱水洗三遍。

（19）a. 我们出了大门径直朝南走。

b. 在合作社社长洪泰岳的引领下，陈区长与他的几位挎枪的警卫走进大门。

（20）a. 他蹙着眉头，显然是在思考。[1]

b. 李云章思考半晌，忽然对坐在灯下的伯母建议说……（CCL）

（21）a. 因为过量吸烟得了喉炎，便不停地咳嗽。[2]

---

[1] 为方便对比，我们在此处将例（12b）重述为（20a）。
[2] 为方便对比，我们在此处将例（14）重述为（21a）。

b. 庞虎咳嗽几声，嘲讽地说。

例句（18）和（19）为动作过程小句。典型的动作过程是动态的，小句体现的情形可为活动情形、终结情形和实现情形。但在谓体延长成分的影响下，非标记情形类型为活动情形的动作过程的时相特征会发生变化。在（18b）中，结果延长成分"干净"改变了谓体"冲洗"的无限持续性特征，使得动作在"身体"达到"干净"结果时宣告结束。例（19b）小句为趋向延长成分"进"影响下的动作过程小句时相，谓体"走"的动作在"陈区长"与"警卫"出现在大门口的时候停止。

例（18c）、（20b）和（21b）为数量延长成分影响下的小句时相。其中，（18c）和（21b）是因动量延长成分而改变了谓体动词过程最典型的时相及情形。以（21b）为例，谓体"咳嗽"表达行为过程，典型时间特征为［-静态］、［+持续］和［-时限］，但延长成分"几声"限制了动作的无时限性，规定了动作的时长，因而小句情形变为了终结情形。（20b）为思考类心理过程小句，典型情形为活动情形，但时量延长成分"半晌"直接从数量上规定了动作的延续时长，尽管没有明确的计时单位出现，但也规定了持续时间并非无限，使得小句情形成为终结情形。

借鉴汉语学界对"补语"的界定，可知上述三种延长成分之所以可以改变小句体现的情形的内在时间特征，根源在于：其一，结果延长成分和趋向延长成分自身已经规定了动作的走向，当动作达到其本身体现的程度或结果时，动作便宣告结束；其二，数量延长成分给定了动作的时长，直接规定了动作延续时间。

由于篇幅所限，本小节只论证了部分谓体延长成分对部分过程类型小句时相的影响作用及规律，其他延长成分是否会改变时相以及是否每种过程小句都会受某种延长成分影响而改变时间特征是值得讨论的。如交流过程亦可通过规定言语动作的结果和数量而限制其本身无时限持续的特征。

三 助动词与时相特征及情形类型

一些现代汉语虚词常用来表达与时间相关的意义：可与现在时间相关，如"着""在""正""正在"等；与过去时间相关，如"了""过"等；与将来时间相关，如"要""会""将""即将"等；以及与其他时间相关如"下来""下去""起来""来着"等（何伟、吕怡，2015）。为行文简洁，本研究仅讨论典型时间助词"着""了""过"对时相的影响。此处需要说明：在小句中，这些表达时间意义的虚词在我们的相关研究（比如何伟等，2015a；何伟、吕怡，2015，何伟、付丽，2015）及本研究中被看作"助动词"，其功能是帮助"动词"表达时间意义。汉语学界的"助动词"的概念与本研究不同，其"助动词"又叫"情态助动词"或"能愿动词"，主要表达情态意义，与本研究中的"操作词"概念相同，而"着""了""过"在汉语学界被称作"时体助词"或"动态助词"（沈阳、郭锐，2014；李临定，1990）。

"时体助词"或"动态助词"对小句时间特征的影响，汉语学界也有研究。比如马庆株（2010：127）认为"着"附着在持续义动词后面，表示动作进行；附着在瞬间义动词后面，表示动作的反复进行；附着在非自主变化动词、附着义动词或性质形容词后面，表示状态持续。

本研究认为助动词"着"对小句体现的过程的时相特征影响最明显。动作过程受助动词"着"的影响，动态的特征会变为静态的特征，小句体现的情形类型也从活动类变为状态类。在表动作过程的大量动词中，有一类动词此种特征比较突出，即表示对某实体的位置移动的置放类动词，如"放""摆""晾""挂""搁置""穿""戴""输送""铺"等（徐峰，1998：23）。置放类动词表静态时，小句主语体现的参与者可以为有生命、有意识的事物，也可以为无生命、无意识的事物，换句话说，置放类小句表状态情形时主语体现的参与者为被置放的事物。请看以下几个例子：

（22） a. 我娘把褥子抱出来晾晒。
　　　 b. 院子里晾晒着我尿湿的被褥。

在这两个例句中，相同谓体"晾晒"表现出了不同的时相特征。a 小句保持了谓体典型的动态特征，小句情形为活动类，b 句谓体在助动词"着"的影响下，表示谓体动作完成后导致的静态的状态情形。

需要注意的是，并非所有由动作动词说明的谓体都会受"着"影响而产生静态含义，从而改变小句体现的情形的时相特征，如小句"她就这样姿态丑陋地奔跑着"（第 274 页），运动类动词"跑"后虽有助动词"着"，但其动态性特征并未改变，所在小句仍为活动情形。

四　操作词与时相特征及情形类型

何伟等（2015a）把操作词看作表达一定的人际、情态或极性意义的小句成分，并把它分为可能类、意愿类、必要类、能力类、"是"类和"敢"类六种。汉语学界对此类词的称谓有两种，一种称为"助动词"（如沈阳、郭锐，2014：207），另一种称为"能愿动词"（如马庆株，2010：106）。关于操作词对小句中的谓体建构的时相特征的影响，可参照以下四组例句的情况：

（23） a. 负责看门的伍方对着他点头哈腰，好像伪保长见到了日本军官。
　　　 b. 我西门闹（习惯了别人在我面前点头哈腰），不愿意在别人面前点头哈腰。

（24） a. 游泳在这样温暖的沟渠里，因为水的流动和身体的浮力，所以毫不费力。
　　　 b. 他能够像鲨鱼一样在水中优雅地游泳。

（25） a. 下完命令我哥又赶紧与那老红卫兵说话。
　　　 b. 我当然不可能主动跟他说话。
　　　 c. 这样的事我们不愿意说。（CCL）

d. 我有一千条理由，似乎都应该向他们说声对不起。
e. 他处世活络，会说话。
f. 他是根据事实说话的。（CCL）
g. 灌死你这头笨猪，竟敢说我的汤里掺假！

（23）、（24）组例句为动作过程小句。例（23b）为意愿类操作词对动作动词时相特征的影响。在 a 中，谓体"点头哈腰"表现动作动词原有的动态、持续、无时限的特征，小句过程为动作过程，情形为活动类；而在 b 中，谓体"点头哈腰"在操作词"愿意"的影响下，成为主语体现的参与者"我西门闹"意志中的一个动作，小句含有了静态的意义，情形变为状态类。在（24）组例句中，谓体均为动作动词"游泳"。但 a 句保留了"游泳"的潜在非标记时相意义——[-静态]、[+持续] 和 [-时限]；b 句谓体前出现了能力类操作词"能够"，使得原本为动态的谓体动词失去了动作性而具有了某种"能力"或"性质"，从而表现为一种静态的状态情形。

以（25）组例句为例，不同操作词对小句时相及情形类型产生了影响。b-g 分别为可能类、意愿类、必要类、能力类、"是"类和"敢"类操作词对交流过程小句时相的影响。以（25e）为例，操作词"会"使得潜势为动态的交流动词"说话"变成了用来描述主语能力的一种性质，小句体现的情形也从活动情形变为了状态情形。

操作词对小句时相的影响都是通过凸显参与者进行某一活动或实施某一动作的意愿、能力等而实现的。也就是说，由于对意愿、能力等的描述，原活动或动作的动态性有所缓和，甚至改变，从而比较动态的过程变成了静态的过程。简言之，发生变化的是过程的时间特征，而不是过程类型本身。

五 主语与时相特征及情形类型

陈平（1988：417）认为"主语为瞬时行为的多次态用法提供了条件"，使得具有 [-持续] 意义的动作具备 [+持续] 特征。而龚千炎（1995：2—3）则注意到主语对［±持续］这一特征的反向影响，即因为主语的影响，原本可无限持续的动作具有了终结点，并以"满树的苹果哗哗啦啦地掉下来"为例进行佐证。但龚千炎着重强调"定语""满树"的作用。龚千炎所提"定语"对应加的夫语法中的修饰语，但本研究强调小句成分对时相的作用，因而将其归为主语对时相的影响，且修饰语并非唯一可以影响小句时相的因素。另外，陈平（1988）和龚千炎（1995）的研究只是简单陈述了主语对时相的作用，而并未指出其影响规律。本研究认为主语对时相特征的影响是通过限制主语体现的参与者的量来实现的。对量的限制有两种情况：一种将不定量主语改变为定量主语，使动作不能无限持续；另一种则相反，将定量主语变为不定量主语，从而使动作可以持续。第一种情形下，小句由活动情形转变为终结情形；第二种则将实现情形转变为活动情形或终结情形。请对比以下几组例子：

（26）a. 花花绿绿的反洋教传单贴满大街小巷，在城市的街道上空飘飞。（CCL）

b. 几片枯叶在空中飘飞。（CCL）

（27）a. "啪"，灯泡爆炸了。

b. 沧州市东环中路鞭炮市场发生爆炸事故，20多个摊位的鞭炮全部爆炸。（CCL）

（28）a. 下完命令我哥又赶紧与那老红卫兵说话。①

b. （三句半为）曲艺的一种，由四人表演，前三人每人说一句，通常为七个字……（CCL）

例（26）、（27）为动作过程小句。例（26）小句谓体都为"飘飞"，为动作过程谓体。a句动作可以一直持续，而b句主语"几片枯叶"限制了动作的持续时间。具体来说，是数量限定词"几片"起

---

① 为方便对比，我们在此处将例（13）重述为（28a）。

到了限制作用。与例（26b）不同，例（27b）将动作原有的瞬时性变化为可以重复发生的持续的动作。a 句中"爆炸"保留了原有的瞬时不可持续的特征，而 b 句因主语数量的巨大，使得动作"爆炸"具备一种可占据时段的性质，但"20 多个"虽数量巨大，但仍为可数，因而小句情形可为终结情形。例（28）为交流过程。其中 b 句受主语体现的参与者"前三人每人"的限制，动作"说"的行为只可持续一段时间，即可持续到第三个人说完话为止，而不能一直持续。而例（28a）则为典型的交流过程表活动情形的情况。

由此看出，主语对小句时相的影响是通过对主语体现的参与者数量的改变来实现的。若数量减少，则动作的持续性变短；若数量增加，则动作的持续性变长；若数量没有受到限制，那么动作的持续性也应该不受限。相应地，小句体现的情形也会有所变化。

六　补语与时相特征及情形类型

系统功能语言学中的补语相当于汉语学界提及的部分"宾语"，其作用在于提出与动作相关的事物，如受事、与事、工具等。补语的范围广泛，从及物性角度看，补语是主语除外的另一重要参与者角色（何伟等，2017a），从意义角度区分，补语也包含很多种。汉语学界对"宾语"的语义分类也参差不齐，名称各异，如工具"宾语"、原因"宾语"、目的"宾语"、方式"宾语"、主体"宾语"、客体"宾语"及处所"宾语"等（沈阳、郭锐，2014；马庆株，2010；李临定，1990）。陈平（1988）注意到"具备固定的物质形体或者明确的时间界限的物体或事件"的"宾语"所在小句的时间特征受到限制，小句表示有限的持续。陈平所提"宾语"主要为客体"宾语"。我们认同陈平的观点并以下面两组例子进行说明：

（29）a. 他蹙着眉头，显然是在思考。[①]

[①] 方便对比，我们在此处将例（12b）重述为（29a）。

　　　　b. 我看到鬼差蓝脸脸上的狡猾笑容，还没来得及思考这笑容的含义，他们就……

（30）a. 下完命令我哥又赶紧与那老红卫兵说话。①

　　　　b. 鬼卒小心翼翼地将我安放在阎罗殿前的青石板上，跪下向阎王报告："大王，炸好了。"

　　例（29b）与（30b）为客体补语影响下的时相。例（29b）谓体后出现了限制性的支配对象"这笑容的含义"，因而谓体"思考"的范围便局限在了"这笑容的含义"上，该句核心动作"思考"便有了时间的限制。而（29a）中思维活动过程"思考"没有时量或动量上的限制，也没有支配对象的限制，小句为典型的活动情形小句。例（30b）中，交流动作"报告"随着客体补语"大王，炸好了"内容的完成而终止，而例（30a）则无限制，可无限持续。

　　由上可看出，补语对小句时相的影响主要是通过具化动作对象而间接规定动作持续的时间。典型特征为动态的过程会受此影响而改变时相特征及情形类型。

七　状语与时相特征及情形类型

　　汉语学界根据状语与所修饰动词/动词词组之间的关系以及状语的语义功能，普遍将状语分为限制性状语和描写性状语，并细致区分了两种状语内部的类别，如限制性状语根据其语义又可分为表时间、处所、方向、方式、范围、程度、语气、原因、目的等的状语（齐沪扬，2007：388；马庆株，2010：201 等）。何伟等（2015a）则完全从语义角度出发，认为状语包括表达经验意义的状语、表达逻辑关系的状语以及表其他意义的状语，并据语义进一步列举了这三种状语内部的小类。何伟等（2015a）对状语的概念及细致分类同汉语学界的基本一致，但状语涵盖范围比学界的要广得多。

---

① 为方便对比，我们在此处将例（13）重述为（30a）。

在状语类别中，同时间特征产生关系的状语主要包括时间状语和方式状语，其中时间状语的影响作用是最常见和最广泛的。时间状语对时相的影响是通过规定动作的延续时长来实现的。典型情形为状态情形的过程小句时相不会受到时间状语的影响，原因在于，不管状态持续时间多长，情形本身静态性的特征并不会改变。而只有典型情形具有动态特征的过程小句的时间特征会因时间状语的限制而发生变化。请看以下四组例句：

（31）a. 下完命令我哥又赶紧与那老红卫兵说话。①
b. 走到中午时，骑在马上的古城看护人吾斯曼达吾突然说："到了！"（CCL）
c. 朝鲜方敏于最近几天连续发表声明强调，朝不会在美的压力下接受韩国型轻水反应堆……（CCL）

（32）a. 他提着盛满墨汁的水桶，拿着饱蘸墨水、用麻丝扎成的大笔，直接就往墙上写。②
b. 这些天我一直在写。（CCL）

（33）a. 因为过量吸烟得了喉炎，便不停地咳嗽。③
b. 叔同的身体产生了一种症兆：下午面色发红、咳嗽、低温。（CCL）

（34）a. 天下雨了。（CCL）④
b. 早上一直下雨。（CCL）

例（31）至例（34）分别为交流过程、动作过程、行为过程和气象过程受时间状语影响而改变时相和情形的情况。针对交流过程小句来说，一方面，交流过程谓体可被表示瞬时的状语修饰，小句为实现

---

① 为方便对比，我们在此处将例（13）重述为（31a）。
② 为方便对比，我们在此处将例（1）重述为（32a）。
③ 为方便对比，我们在此处将例（14）重述为（33a）。
④ 为方便对比，我们在此处将例（16）重述为（34a）。

情形，如例（31b）。在该句中，说话者是有意识的主体"吾斯曼达"，并且补语为说话的具体内容，同时，话语内容为可瞬时完成的内容"到了"。另一方面，非瞬时含义的时间状语可限制交流过程的持续时间，使其从可无限持续转为有限持续。如例（31c）中时间状语"最近几天"限制了过程"强调"的长度，使得动作不能无限持续，为终结情形。例句（32b）、（33b）和（34b）中，时间状语对时相的影响作用同（31c），均为状语直接限制时长使得动作变为有限持续。具有时间规定性的方式状语对小句时相具有影响作用，以动作过程为例：

（35）a. 在途经阿拉巴马州的一个车站时，遭到一群白人暴民的袭击。他们砸玻璃，戳轮胎，往车厢里扔炸弹。（CCL）
b. 我捡起一块砖头，猛地砸了过去。

a 句中，动作具有 [-静态]、[+持续] 和 [-时限] 的特征，小句体现的情形为活动类；而 b 句中，方式状语"猛地"使得"砸"的动作在开始和结束之间持续的时间非常短，以至感觉动作是瞬时完成的，小句体现的情形为实现情形。状语对小句时相特征和情形类型的影响是通过影响 [±时限] 这一语义特征来实现的。影响途径无非有两种，一种使得原本具备 [-时限] 特征的动作带有了结束点，另一种则消除了原本具有 [+时限] 特征的性质，使得动作可重复发生。

第四节　结语

本章从系统功能语言学视角重新定义了时相概念并探讨了小句不同句法成分对小句时相特征的影响。首先，时相指的是小句体现的情形本身的时间特征。其次，研究得出如下结论：第一，谓体本身是小句时相特征的决定因素，其他成分会对其施加影响。第二，动作过程是最灵活、最具变化性、最易受小句其他成分影响而改变时相特征的过程类型。其次为交流过程小句。动作过程最典型时相特征为［-静态］、［+持续］和［-时限］，小句情状为活动情状。但在其他不同句法成分的影响下，其时相特征和情状类型会发生巨大的变化，如在谓体延长成分的影响下，其动态特征会消失，变为状态情状小句；或者其无时限的特征会被消除，变为终结情状小句。第三，从［±静态］、［±持续］、［±时限］这三个语义特征来看，［±时限］这一特征是最易受影响而发生改变的。

第十一章 英汉语简单时相对比研究

第一节 引言

时相（phase）指句子内在的时间意义，主要由"谓语"动词决定，同时受其他小句成分的限制（陈平，1988：401）。这一表述较为全面地揭示了"时相"的本质，与时体（aspect）、时制（tense，系统功能语言学中称为"时态"）区分开来，指出了时相的两大特点——动词对时相类别的决定性，以及小句内其他成分的影响作用。然而，陈平（1988）的研究尽管以汉语为本，却忽视了这样一个事实：汉语小句的"谓语"（系统功能语言学中称为"谓体"）并不总是由动词充当，形容词、名词、数量词等都可以作"谓语"（周国辉，2002）。那么若仅考虑动词作"谓语"的情况，则会导致很多汉语小句的时相结构即情形类型不在研究范围之内。可见，陈平（1988）给出的概念具有局限性。究其原因，这与动词历来被作为时相研究的语言单位紧密相关。Vendler（1967）着眼于动词本身，根据动词的时间意义划分出状态、活动、终结和实现四类情形，该分类方法被语言学界普遍接受和发展，如 Comrie（1976），Carlson（1981），Verkuyl（1989）、Smith（1994），陈平（1988），龚千炎（1995），何伟、高建慧（2015），张存玉、何伟（2015）。然而，随着研究的深入，学者们逐渐认识到仅通过动词本身的时间意义来研究小句的时相特征存在缺陷，Mourelatos（1978）指出"时体""时制"、名词常项、介词短语等都可作用于时相。目前，学界已普遍认为时相是小句层面的概念，小句是时相研究的单位，如陈平（1988）、Verkuyl（1993）、Smith（1994）、Olsen（1997）、何伟、高建慧（2015）等；并且大部分学者发现时相存在复合现象，由"谓语"和其他小句成分的时间意义相互作用而成，如Olsen（1997）、Xiao & McEnery（2004a）、Yang（1995）、孙英杰（2007）、李明晶（2013）等。可见，目前这些研究在时相的界定、分类、体现方式等方面的观点基本趋于一致，没有将动词作为时相的唯一决定因素。但是，在研究内容上，他们大多关注的是简单时相，而对复合时相的运作机制探讨不足（张存玉、何伟，2015），且对简单时相的研究多侧重于动词引导下的简单小句，而对不同小句类型的时相结构及语言间的对比研究较少，系统性不强，如张丽华（1993）在研究英、德、汉三种语言的时相时，与"时体""时制"混在一起讨论；齐沪扬和章天明（2001）对日汉时相的对比研究则忽视了时相体现方式的差异性。

综上所述，我们对时相的研究应区分简单时相和复合时相，在此基础上，应加强语言间不同类型时相的比较研究。有鉴于此，本研究在系统功能语言学理论框架内，依据"意义为中心，形式体现意义"的指导原则，进一步明确"简单时相"的所指，并对英汉语简单时相的体现方式进行对比，目的是揭示英汉语简单时相体现形式上的相同和不同之处。

第二节 系统功能语言学视角下的简单时相

时相研究在系统功能语言学领域已逾60年。起初，由于受到学界当时主流观点的影响，时相被看作时体（aspect）的次范畴，体现动词词组的时间特征（Halliday & Ellis, 1951；Halliday, 1994/2000）。随后，何伟（2009）把时体研究提升到小句层次，提出"词汇体"概念，用于判断小句情形类型，这与本研究中的"时相"意义相近，其中狭义词汇体类似于本研究的简单时相，广义词汇体则类似于本研究的复合时相。在近期研究中，何伟、高建慧（2015）将

"词汇体"称为"时相",即把小句体现的情形本身的时间特征用"时相"这一术语来统称。接着,张存玉、何伟(2015)根据决定小句情形时间特征的因素,将时相划分为简单时相和复合时相两个类别,不过她们尚未对二者的不同进行系统的研究。

本研究基于上述系统功能语言学的观点,从功能视角出发,再次审视时相,认为时相应该分为简单时相和复合时相。简单时相指在意义层上,仅由小句过程所决定的内在时间特征;在形式层上,则由体现小句过程意义的成分建构的情形类型。复合时相指在意义层上,除了小句过程,还受到参与者以及环境角色影响的内在时间特征;在形式层上,则由体现这些语义角色的成分共同建构的情形类型。无论是简单时相,还是复合时相,二者体现的情形类型是一致的,不相同的只是涉及的语义角色和体现形式数量上的不同。本研究关注的焦点是简单时相,我们将在下一章探讨复合时相。

关于情形类型,本研究采用 Vendler(1967)和龚千炎(1995)使用的普遍分类方法,依据何伟、高建慧(2015)明确的语义划分标准,即[±静态]、[±持续]、[±时限]三组语义特征,把情形分为状态、实现、终结和活动等四类(如表 11-1 所示)。状态情形具有静态特征,一般用于描述事物的属性或状态。活动情形、终结情形和实现情形都是动态的,用于描述改变状态的动作行为,其中活动情形具有[-静态]、[+持续]、[-时限]的时相特征,处于该情形的动作可无限持续进行下去,没有自然的内在终结点;终结情形具有[-静态]、[+持续]、[+时限]的时相特征,处于该情形的动作含有内在终结点,只能在有限的时间内持续发生;实现情形具有[-静态]、[-持续]、[+时限]的时相特征,处于该情形的动作几乎是瞬时完成的,该动作的起点和终点几乎重合,很难分辨。

表 11-1　　　　　　　情形类型及其语义特征

语义特征 情形类型	静态	持续	时限
状态情形	+		

续表

语义特征 情形类型	静态	持续	时限
活动情形	-	+	-
终结情形	-	+	+
实现情形	-	-	+

从系统功能视角看，人们在用语言谈论现实世界和内心世界的经验时，以不同的过程类型将经验表达出来，那么，经验时间意义也就是过程类型的一个内在时间特征。换言之，简单时相指的是小句过程类型的内在时间特征，从而我们对小句过程类型内在时间特征，即情形类型的描述，应涉及表达过程意义的所有成分。多数情况下，小句过程意义取决于及物性结构中的过程成分本身，有时也同时依赖于过程延长成分。因此，我们在下文主要对比英汉语中体现过程意义的小句成分，以发现它们的共性及不同之处。

第三节　英汉语简单时相体现方式

作为小句情形的核心成分，过程是本研究研究的起点。英语中，意义层上的过程与形式层上的主要动词相对应，过程延长成分与主要动词延长成分相对应（黄国文等，2008）；汉语中，过程则由谓体体现，过程延长成分由谓体延长成分体现（何伟等，2015a）。因而，本研究关注的是，在不同过程中，以英语主要动词及主要动词延长成分与汉语谓体及谓体延长成分决定的简单时相。

关于小句的过程类型，即我们对主客观世界经验表达的种类，系统功能语言学内部的悉尼模式和加的夫模式有些区别，何伟等（2017a，2017b）吸收二者的研究成果，并依据功能思想，重新整合了小句过程类型，完善了及物性理论。本研究依据何伟等（2017a，2017b）整合后的七种过程类型，来对比英汉语简单时相的体现形式，包括动作过程、关系过程、心理过程、交流过程、行为过程、存在过程和气象过程。需要特别指出的是，这些过程中都存在一类使役结构，由于其特殊性，我们将单独在第八小节对其进行讨论。

一　英汉语动作过程时相特征及体现方式

动作过程用于描述外部世界的各种事件和活动，表达"做"和"发生"的过程，系典型的表动态特征的过程类型。

英语中，动作过程是及物性系统中最为丰富、多样性最强的类别（Thompson，2004/2008）。也就是说，体现该过程的动词或动词词组最为丰富，既有描述物质动作过程的动词（如 draw、climb 等）以及动词词组（如 go fishing、come into being），也有表达社会交际经验的动词（如 bow、greet 等）（Fawcett，2010）。动作动词不仅数量丰富，且时间意义多样。Quirk *et al.* （1985：201）列举了建构动态情形常见的动词，其中包括建构活动情形的 drink、sew 等，终结情形的 fill up、discover 等，以及实现情形的 arrive、die 等。可见，动作过程小句可表达活动情形、终结情形和实现情形。例如：

（1）The tide <u>climbs</u>.①

（2）"It says, Monisieur Droguet wants his daughter in Saint-Coulomb to know that he is <u>recovering</u> well."

（3）Then the duke's only son <u>died</u> in a riding accident.

例（1）体现了活动情形，由主要动词 climbs 表达，表现了［-静态］、［+持续］、［-时限］时间特征。例（2）的主要动词 recover 具有［-静态］、［+持续］、［+时限］的特征，延长成分 well 进一步加强小句情形的［+时限］特征，描述了一个有限持续的终结情形。例（3）的主要动词 died 表达瞬时动作，其动作的起点和终点基本重合，体现了实现情形。

---

①　除特别标注，本章英语语料均出自由斯克里布纳尔出版社于 2014 年出版的安东尼·杜尔小说《我们看不到的所有光明》（*All the Light We Cannot See*）。

何伟、高建慧（2015）研究发现，在汉语中，动作过程同样可表达三种动态情形，其中体现活动情形的动词最丰富，终结情形次之，而体现实现情形的动词最有限。这在英语中亦是如此。不过，汉语动词在建构［+时限］上，表现出更强的能产性。除少数小句的［+时限］特征仅由谓体体现外（如"恢复"），大部分小句的［+时限］特征通过"主要动词+结果延长成分"，即谓体和谓体延长成分来体现，如"打扫干净"等，延长成分表达动作导致的结果（何伟、杨楠，2014），该结构在学界一般被称为动结式（Goldberg，1995；Goldberg & Jackendoff，2004；刘街生，2006；吕叔湘，2007）。目前，有界性，即［+时限］特征，已被广泛认为是英汉语动结式的普遍特征（Wyngaerd，2001；Rotstein & Winter，2004；袁毅敏、林允清，2010），但是较英语而言，赵琪（2009）发现汉语动结式更为灵活，更加多产。英语中，结果补语由副词或形容词承担，但是只有表达"完成""中断""结束""消失"等意义的副词才能进入动结式，如 up、down、off、away 等（王培硕，1987），且能进入动结式的形容词类型也相当受限，比较常见的有 asleep/awake、open/shut、full/empty 等，而一些表达情感的形容词如 funny 则更少出现（Goldberg，1995）。在汉语中，动结式由动词跟另一个动词或形容词构成，如"写完""哭倒""打通""哭红""弄坏""说清楚"等（王培硕，1987；吕叔湘，2007；赵琪，2009），这些充当结果补语的成分内涵比较宽泛，并不仅限于"结果""完成"等含义。此外，汉语中特有的动趋式也是建构［+时限］特征的手段之一，龚千炎（1995）将其与动结式一同归为终结动词，并指出二者体现了汉语言少意多的语言特色。可见，体现终结情形的汉语词汇比英语更加丰富，因而汉语在建构终结情形上表现出更大的能产性。

二 英汉语心理过程时相特征及体现方式

心理过程是描述有心理变化的人或动物内心思想、喜好、欲望和感受等经验的过程。

英语中，心理过程包括情感过程、意愿过程、感知过程以及认知过程，分别表达人、动物或人格化的物的感情、意愿、感觉和认知（何伟等，2017b）。本研究基于 Fawcett（2010）对心理过程的描述，将此类过程的主要动词进行了总结：体现情感过程的动词有 like、upset 等；体现意愿过程的动词有 want、desire 等；体现感知过程的动词有 feel、see 等；体现认知过程的动词有 know、think 等。以上这些动词在 Quirk et al.（1985：202）看来描述了静态情形的"私有状态"，用于表达个人具有的心理状态，包括"情感状态""态度状态""感官状态""认知状态"，分别对应于本研究的情感过程、意愿过程、感知过程和认知过程。Vendler（1967）也指出认知类动词和感官类动词具有［+静态］特征。可见，心理过程是典型的表静态特征的过程类型。例如：

（4）Everyone wants to hear Werner.
（5）He sees a forest of dying sunflowers.

例（4）和例（5）分别为意愿过程和感知过程，表达了参与者的意愿和感官能力，没有动态变化，体现了状态情形。

汉语学界不乏根据语义对心理动词进行分类的研究，如黎锦熙（1954）、张余生（2001）、李临定（2011）、李秋杨（2014）等。尽管相关研究丰富，但是学界对心理动词的划分并没有统一的标准，分类的精细度也不尽相同，如黎锦熙（1954）仅给出了两类，而李秋杨（2014）则划分出九类。分类过简或过繁都会导致研究的系统性缺失。何伟等（2017a）将心理动词归入不同的心理过程次类别，包括情感、意愿、感知和认知四类，这同 Levin（1993）、李临定（2011）等的分类大致相同，较全面地反映了心理动词的语义特征。关于这四类心理动词，何伟、高建慧（2015）指出大部分心理动词建构了状态情形，而一部分认知类动词建构了活动情形。但是，在李临定（2011）看来，心理动词不同于一般性的动作行为动词，其中认知类的动词表达的是认知上的一种态度。本研究认为，心理过程建构了典型的［+静态］特征，它表达的是内在心理状态，尽管头脑内部存在一定的动态活动，但是表现出来的情感、态度等是静止的，如例（6）所示。不过，有些认知类动词在其他小句成分的影响下，形成复合时相，表达活动情形，如例（7）所示。

（6）我父亲站起来，慷慨地指了指沙发，你<u>喜欢</u>坐沙发？①
（7）我<u>正琢磨</u>这堵墙怎么回事呢。

例（6）表达了情感表现者"你"对现象"沙发"喜爱的状态，在时轴上不存在动态变化，体现状态情形。例（7）中的谓体"琢磨"在助动词"正"的协同下，共同表达活动情形。

可见，在英汉语中，心理动词的语义范围大致相同，包括情感、意愿、感知和认知；在时间意义上，都具有［+静态］特征，建构了状态情形。但在汉语中，状态情形不仅可通过这四类心理动词来体现，也可通过由性质词组填充的谓体来表达，如例（8）中的"紧张"是形容词，作为整个小句的谓体，表达了"我"此时的心理状态。在英语中，心理状态情形一般由动词来建构。

（8）有时候我<u>紧张</u>，有时候我躲避。

三 英汉语关系过程时相特征及体现方式

关系过程反映的是事物间的内在关系，可进一步划分为六类：归属过程、识别过程、位置过程、方向过程、拥有过程和关联过程（何伟等，2017a、b）。Halliday认为关系过程是最复杂、最重要的一个过程类型，关系过程是典型的静态过程，表达事物具有某种性质，或者

---

① 除特别批注，本章汉语语料均出自人民文学出版社于2009年出版的苏童小说《河岸》。

反映事物间的相互关系。英语中，就体现该过程的主要动词而言，动词 be 和 have 最为典型，其次是其他系动词，如 keep、remain、sound、stay 等，还有一些 being/having 类动词（Quirk et al.，1985：205），如 contain、resemble 等，以及姿势动词（Quirk et al.，1985：205），如 stand、live 等。以上这些动词被 Quirk et al.（1985）归为静态动词，表示事物的性质、状态或姿态，因而体现状态情形。请看以下两例：

(9) He is a little man with mousy hair and misaligned pupils.
(10) Her cane stands in the corner.

以上两例中的主要动词皆建构了［+静态］时相特征。例（9）小句描述了主语 He 的特征，在时轴上不随时间的变化而改变；例（10）小句表达了主语 Her cane 所处的姿势，同样不具有动态变化。可见，关系过程建构的是静态时相特征，体现状态情形。

此外，关系过程还可由三类动态动词体现，包括结果动词，如 shine、gleam 等（Rappaport & Levin，1998），表示方向延伸的动词，如 stretch、lead、extend 等，以及关联两个实体的动词，如 marry、blend 等。它们本身具有动态含义，但用在关系过程中时，表征行为所引起的最终关系或状态，所以仍建构了［+静态］特征，体现状态情形。例如：

(11) His lips shine.

例（11）中的 shine 属于结果动词，带有形容词的特性，旨在描述主语的属性特征而非动作。在此，shine 描述了 lips 的特征，该特征在时轴上并不存在动态变化，是静止的，体现状态情形。

同英语一样，汉语中，关系过程是典型的表静态特征的过程类型（何伟、高建慧，2015），但是在体现方式上存在明显差异。汉语中，建构［+静态］特征的小句成分不再只由动词说明，名词词组、性质词组、介词短语甚至小句都可填充谓体，直接说明参与者间的属性特征，建构状态情形。例如：

（12）今天礼拜六，不做功课。（CCL）

例（12）的谓体由名词词组"礼拜六"填充，如果翻译成对应的英语，应该是 Today is Saturday，此英语译文的状态情形通过主要动词 is 体现。事实上，该汉语小句也可以添加"是"，即"今天是礼拜六"，这样的表达仍成立，但这种表达突出的是言语者对日期的判断，而不是描述。另外，从汉语的发展历程看，汉语喜短不喜长的特点一直比较突出，而例（12）并不是"今天是礼拜六"的省略形式，后者有欧化倾向。可见，英语语法重形式，需要具体的动词连接主语和补语，而汉语语法重语义（潘文国，1997/2014），通过事物的属性特征、事物间的关系特征就可构建状态情形。

当［+静态］特征由动词填充的谓体说明时，英汉小句也有共性和个性。同英语一样，动词"是"和大部分静态动词（包括姿态动词、方位动词、关系动词）是典型的体现关系过程的动词。汉语中，也存在一些本身具有动态含义的动词，如"挂""举""落"等，李临定（2011）称它们为状态动词，表达某种静止的状态，但是他讨论的情况都是状态动词和助动词"着"共现现象，是在"着"的影响下，动态动词才具有了［+静态］特征，不属于本章关注的范围。此外，汉语动结式也常出现在关系过程小句中，由"动词+形容词"合成，如"烧糊""哭红""洗净"等。它们在关系过程中具有固定的句法结构即"主语+谓体"，相应的意义结构为"受事—载体+过程—属性"。这类小句的动作施事者呈隐性，动态特征被弱化，动作最终导致的状态成为语义焦点，从而具有［+静态］特征，体现状态情形。在英语中，相应的表达一般通过"be/get+形容词"表达，而非动结结构。例如：

（13）菜都烧煳了。（CCL）
（14）The dish is burnt.（BNC）

例（13）中的"菜"由于某施事者的行为成为"煳"的状态，但是小句中并没有被动标志，也没有施事者的出现，只是强调了主语的最终状态，而非动作本身，因而体现状态情形。然而例（14）表达的是一种客观描述，不涉及施事。

四 英汉语行为过程时相特征及体现方式

行为过程介于动作过程和心理过程之间，用于描述行为主体的生理活动，具有典型的动态性。

英语中，行为过程通过表示生理活动的动词如 cough、weep、frown、nod、shudder、chatter、smile 等体现。在时轴上，它们描述的动作可以无限进行下去，体现活动情形。值得注意的是，像 cough、shake、nod 这样的动作虽是瞬时发生的，但可无限重复。Smith（1994）、Olsen（1997）等学者把这类瞬时动词归为瞬时情形（semelfactive），与其他四类情形区分开来。但是，本研究认为，这样的划分没有必要。这类瞬时动词具有进行体结构，其表达的生理活动在理论上可以无限发生。当表征动作发生次数的延长成分出现时，持续性和时限性才会受到影响。如果该动作仅发生一次，则体现了实现情形，如果发生有限的次数，则体现了终结情形。因而根据过程成分，便可获知动作是否持续、是否具有时限，从而判断出小句的时相特征。例如：

（15）I said yeah he's coughing.（BNC）
（16）If they cough once, they're yours.（BNC）

例（15）描述了正在发生的动作，其进行体 is coughing 证明了该动作具有［+持续］、［-时限］特征，体现活动情形；例（16）中的主要动词延长成分 once 指明该动作仅发生一次，动作的起点和终点几乎重合，体现实现情形。

　　同英语一样，汉语行为过程也是由动词来体现，常见的行为动词有"咳嗽""微笑""做梦""呼吸""凝视""叹息"等（李发根，2004）。何伟、高建慧（2015）指出，有些行为动词表示瞬时动作，而有些表示持续动作，不过由于这类动词经常与表无限持续意义的其他成分一起出现在小句中，因而它们建构的典型的情形是活动情形。本研究认同该观点，请看下例：

　　　　（17）他不停地咳嗽吐痰……

　　例（17）中"咳嗽"描述的动作在时轴上是动态的，且可无限持续进行，状语"不停地"更证明了小句具有［+持续］、［-时限］的时间特征，体现活动情形。

　　此处，需要指出：像"咳嗽""眨眼"这类瞬时动词在实际使用中受到一些补语、状语的影响其［-持续］特征也会得到凸显，从而体现实现情形。这类瞬时动词的用法在英汉语中存在一定的共性。首先，该类动词在一些表时间意义的成分的协同下，建构的典型时相结构为［-静态］、［+持续］、［-时限］，但是当延长成分出现时，［+持续］和［-时限］特征会随之发生改变，如例（18）中的谓体"咳"和延长成分"一下"共同表达行为过程，指明动作只发生一次，没有重复，所以体现了实现情形。其次，这种带有过程延长成分的结构，一般具有特殊的含义。我们检索了 CCL 现代汉语语料库，发现"咳了一下"共有 19 条记录，在其实际语境中，它们都表示一种刻意的行为。我们同样检索了英语国家语料库 BNC，只发现了一例（见例16），但其同样表明咳嗽动作是一种有意识的行为。可见，当这类瞬时多发的生理活动动词体现的过程具有［+时限］特征时，其生理反应意义被削弱，而被赋予其他含义，如例（18）中的"咳一下"实际上作为一种传递信号的标志，是一种刻意的行为，而非正常的生理反应。

（18）果然他又要开口了，潘信诚有意高声咳了一下。（CCL）

五 英汉语交流过程时相特征及体现方式

交流过程表示通过语言进行信息交换的经验过程。该过程小句通常涉及交流方、交流内容以及交流对象等参与者角色。

英语学界普遍将表达交流意义的动词称为"言语行为动词"（Levinson，1983；Wierzbicka，1987；王传经，1994；钟守满，2008b）或"交流动词"（Levin，1993），与本节讨论的体现交流过程的主要动词语义范围大致相同，常见的动词有 speak、say、talk、persuade、shout、declare、apology、answer、reply 等。这类动词出现时，交流方一般都是人、动物或可以发声的物。在时轴上，伴随信息的传递和交换，该过程存在动态变化，且可无限持续地进行下去，体现活动情形。例如：

（19）What languages does your mother speak?

例（19）中的动词 speak 表达的口头动作可以不受时间限制而持续发生，体现了活动情形。不过，这类动词在实际使用中，小句中的补语或其他成分可影响其［-时限］特征，从而体现终结情形。但这不是本章的关注点，我们将在下一章探讨此现象。

汉语中，体现交流过程的谓体动词与言语行为动词基本对应，并且建构的仍是典型的活动情形（何伟、高建慧，2015）。常见的表达交流过程的动词有"告诉""问""警告""劝告""说""解释""讨论"等，它们描述的动作在不受其他成分干扰的情况下，可以无限持续地进行下去。例如：

（20）分组讨论求职者的行为与招聘启事之间存在的信息差。（CCL）

例（20）中的谓体"讨论"是一个可无限持续的动作，不含内在时间终结点，体现活动情形。

综观学界的研究，英汉语言语类动词的语义范围、词汇类别等没有明显差异（钟守满，2008b），言语过程的语义成分也基本一致，那么在建构时相特征时英汉语没有明显的差异，主要动词/谓体体现的都是典型的活动情形。

六 英汉语存在过程时相特征及体现方式

存在过程表示某处存在某物或发生某事。在学界，表达存在意义的句子一般被称为"存在句"或"存现句"，句中的主要动词即为"存在/存现动词"。目前，"there + 存在动词 + 存在物 + 地点"结构已被普遍认为是英语中存在句的基本句型（Chomsky，1973；Quirk et al.，1985；章振邦等，1992；李京廉、王克非，2005；潘海华、韩景泉，2006；何清强、王文斌，2014），并被系统功能语言学学者归为存在过程小句（Halliday & Matthiessen，2004/2008；Thompson，2004/2008；胡壮麟等，2008；何伟等，2017b）。对于存在动词，Quirk et al.（1985）按照语义，将其分为"场所位移动词""起始动词"和"姿势动词"。我们在此基础上，结合何伟等（2017b）对存在动词进行再分类。首先，be 动词是体现存在过程最典型的主要动词，"there be"结构最为常见。张绍杰、于飞（2004）也从统计学角度证实了这一观点。其次，静态存在动词，如 exist、sit、stand、lie、hang 等，描述了某处存在某物或某处以某种姿态存在某物。这两类动词具有[+静态]特征，建构了典型的状态情形，比如下面的例（21）。最后，还有一类动态存在动词，表示某物出现或消失，如 emerge、come about、take place、arrive、enter、pass 等，它们描述某物从无到有或从有到无的过程。由于"出现"或"消失"是瞬时发生的，所以它们建构了［-静态］、［-持续］、［+时限］时相特征，从而体现实现情形，比如下面的例（22）。

（21）At the centre of their hive there sits a queen.（BNC）
（22）There thus emerges a harem of juvenile females in association with the secondary male.（BNC）

例（21）中的 sit 表示"女王坐着"的静止状态，没有动态变化，体现状态情形；例（22）中的 emerge 表示某物突然出现，是瞬时发生的，体现实现情形。

总之，be 动词和其他静态动词建构了［+静态］特征，体现状态情形；当小句描述某物从无到有或从有到无的过程时，相应的表达"出现"或"消失"含义的动态动词则体现了实现情形。

汉语中，存在句具有"处所词 + 存在动词 + 存在物"基本结构，其中存在动词涉及三类："有""是"和"V 着"（何清强、王文斌，2014；何伟等，2017a）。还发现除"V 着"外，"V+了/过"也常出现于存在过程，表达存在意义。那么，因不同的谓体动词，该类小句可体现不同的情形类型。首先，"有"和"是"具有典型的［+静态］特征，描述的是一种"有/无"的静止状态。其次，能进入"方位介词短语+谓体动词+（着/了/过）"结构的动词并不受限，动态动词、静态动词都可出现，时相结构视具体动词而定。请看以下四个例子：

（23）墙头上挂着一幅画。（CCL）
（24）水面上流动着蔚蓝色的天光，白絮般的云朵。（CCL）
（25）她的眼里流下了四种泪水。（CCL）
（26）刘洋说这话时，眼里闪过一丝不易觉察的感动。（CCL）

例（23）中的"挂"后面跟着"着"，表示的不是"挂"这个动作，而是"画"的静态存在方式，体现状态情形；例（24）至例（26）的谓体描述了事物的动态变化，动作"流动"可无限进行，动作"流下"则只能在一定时间范围内持续，动作"闪"是瞬时的，不可持续，这三个谓体后面的助动词"着/了/过"更是凸显了其原有时间特征，因而这三个谓体分别建构了活动情形、终结情形和实现情形。

可见，较英语而言，汉语存在句结构更为灵活，凭借"V + 着/了/过"结构让更多的动作动词进入存在句，成为存在动词。高文成、张丽芳（2010）也发现汉语存在句结构较英语更具普遍性，存在动词更加丰富。那么，相应的时相结构也就更加多样化，四大情形都可体现。

七　英汉语气象过程时相特征及体现方式

根据 Halliday & Matthiessen（2004/2008）对过程类型分类的标准，气象过程指的是仅通过过程表达天气意义的小句类型。该过程小句没有任何参与者，只有过程，有时还存在过程延长成分。

气象动词是说明气象过程的主要动词，用于描述天气状况，如 rain、snow、freeze、blow、drizzle、thunder 等。它们表达的动作是非施动性的，体现了动态持续的情形（Quirk et al.，1985：207），也就是活动情形或终结情形。不过基于常识，下雨、下雪等并不是一个持续不停的活动，因而气象动词一般建构的是有限持续的情形，即终结情形，比如下面的例（27）。此外，气象过程还可通过"be +性质词组"结构体现，填充性质词组的形容词有 sunny、rainy、cloudy 等，它们描述了静态的天气特征，体现状态情形，比如下面的例（28）。

(27) It's going to rain. （BNC）
(28) It's cold.

例（27）中的动作"rain"伴随着动态变化，且一场雨总有停的时候，那么这个动作只能在有限的范围内持续，体现终结情形。例（28）中的"is cold"描述了天寒的状况，是一种静态特征，体现状态情形。总之，英语气象过程小句可以建构两种时相结构，分别是活动情形和状态情形。

汉语气象过程一般由谓体和谓体延长成分体现，比如下面的三个例子。

　　（29）<u>下雨</u>了。（CCL）
　　（30）<u>刮风</u>了。（CCL）
　　（31）<u>打雷</u>了。（CCL）

我们认为像"下雨""刮风""打雷"这样的动作不会无限地持续下去，存在内在时间终结点，因而体现的是终结情形而非活动情形。由此可见，英汉语气象过程在时相结构上既有共性，也存在差异。差异表现在汉语中的气象过程一般不能是状态情形，原因是：汉语不同于英语，表达气象过程的小句不需要增加一个"空主语"，系无主句，那么，一般情况下体现气象过程的成分只能由动词（后接名词）来说明，不能由表达"物"的性质或状态的性质词组和小句来填充。

此处，需要说明一点：英汉语中，气象意义除了可用气象过程小句来表达外，还可用其他过程类型来表达，比如动作过程（见例32）、关系过程（见例33）和存在过程（见例34）。这些过程类型可体现终结情形和状态情形，比如下面三组例句。

　　（32）a. Heavy rain <u>fell</u> in wales.（BNC）
　　　　　b. 雨正在猛烈地<u>下</u>着。（CCL）
　　（33）a. Tonight will <u>be</u> cloudy, with light rain or drizzle in most places.（BNC）
　　　　　b. 外面的天空<u>很暗淡</u>。

(34) a. There was a drizzling rain. (BNC)
b. 部分地区有中到大雨。(CCL)

例（32a）和例（32b）皆表达了"下雨"气象过程，体现了有限持续的终结情形；例（33a）和例（33b）皆描述了天气状态，体现了静态的状态情形；例（34a）和例（34b）皆描述了"有雨"的气象特征，也是一种静态的过程，体现状态情形。

八 使役结构

使役句是英汉语共有的语言现象。英语中，常用的使役动词有 make、let、force 等。根据传统语法的观点，使役结构属于 SVOC 句型，即"主语（S）+谓语（V）+宾语（O）+补语（C）"（Quirk et al., 1985；章振邦等，1992），其中宾语和补语在意义上存在一种"主谓"关系（章振邦等，1992）。汉语中，常用的使役动词有"使""让""令"等。基于传统语法，学界倾向于将该类句式归为兼语句（刘月华等，2004；李临定，2011），由一个动宾短语和一个主谓短语结合而成。以上传统语法的观点对我们从功能视角进行使役结构的研究具有一定的借鉴作用。按照功能句法，使役结构应描述为"主语（S）+主要动词（M）/谓体（P）+补语（C）"，其中补语由小句填充，体现的是一个情形（黄国文，1998）。由此看来，在功能句法分析中，汉语的使役结构其实与兼语式不同，它实际上也由三个功能句法成分组成，即主语、谓体和补语，其中"补语"由小句填充，对应于传统语法所说的主谓短语。可见，在句法层，英汉语使役小句的句法结构相同，都是按照"主语+使役动词+补语"的形式配置的。在意义层，该小句体现了两个情形，首先使役句作为主句体现一个情形，其次填充补语的嵌入句也体现了一个情形。前者由于使役动词动作意义的弱化以及语法化的倾向（项开喜，2002），主要发挥句法配置作用，表达致使意义；后者则描述了被致使的具体过程，是整个小句意义的核心。那么，第一个情形只是提供了第二个情形发生的条件，第二个情形才是小句关注的焦点，是进行过程分析的依据，也应是研究小句时相特征的着手点。总之，既然主句并不影响整个小句的时相特征，而嵌入句体现的过程是上述七大过程之一，因此小句的时相是由嵌入句的过程成分来体现的，这就又回到前几个小节讨论的内容，在此就没有必要赘述了，仅以下面两例进行说明。例（35）为使役心理过程，主句的主要动词 made 并不能反映小句的时相特征，但嵌入句的主要动词 feel 建构了静态的时相特征，体现状态情形；例（36）小句为使役关系过程，主句的谓体"使"只表达致使含义，没有时间意义，而嵌入句的谓体"有点浮肿"则描述了"他的脸"的静态特征，体现状态情形。

（35）He made her feel as if every step she took was important.
（36）多日不见阳光，使他的脸有点浮肿。

第四节 结语

本章基于系统功能语言学重新界定了简单时相，并对英汉语简单时相的体现方式进行了比较。研究发现，简单时相是一个跨语言现象，英汉语对人类经验的体现均表达四类时间意义——状态情形、活动情形、终结情形和实现情形。对于英语和汉语而言，活动情形和实现情形的体现方式基本相同，终结情形在汉语中表现出更大的能产性，状态情形在汉语中则更加灵活，体现方式不拘泥于某一固定形式。

第十二章 英汉语复合时相对比研究

第一节 引言

现代语言学界对时相的探讨开始于 Vendler（1967）。Vendler 根据动词的时间意义，划分出状态、活动、终结和实现四类时相结构。随着研究的深入，学者们发现仅限于动词的研究具有局限性，这是因为时相在由动词决定的同时，也受到其他成分的影响和限制（Comrie, 1976），如名词、副词等（Mourelatos, 1978; Smith, 1983）。由此，Verkuyl（1993）、Smith（1994）、Olsen（1997）、Smith et al.（2007）等学者提出时相的组合性，即时相由小句内动词及其他成分的意义组合而成。目前，时相的复合现象已被学界认可。不过，相关研究并没有提出"复合时相"概念，在研究内容上也存在一定程度的局限性。大部分研究着眼于主语、补语及状语的复合作用，如 Yang（1995）、Xiao & McEnery（2004b）、李明晶（2013）等。然而，除上述句法成分外，其他句法成分，如操作词、否定词、引出语等，鲜有学者论及。有鉴于此，本研究在系统功能语言学框架内，依据"意义为中心，形式体现意义"的指导原则，明确区分由单一形式体现的简单时相和由多种形式体现的复合时相，并对英汉语复合时相的体现方式进行对比。

第二节 系统功能语言学视角下的复合时相

时相之研究在系统功能语言学领域已逾 60 年。起初，时相被看作体（aspect）的次范畴，体现的是动词词组的时间特征（Halliday & Ellis, 1951/2007; Halliday, 1994/2000）。随后，何伟（2009）把研究提升到小句层次，提出"词汇体"概念，并从狭义和广义两方面进行了讨论。本质上，狭义词汇体和广义词汇体指的就是本研究的简单时相和复合时相。在近期研究中，何伟、高建慧（2015）将"词汇体"替换为"时相"，重点讨论简单时相。接着，张存玉、何伟（2015:8）从功能角度首次界定复合时相，即时相是"内在时间结构的复合配置"。该研究在一定程度上揭示了复合时相的本质，但是没有对复合时相的运作机制及句法特征作详尽分析。本研究从功能视角出发，再次审视时相，认为时相应该分为简单和复合两类。简单时相指在意义层上，仅由过程所决定的内在时间情形；在形式层上，由主要动词（及其延长成分）/谓体（及其延长成分）①体现的时间特征。复合时相指在意义层上，由过程、参与者及环境角色决定的内在时间情形；在形式层上，由小句各成分体现的内在时间特征相互作用而成。在此，"过程"与"情形"是语义层的概念，与形式层的"主要动词/谓体"和"小句"分别对应。值得说明的是，无论是简单时相，还是复合时相，二者体现的情形类型是一致的，只是涉及的语义角色和体现形式数量上的不同。本章关注的焦点是复合时相。

在探讨复合时相之前，我们需要界定情形划分的依据及类别。在学界，学者们普遍依据 Vendler（1967）提出的[±静态]、[±持续]、[±完成]三组语义特征，将情形分为状态、实现、终结和活动四类（参见 Smith, 1991; Robison, 1995; Carlson, 1996）。但是，我们认为[±完成]这一语义标准并不完全合理。一方面，它在语义上很难区分终结和实现两个情形（Bergstrdm, 1995; Salaberry, 1999; 何伟、高建慧, 2015）；另一方面，[±完成]关注的是动作是否完整，仅限于动词词组层面，并且与体有一定的交集，而不是从小句层面考察动态变化是否受到时间限制，以及是否具有内在终止点。因而，我

---

① 主要动词/谓体系系统功能语言学术语（Fawcett, 2008; Halliday, 1994/2000），相当于传统语法中描述的英语/汉语中的"谓语"。

们采用[±静态]、[±持续]、[±时限]等三组语义特征来探讨复合时相，具体的时相结构及特征如表11-1所示，为行文方便，此处重述为表12-1。

表12-1　　　　　　　　情形类型及其语义特征

情形类型＼语义特征	静态	持续	时限
状态情形	+		
活动情形	-	+	-
终结情形	-	+	+
实现情形	-	-	+

第三节　英汉语复合时相对比

在系统功能语言学框架内，Fawcett（2008）提出英语小句的潜势结构主要由主语、主要动词、补语、状语、助动词、操作词和否定词组成。同样依据系统功能语言描述原则，何伟等（2015a）提出汉语小句的潜势结构主要由主语、谓体、补语、状语、助动词、操作词、否定词和引出语组成。基于英汉语小句的这种组成结构，下文逐一探讨两种语言小句中的其他成分是如何影响由主要动词（及其延长成分）或谓体（及其延长成分）体现的简单时相特征，从而产生复合时相现象的，并对比两种语言中的复合时相的体现方式。

一　主语对时相的影响

根据学界的研究，主语与[±持续]特征紧密相关。Carlson（1981）以Water came in为例，发现came in建构的[-持续]因受到不可数主语water的影响，变成[+持续]。陈平（1988：417）、Verkuyl（1993：23）、龚千炎（1995：2—3）等人则以实例佐证复数主语可决定小句的持续性特征。根据以上学者所选取的实例，可以发现，这些不可数主语或复数主语，具有一个共性——数量的不确定性

(或无界性)。具体来说，当主语体现的参与者的数量不确定时，瞬时动作发生的整体时间得以延长，那么主语体现的参与者的量的不定性就为瞬时动作的重复发生创造了充分条件，[-持续] 变为 [+持续]，实现情形变为活动情形或终结情形。比如：

(1) a. **Many meteorites** <u>explode</u> during passage through the atmosphere and fall in showers.（BNC）
b. 初步统计显示，已有**22 人**在袭击事件中<u>死亡</u>……（CCL）

例（1a）主要动词 explode 表达的动作具有瞬时特点，建构[-持续]特征。然而，由于主语体现的参与者的数量不确定，瞬时动作接连重复发生，小句从而具有[+持续]特征。同样地，例（1b）"死亡"过程持续的时间因复数主语"22 人"而延长，小句具有[+持续]特征。

除量性外，主语体现的参与者也有有灵和无灵之分。在相关研究中，鲜有学者注意到灵性与时相的关系。Xiao & McEnery（2004a：346）在统计主语对活动情形的影响时，特意说明引语动词并没有计算在内，如 say、declare 等。这些动词是建构言语行为，即交流过程的典型动词。在这一过程中，交流方一般为具有生命的事物，通过动态的方式传达信息，从而小句具有[-静态]。不过，交流方也可以是无生命实体，如 note、sign、"纸条""信"等。这时，交流方本身不具有言语功能，只是信息传递的媒介。那么，在时轴上，该传递过程不伴随动态变化，无灵主语自主呈现交流信息，建构[+静态]特征，体现状态情形。如例（2a）主要动词 said 和例（2b）小句谓体"说"具有[-静态]特征，但所在小句表达的不是一般意义上的口头交流过程，而是一种静态的信息传递过程。交流方 the letter 及"报道"不具有说话的能力，只能以静态的文字或画面呈现信息，建构[+静态]特征，体现状态情形。

（2）a. **The letter** said: "I state categorically and solemnly that you have been misled." (BNC)

b. **该篇报道**说："自今年5月份谷歌厨师长查理·阿也斯离职后……"(CCL)

如上所述，主语对时相的影响规律如下：主语体现的参与者的数量具有不确定性时，小句表达瞬时动作重复发生的意义，[-持续]变为[+持续]，实现情形变为活动情形或终结情形；主语体现的参与者具有无灵特征时，交流过程带有了[+静态]，动态情形变为状态情形。这种影响在英汉语中是一致的。

就形式而言，当主语体现的参与者的数量具有不确定性特征时，填充主语的成分应为名词词组，其中心词由复数名词或不可数名词说明，并有时含有表示不定量的数量限定词，这在英汉语中没有差异。比如：

（3）a. ... **how many people** die in a refugee camp? (BNC)

b. 墙壁碎裂，**人们**死去……(CCL)

例（3a）和例（3b）的主语都为不定量复数名词词组，其量的不确定性延长了瞬时动作过程持续的时间，小句最终建构[+持续]特征。

当交流过程小句的主语体现的参与者具有无灵特征时，英汉语在体现形式上有一定的区别。英语中体现交流方的主语由名词词组填充；汉语中体现交流方的主语由名词词组或传统语法上所说的方位名词词组，即功能视角下的一种介词短语填充。比如：

（4）a. **The note** says "her mummy loves her but can not look after her". (BNC)

b. **Your note** said you had gone home to Portugal. (BNC)

（5） a. ……这封信<u>说</u>美国不愿给他们军事援助。（CCL）

　　　　b. 信上<u>说</u>"小说"里的"心理描写很真实，很生动"。（CCL）

例（4a）和例（4b）小句主语都由名词词组填充，符合英语表达习惯；例（5a）和例（5b）小句主语分别由名词词组和介词短语填充，是汉语小句常见的表达方式。

二　补语对时相的影响

补语是另一重要的参与者角色，可直接影响小句时相。李明晶（2013：114）通过 eat apples 和 eat an apple 与"吃苹果"和"吃两个苹果"英汉两组例子阐述了补语［±定量］对小句［±时限］的作用：［+定量］限定了动作持续的时间，明确动作的终结点。换言之，补语体现的参与者的量，是区分活动情形和终结情形的重要依据，这时补语由名词词组填充。不过，由于系统功能语言学上的补语涵盖了传统意义上的"宾语"和"补足语"（Thompson，2004/2008），其填充成分则不仅限于名词词组，还存在其他类型词组填充的情况。何伟、高建慧（2015：34）则从功能视角出发，发现补语"通过具化动作对象而间接规定动作持续时间"。该研究尽管以汉语为例，但通过我们的考察，同样适用于英语。比如：

（6） a. He <u>draws</u> **the triangle** …[①]

　　　　b. 我们<u>画</u>了**一条线型需求曲线**。（CCL）

（7） a. He <u>says</u>："It's sheer madness."（BNC）

　　　　b. 他<u>说</u>："由于物质产生抗力，自然界的发生只能由低等到高等。"（CCL）

[①] 除特别标注，本章英语语料均出自斯克里布纳尔出版社于 2014 年出版的安东尼·杜尔小说《我们看不到的所有光明》（*All the Light We Cannot See*）。

例（6a）和例（6b）中的补语都为定量名词，其量的确定性限制了动作draw和"画"持续的时间。当the triangle和"一条线型需求曲线"画完时，动作便结束。在此，补语通过具化动作对象的量，确定动作的终结点，活动情形变为终结情形。例（7a）和例（7b）的补语由小句填充，他们同样规定了动作对象的量。当引号内的内容说完，动作结束，活动情形变为终结情形。

值得说明的是，小句补语还可由介词短语填充。在英语中，此类补语一般指明动作的方向及结果，如例（8）。

(8) PAMELA flies into his arms. （BNC）

该小句补语由介词短语into his arms填充，它具化了动作的方向和目标，即动作fly在到达目的地his arms时停止，因而动作持续的时间被限定。汉语中，补语也可由介词短语填充，表示事件发生的地点、时间等（何伟等，2015b：59），而动作方向含义通常由谓体及其延长成分表达，如"走到""跑进"等，因而与例（8）相应的汉语小句的时相是由谓体及其延长成分建构的，属于简单时相。

综上所述，补语一般通过具化小句的动作对象，确定动作的终结点。此时动词建构的活动情形受到影响，[-时限]变为[+时限]。在这种情况下，补语主要由名词词组及小句填充。此外，在英语中，由介词短语填充的补语还可通过具化动作结果来确定动作终结点，从而使小句具有[+时限]特征。

三 状语对时相的影响

状语是小句的可选成分，表达事件发生的时间、地点、方式、原因等。尽管状语的语义范围很广，但与时相相关的状语是那些具有时间意义的状语，即时间状语（张存玉、何伟，2015：13）。Dowty（1979）、李向农（1997）等学者也发现时间状语具有时相意义。

在系统功能语言学界，Halliday & Matthiessen（2004/2008）提出

了三类同时间意义相关的状语——时点、时段、时频。在此基础上，何伟（2009：128—129）把这三类时间状语归为"广义词汇体"，认可了其对时相的作用。本研究采用该分类，探讨它们作用于时相的规律。时点明确事件发生的具体时间，如 in the morning、"早上"等；时段表达动作或状态持续的时间，如 for an hour、"一个小时内"等；时频指动作或事件发生的次数或频率，如 three times、"三回"、every two days、"每两天"等。在学界，时相研究主要集中于时段和时频，如 Thelin（1990）、马庆株（1981）、秦洪武（2002）等。李临定（1990：56）称时段为时量，表示动作行为的延续量；时频为动量，表示动作行为的重复量。可见，时段和时频与动作的量相关，它们通过规定动作持续的时长或重复的次数影响小句时相。关于时点，虽然没有受到学界的重视，但其对时相的作用不容忽视。本研究发现，时点通过明确动作发生的时间，限制情形持续的时间，从而[-时限]特征受到影响。请看下面几组例子：

（9）a. **For an hour** Bernd murmured gibberish.

b. 你们吵了**半个小时**了，都是白痴呀？①

（10）a. Werner laps the block **three times**.

b. 用蒸馏水洗三次，抽干，干燥，测熔点，计算收率。（CCL）

（11）a. **In the afternoon**, the trip wire quivers.

b. **今天**让他们吃我的面包。

（12）a. I saw a television chairman leave his chair **several times** to restore order. （BNC）

b. 接下来，律师的电话被连续挂断**三次**，为此大光其火。（CCL）

---

① 除特别标注，本章汉语语料均出自人民文学出版社于 2009 年出版的苏童小说《河岸》。

例（9）至（12）小句的主要动词/谓体建构活动情形。例（9a）中的动词 murmur 和例（9b）中的"吵"表达可无限持续的动作。然而，受到时段状语 for an hour 和"半个小时"影响后，动作被附加了一个时间终结点，成为已经发生且结束的动作，因而小句以过去时（murmured/吵了）形式呈现，活动情形变为终结情形。例（10a）中的动词 lap 和例（10b）的"洗"具有［-时限］特征，但是时频状语 three times 和"三次"的出现，规定了动作发生的次数，从而限定了动作持续的时间，［-时限］变为［+时限］，活动情形变为终结情形。例（11a）中的动词 quiver 和例（11b）的"吃"也具有［-时限］特征，而时点状语 in the afternoon 和"今天"限制了动作发生的时间范围，动作只能在固定时间内持续，活动情形变为终结情形。例（12a）和（12b）与上述几例不同，动词 leave 及"挂断"是瞬时的，当加上时频状语 several times 及"三次"时，瞬时动作多次发生且发生次数确定，因而［-持续］变为［+持续］，实现情形变为终结情形。

此外，时段状语会与其他成分共同影响［-静态］特征，这主要由时段状语本身的特点决定的。首先，时段状语并不总是修饰动作，也可描述行为结束后所经历的时间（李临定，1990；陆俭明，1991；顾凯、王同顺，2005）。在此，时段对应于动作结束后的结果状态所持续的时间（鞠志勤，2015）。比如：

（13）a. Colin Montgomerie, who is fast catching up Barry Lane at the top of the Ryder Cup qualifying table, has <u>left</u> the tour **for a month**... (BNC)

b. 桑桑又已经<u>离开</u>**三年**了。

动词 left 和"离开"为瞬时动词，描述的动作是瞬时性的。英语中，受时段状语 for a month 的影响，小句表达的是动作结束后的状态，因而建构［+静态］特征。同样的，汉语小句受状语"三年"的影响，建构的也是［+静态］特征。

其次，时段状语也可描述动作发生前到发生时的那段时间。这时，小句通常拥有方式状语，动作的属性特征成为语义焦点。比如，例（14a）动词 died 是动态情形，而 slowly 则强调了该动作的实现方式，是一种静态的描述过程，因而建构状态情形。值得说明的是，状语作为小句的可选成分，在此可以不出现。比如，例（14b）描述了同例（14a）相似的情形，但是方式状语"慢慢"涵盖了时间段的含义，因此时段状语可以省去不说，只强调参与者所在过程的特征（漫长且痛苦）。同理，例（14a）小句的时段状语也可以省去，这时小句建构的仍然是状态情形。

（14） a. His father died slowly, over a period of month. (Olsen, 1997: 42)

b. 他在痛苦中**慢慢**死去。（CCL）

可见，在上述两种情况下，主要动词/谓体的动态性被削弱，静态性凸显，小句表达状态情形。

综上所述，时间状语有三方面的作用：①通过规定动作的时长影响［-时限］特征，使活动情形变为终结情形；②通过明确瞬时动作的多次性影响［-持续］特征，使实现情形变为终结情形或活动情形；③通过确定动作发生前到发生当时的时间或结束后持续的时间，影响［-静态］特征，使实现情形变为状态情形。

在体现形式方面，英汉小句的时段及时点状语均可由名词词组、介词短语等填充，不过在时频状语上，汉语的表现形式较为多样，而英语较为单一。究其原因，这与英汉语是否拥有量词有关。英语只有数词、没有量词（杨壮春、龚志维，1999：91），频率意义除通过副词 once、twice 等表达，只能由"基数词+times"形式体现。然而，在汉语中，量词是一大词类（参见黄伯荣、廖序东，2011），它一般和数词共同构成数量短语，即"数词+量词"。当数量短语用作时频状语时，主要表达动作重复含义。这里的量词实则为专用动量词，如"次""回""下""趟""场""顿""遍"等。这些词与数词结合时具有计量的特点（刘街生，1990）。在实际使用中，动词和动量词之间又存在相互选择的关系（邵敬敏，1996），因而二者具体的组合方式需要依据动词及动量词的语义特征而定。比如：

（15）他一生喝过**两回**好茶，是毛峰……（CCL）
（16）我沿着我们的母亲河伏尔加河走了**三趟**……（CCL）
（17）在父亲的帮助下，她把讲话背诵了**两遍**。（CCL）

例（15）至（17）中的时频状语"两回""三趟""两遍"实质上分别表示"两次""三次""两次"的含义。不过，在描述"喝茶"的动作时，"回"与之对应；在形容"走"这个动作时，"趟"更为贴切；而指"背诵"时，"遍"更加合适。这些不同的表达具有相同的时相作用，都是通过规定动作重复的次数限定动作持续的时间，即分别限制了可无限进行的动作"喝""走""背诵"持续的时间，最终小句具有［+时限］特征。

四　助动词对时相的影响

助动词主要表达时间意义，如"回顾性意义"或"时间阶段性含义"（何伟等，2015b：39）。这其中，大部分汉语助动词属于"动态助词"（陆俭明、马真，1985；李临定，1990；吕叔湘，1986；房玉清，2001），表达体意义，如非完成体标记"着""在"，完成体标记"了""过"等（何伟、付丽，2015）。英语体助词也属于助动词，如完成体标记have，非完成体be-Ving。由于完成体表示的是有界事件，其所在的小句表达的动作具有终结点（Comrie，1976；Li & Thompson，1981；Smith，1983，1991；Frawley，1992；Smith et al.，2007）。换言之，完成体助词确定了动作的实际终止点，使小句具有［+时限］特征。相反，非完整体并不包含终止点，也就不会影响［±时限］。不过，助动词"着"具有特殊性。它与"在"虽同为进行体标记，二者内涵不同。"在"描述的是事件的动态性过程，"着"则强调事件的最终状态（Pan，1996）。何伟、高建慧（2015）也发现"着"具有一定［+静态］特征。我们认为，其静态性需要满足以下几个条件。首先，与"着"连用的动词应为"状态动词"（李临定，1990：95），尤其是"置放动词"（Li & Thompson，1981），如"挂""举"等。其次，"着"所在小句表达存在过程。例如：

(18) 旅社门口还**挂着**欢庆五一的灯笼……

"挂"具有动态特征，而助动词"着"的出现改变了小句的动态含义，表达"灯笼"静止的状态，体现状态情形。可见，助动词"着"在一定条件下，具有化动为静的作用。

除上述助动词外，used 和动词重叠式也属于助动词。前者是英语特有的助动词，后者则是汉语显著的语言形式（Xiao & McEnery，2004a：303）。根据《朗文当代英语高级辞典》的解释，used to 表达某动作过去经常发生，且在说话当时已经终止。那么，used 有两大时相作用：①为活动情形添加时间终结点，使［-时限］变为［+时限］；②为瞬时动作的多次发生提供了条件，使［-持续］变为［+持续］。例如：

(19) She **used** to sprawl with her books beneath the key pound bench...

(20) She **used** to fall asleep holding his index finger in her fist.

例（19）谓体 sprawl 具有［-时限］特点，而助动词 used 则限定了动作持续的时间，表明动作在说话当时已终止，那么［-时限］变为［+时限］；例（20）中的动作 fall asleep 是瞬时发生的，助动词 used 指明瞬时动作多次发生并已停止，实现情形变为终结情形。

动词重叠以 VV（如"推推"）为基本体现形式，还包括一些特殊变体，如 V—V、V 了 V 等。学界普遍认为动词重叠具有完成体性质，如 Li & Thompson（1981，1985）、戴耀晶（1997）、Xiao & McEnery（2004a）等。Smith（1991）、陈前瑞（2003）则发现，它表达体意义的同时，兼备活动情形的特征。因而，陈前瑞（2003）将其视为一种时相与体复合的类别。我们认为，动词重叠在时相内部本身存在复合现象。就其句法而言，它属于"谓体+助动词"结构。第一个动词是持续性动词（马庆株，1981），做小句的谓体；第二个动词即重复动词，发挥助动词的作用，表达短时持续的意义（胡孝斌，2008；王贤钊、张积家，2009；杨国文，2011）。那么，它建构的并非是陈前瑞（2003）所说的有标记的活动情形，而是终结情形。重叠动词明确动作的实际终结点，表达有限持续的事件。例如：

（21）我**摸摸**口袋里的钱，不怕，还有厚厚一沓。（CCL）

动作"摸"具有[-时限]特征。当变为"摸摸"时，重复动词表明动作在短暂的时间内持续，因而[-时限]变为[+时限]，最终体现终结情形。

五　操作词对时相的影响

操作词指用来表达人际意义、情态意义和极性意义的小句成分（Fawcett，2008；何伟等，2015a，2015b）。何伟、高建慧（2015：32）认为，汉语中的操作词可通过描述动作者的意愿或能力，缓和甚至改变动作的动态性，使动态情形变为状态情形。比如：

（22）孙喜明不**愿意**跟腊梅花说话……
（23）我**会**写，我写给你们看。

例（22）中的谓体"说话"和例（23）中的谓体"写"建构的都

是典型的活动情形,而操作词"愿意"及"会"分别表明主语的意愿和能力,描写的是一种静止的状态,因而[-静态]变为[+静态]。

英语中也有相应表达意愿及能力的操作词,如 will、can 等。他们同样具有化动为静的作用。能力类操作词的时相意义早已为 Vendler (1967) 所发现,他指出像 can、could 这类情态动词与静态情形紧密相关,表达一种做某事的能力。至于意愿类操作词,英语虽不及汉语丰富,但是同样表达动作者的内心活动——主观意愿,是一种静态的描述过程。比如:

(24) We **will** have a drink first. (BNC)

have a drink 建构的是一种有限持续的情形,即终结情形。但是 will 指明该动作并没有发生,只是动作者的一种主观意愿,因而小句具有[+静态]特征。综上所述,在英汉语中,意愿类及能力类操作词均描述某人具有某种意愿和能力,从而减弱了小句情形的动态性,也就是说,[-静态]变为[+静态],小句最终体现状态情形。

六 否定词对时相的影响

英语中的否定词一般由 not 说明 (Fawcett,2008);汉语中的否定词较为多样,常见的有"没/没有""别""非""莫""未"等 (何伟等,2015a)。徐盛桓 (2002) 认为否定性是限定事件动态性的手段之一,它的出现使动态趋于静态。Ernst (1995) 在解释"我不吃了木瓜"的不合语法性的时候,指出小句表达的可能并非是一个事件,这也从侧面反映了否定句是静态的。我们认为,否定词通过否定动作,描述一种延续状态,建构状态情形。比如:

(25) It does **not** work.
(26) 文字之火余烬**未**灭……

例（25）中的主要动词建构了活动情形，由于所在小句是否定句，描述的是"它不运转"这一状态，从而［-静态］变为［+静态］，活动情形变为状态情形。例（26）中的动作"灭"是瞬时性的，建构实现情形，而由于否定词的出现，"灭"这个动作尚未发生，"文字之火"仍保持燃烧的状态，那么［-静态］变为［+静态］，实现情形变为状态情形。

如上所述，尽管英语否定词的形式不及汉语丰富，但是二者对时相的影响作用相同，都是通过否定动作本身，强调动作还未发生前的一种状态，使［-静态］变为［+静态］。

七 引出语对时相的影响

"得"是汉语特有的形式，大多数学者将其视为结构助词，连接动词和补语（齐沪扬，2007；马庆株，2010；石毓智，2010）。何伟、杨楠（2014）在加的夫语法框架下，再次审视"得"，认为"得"在小句层面帮助谓体引出其延长成分或补语，因而被称为"引出语"（Deriver）成分。① 语义上，引出语引出的成分既可指向谓体，也可指向主语。也就是说，"得"的语义既可指向动作本身，也可指向参与者，前者描述动作的状态或结果，后者表达参与者的状态（鞠志勤，2015：91—94）。由此可见，"得"的使用与［+静态］特征紧密相关，它的出现可改变［-静态］特征，描述事物的状态。比如：

（27）一个比一个跑得快。（CCL）
（28）那女孩儿生得清纯可爱……（CCL）

例（27）中的谓体"跑"建构了活动情形，而由"得"引出其延长成分"快"后，小句旨在描述"跑得快"这一属性特征，从而活动情形变为状态情形。例（28）中的"得"引出补语"清纯可

---

① "得"也可作词组的引出语，但由于本章的研究仅限于小句层面，所以词组中"得"的作用在此不作讨论。

爱",用于描述主语的外貌特征,其出现削弱了动作"生"的动态性,[-静态]变为[+静态],实现情形变为状态情形。

综上,"得"作为引出语,用于描述动作或参与者的状态,影响原动作的动态性,使小句具有[+静态],相应地,动态性情形变为状态情形。

第四节　多成分作用下的时相特征

上文分别探讨了主语、补语、状语、助动词、操作词、否定词和引出语这七大句法成分对时相的作用,所选例子尽量保证只有一个小句成分作为讨论的变量,而其他成分之于时相没有作用。本节则将重点讨论多个变量影响下的小句时相。

我们在回顾前人研究时发现,与本研究持相近观点的学者大多只是简单讨论了每个成分的作用,没有明确指出成分与成分之间的相互作用,如陈平(1988)、龚千炎(1995)等;或者有些也列出了一些含有多个变量的例子,比如李明晶(2013:118)给出"一小时内孩子们走了三里路"这样的例句,但只是简单地说明小句体现终结情形,并没有作出详细阐述。在此,根据上面的讨论,我们可以判定这个小句是由三个作用成分——状语"一小时内"、主语"孩子们"和补语"三里路"复合而成。状语决定了小句的[+时限]和[+持续],主语决定了[+持续],补语决定了[+时限],这三方作用力互不冲突,因而小句最终表达终结情形。可见,对多个变量影响下的小句特征及变量间关系进一步阐述很有必要。

首先,主语、状语、操作词、否定词和引出语是改变小句动态性,将[-静态]变为[+静态]的五大手段。由于[+静态]特征与其他时相特征相悖,因而无论其他成分体现的是否为静态特征,小句最终都体现状态情形。在此需要指出,主要动词/谓体本身建构的[+静态]特征不会受到句法成分的影响而发生改变。也就是说,[+静态]特征一旦产生,便不可逆转。那么,改变[-静态]特征的成分具有压倒性的影响力。其次，主语、补语、状语及助动词对小句的［±持续］和［±时限］特征具有重要的影响，其影响规律如表12-2所示。

表12-2   变化规律

主语	补语	状语	助动词
不定量性延长了瞬时动作的持续时间： ［－持续］→［＋持续］	定量性限定了活动情形的持续时间： ［－时限］→［＋时限］	时间范围确定性限定了活动情形的持续时间： ［－时限］→［＋时限］ 多次态性延长了瞬时动作的持续时间： ［－持续］→［＋持续］	时间范围确定性限定了活动情形的持续时间： ［－时限］→［＋时限］ 多次态性延长了瞬时动作的持续时间： ［－持续］→［＋持续］

表12-2说明主语、补语、状语及助动词句法成分对时相有两方面的影响，其一使［－持续］变为［＋持续］，其二使［－时限］变为［＋时限］。这两种作用力虽然不互相抵触，但并不会同时出现。因为，当主要动词/谓体具有［－持续］特征时，只有实现情形具有这样的特征；而体现［－时限］特征的主要动词/谓体则同时具有［＋持续］特征。所以，在多个成分任意组合的情况下，不存在不同作用力相互作用的情况，只存在同类作用力共同作用的情况，这时被改变的特征只会得到增强，请看下面几个例子：

（29） a. **For months** patients here died of jaundice. （Verkuyl, 1993：23）

b. **Tourists** discovered the quaint village **for years**. （Dowty, 1979：63）

c. 这些副作用在数天内消失。（CCL）

（30） a. **In the evening** Lady Wood read him **a chapter** from the New Testament before she retired herself. （BNC）

b. 胡绘声却不过情面，便连夜写一封信到衙门。（CCL）

例（29a）和例（29b）分别是 Verkyul（1993）及 Dowty（1979）

讨论瞬时动词与不定量主语结合时,可与时段状语连用,具有持续性特点的例子。在此,不定量主语延长了动作持续的时间,时段状语加强了持续的力度,同类作用力得到增强,小句具有［+持续］特征。在这一点上,汉语与英语一样。例（29c）中的瞬时动作"消失"由于主语的不定量性而持续了"数天",具有［+持续］特征。除主语和状语可同时起作用外,补语和状语共同作为变量的情况也很常见。例（30a）主要动词 read 和例（30b）谓体"写"建构的都是［-时限］特征,然而状语 in the evening 及"连夜"和补语 a chapter 及"一封信"给情形加上了时间终结点,［-时限］变为［+时限］,小句最终体现终结情形。

第五节　结语

本章在系统功能语言学理论框架内界定了复合时相,并对比了英汉语中复合时相的异同。研究发现：首先,复合时相是通过小句内各成分的时间意义复合而来。英语中以主要动词（及其延长成分）为时相结构的体现基础,汉语中以谓体（及其延长成分）为时相结构的体现基础,小句内其他成分会在一定程度上影响时相特征,改变时相结构。其次,从［±静态］、［±时限］、［±持续］三个语义特征来看,［±静态］最易受到影响,主语、状语、助动词、操作词、否定词及引出语都可改变［-静态］特征,且一经改变,就不可逆转;［±时限］和［±持续］特征都与量相关,即与主语或补语的量以及助动词或状语的时间量或动作量有关,这些量是决定动作能否持续或持续时间长短的关键因素,从而确定小句的时相结构。最后,综观英汉语复合时相,小句内各成分对时相的作用大体一致,体现方式差别不大。值得注意的是,英汉语中都存在特殊句法结构,如英语助动词 used,汉语动词重叠式、引出语等,这些结构同样作用于小句时相,在讨论复合时相时不容忽视。

参考文献

Bache, C., *The Study of Aspect, Tense and Action*, Frankfurt: Frankfurt am Main Ltd., 1995.

Bache, C., *English Tense and Aspect in Halliday's Systemic Functional Grammar: A Critical Appraisal and an Alternative*, London: Equinox, 2008.

Bhat, D.N.S., *The Prominence of Tense, Aspect and Mood*, Amsterdam: John Benjamins Publishing Company, 1999.

Biber, D., Johansson, S., Leech, G., Conrad, S. & Finegan, E., *Longman Grammar of Spoken and Written English*, Essex: Pearson Education Limited, 1999.

Brinton, L.J., *The Development of English Aspectual System: Aspectualizers and Post-verbal Particle*, Cambridge: Cambridge University Press, 1988.

Bybee, J., Diagrammatic iconicity in stem-inflection relations [A]. In J.Haiman (ed.).*Iconicity in Syntax*, Amsterdam: John Benjamins Publishing Company, 1985: 11-47.

Carlson, L., Aspect and quantification [A]. In P.Tedeschi & A.Zaenen (eds.). *Syntax and Semantics Vol.14: Tense and Aspect*, New York: Academic Press, 1981: 31-64.

Carlson, B., Situation aspect and a spoken control morpheme, *International Journal of American Linguistics*, 1996 (1): 59-69.

Chomsky, N., Conditions on transformations [A]. In S.Anderson & P.Kiparsky, (eds.). *A Festschrift for Morris Halle*, New York: Holt,

Rinehart and Winston, 1973: 232-286.

Chomsky, N., *Barriers*, Cambridge: MIT press, 1986.

Chomsky, N., *The Minimalist Program*, Cambridge: MIT Press, 1995.

Comrie, B., *Aspect*, Cambridge: Cambridge University Press, 1976.

Comrie, B., *Tense*, Cambridge: Cambridge University Press, 1985.

Dahl, O., *Tense and Aspect System*, England: The Bath Press, 1985.

Declerck, R., *Tense in English: Its Structure and Use in Discourse*, London/New York: Routledge, 1991.

Dik, S.C., Verbal semantics in Functional Grammar, In C. Bache, H. Basboll & C. E. Lindberg (eds.). *Tense, Aspect and Action*, Berlin: Mouton de Gruyter, 1994: 23-42.

Downing, A.& Locke, P., *A University Course in English Grammar*, London: Routledge, 2002.

Dowty, D. R., *Word Meaning and Montague Grammar*, Dordrecht: D.Reidel Publishing Company, 1979.

Ernst, T., Negation in mandarin Chinese, *Natural Language & Linguistic Theory*, 1995 (4): 665-707.

Fawcett, R.P., *A Theory of Syntax for Systemic Functional Linguistics*, Amsterdam: John Benjamins Publishing Company, 2000.

Fawcett, R.P., *Invitation to Systemic Functional Linguistics through the Cardiff Grammar* (3rd edn.), London: Equinox, 2008.

Fawcett, R.P., *How to Analyze Participant Roles and So Processes in English*, USTB Handbook, 2010.

Fawcett, R.P.Forthcoming. *The Functional Semantics Handbook: Analyzing English at the Level of Meaning*, London: Equinox.

Frawley, W., *Linguistic Semantics*, Hillsdale: Lawrence Earlbaum Associates, 1992.

Freed, A.F., *The Semantics of English Aspectual Complementation*, Dordrecht: D.Reidel Publishing Company, 1979.

Givón, T., Iconicity, isomorphism and non-arbitrary coding in syntax, In J. Haiman (ed.). *Iconicity in Syntax*, Amsterdam: John Benjamins Publishing Company, 1985: 187–219.

Goldberg, A.E., *Constructions: A Construction Grammar Approach to Argument Structure*, Chicago: The University of Chicago Press, 1995.

Goldberg, A.E & Jackendoff, R., The English resultative as a family of constructions, *Language*, 2004 (80): 532–568.

Halliday, M.A.K.& Ellis, J.O., Temporal categories in the modern Chinese verb, In J. Webster (ed.). *Studies in Chinese Language*, Beijing: Peking University Press, 1951/2007: 177–208.

Halliday, M.A.K., Grammatical categories in modern Chinese, In J. Webster (ed.). *Studies in Chinese Language*, Beijing: Peking University Press, 1956/2007: 209–248.

Halliday, M.A.K., The English verbal group, In G.R. Kress (ed.). *Halliday: System and Function in Language*, Oxford: Oxford University Press, 1976.

Halliday, M. A. K., *An Introduction to Functional Grammar* (2nd edn.), London: Arnold / Beijing: Foreign Language Teaching and Research Press, 1994/2000.

Halliday, M.A.K.& Ellis, J.O., Temporal categories in the modern Chinese verb, In J. Webster (ed.). *Studies in Chinese Language*, Beijing: Peking University Press, 1951/2007: 177–208.

Halliday, M. A. K. & Matthiessen, C. M. I. M., *An Introduction to Functional Grammar* (3rd edn.), London: Arnold/Beijing: Foreign Language Teaching and Research Press, 2004/2008.

Halliday, M.A.K.& Matthiessen, C.M.I.M., *Halliday's Introduction to Functional Grammar* (4th edn.), London: Routledge, 2014.

Halliday, M. A. K. & McDonald, E., Metafunctional profile of the grammar of Chinese, In A. Caffarel, J.R. Martin & C.M.I.M. Matthiessen (eds.).*Language Typology: A Functional Perspective*, Amsterdam: John Benjamins Publishing Company, 2004: 305-396.

He, W., "Subject-predicate predicate sentences" in modern mandarin Chinese: A Cardiff Grammar approach, *Linguistics*, 2017 (4).

He, W.& Ma, R.Z., Comparison of the instantiations of marked Chinese and English tense: A systemic functional approach, *Linguistics and Human Sciences*, 2013 (2): 257-285.

He, W.& Ma, R.Z., A systemic functional study of marked Chinese tenses, In J.Webster & X.W.Peng (eds.).*Applying Systemic Functional Linguistics: The State of the Art in China Today*, London: Bloomsbury Academic, 2016: 119-138.

Hewson, J., Tense and aspect: Description and theory, In J.Hewson & V.Bubenik (eds.).*Tense and Aspect in Indo-European Languages: Theory, Typology, Diachrony*, Amsterdam: John Benjamins Publishing Company, 1997: 1-23.

Hopper, P.J.& Thompson, S.A., Transitivity in Grammar and Discourse, *Language*, 1980 (56): 251-299.

Hornby, A.S., *A Guide to Patterns and Usage in English*, London: Oxford University Press, 1954.

Hu, J.H., Pan, H.H.& Xu, L.J., Is there a finite vs.nonfinite distinction in Chinese? *Linguistics*, 2001 (39): 1117-1148.

Huang, Y., *The Syntax and Pragmatics of Anaphora: A Study with Special Reference to Chinese*, Cambridge: Cambridge University Press, 1994.

Hudson, R.A., *English Complex Sentences: An Introduction to Systemic Grammar*, Amsterdam: North Holland Publishing Company, 1971.

Jespersen, O., *The Philosophy of Grammar*, London: George Allen & Unwin Ltd, 1924/1951.

Johns, A.& Smallwood, C., On (non-) finiteness in Inuktitut, *Toronto Working Papers in Linguistics*, 1999 (17): 159-170.

Kruisinga, E., *Handbook of Present-day English*, Groningen: P. Noordhoff, 1932.

Langacker, R. W., *Foundations of Cognitive Grammar*, Stanford: Stanford University Press, 1987.

Levin, B., *English Verb Classes and Alternations*, Chicago: The University of Chicago Press, 1993.

Levinson, S. L., *Pragmatics*, Cambridge: Cambridge University Press, 1983.

Li, C.N.& Thompson, S.A., *Mandarin Chinese: A Functional Reference Grammar*, Los Angeles: University of California Press, 1981.

Li, C. N. & Thompson, S. A., Perfectivity in Mandarin, In T. Graham, J. A. Matisoff & D. Bradley (eds.), *Linguistics of the Sino-Tibetan Area* (Pacific Linguistics, Series C, 87), Canbera: Department of Linguistics, Research School of Pacific Studies, Australia National University, 1985: 310-323.

Li, W.D., Temporal and aspectual references in mandarin Chinese, *Journal of Pragmatics*, 2012 (44): 2045-2066.

Li, Y. H. A., *Order and Constituency in Mandarin Chinese*, Dordrecht: Kluwer Academic Publishers, 1990.

Lin, J.W., A tenseless analysis of mandarin Chinese revisited: A response to Sybesma 2007, *Linguistic Inquiry*, 2010 (2): 305-329.

Lyons, J., *Semantics*, Cambridge: Cambridge University Press, 1977.

Matthiessen, C. M. I. M., Tense in English seen through systemic-functional theory, In M.Berry, C.Buttler, R.Fawcett & G.Huang (eds.). *Meaning and Form: Systemic Functional Interpretations*, Norwood: Ablex Publishing Corporation, 1996: 431-498.

Morley, G. D., *Syntax in Functional Grammar: An Introduction to Lexicogrammar in Systemic Linguistics*, London: Continuum International Publishing Group, 2000.

Mourelatos, A., Events, processes and states, *Linguistics and Philosophy*, 1978 (2): 415-434.

Ng, E.Y.L., Ideational and interpersonal metafunctional profiles of the Chinese grammar, *US-China Foreign Language*, 2013 (12): 901-929.

Nikolaeva, I., *Finiteness: Theoretical and Empirical Foundations*, Oxford: Oxford University Press, 2007.

Olsen, M.B., *A Semantic and Pragmatic Model of Lexical and Grammatical Aspect*, London: Garland Publishing Inc., 1997.

Pan, H., Imperfective aspect *zhe*, agent deletion, and locative inversion in mandarin Chinese, *Natural Language & Linguistic Theory*, 1996 (2): 409-432.

Quirk, R., Greenbaum, S., Leech, G.& Svartvik, J., *A Grammar of Contemporary English*, London: Longman Group Ltd., 1972.

Quirk, R., Greenbaum, S., Leech, G.& Svartvik, J., *A Comprehensive Grammar of the English Language*, London: Longman Group Ltd., 1985.

Rappaport, H.M.& Levin, B., Building verb meanings, In M.Butt & W.Geuder (eds.). *The Projection of Arguments: Lexical and Compositional Factors*, Stanford: CSLI Publications, 1998: 97-134.

Reichenbach, H., *Elements of Symbolic Logic*, New York: The Macmillan Company, 1947.

Ritter, E.& Rosen, S.T., Delimiting events in syntax, In W.Geuder & M.Butt (eds.).*The Projection of Arguments: Lexical and Syntactic Constraints*, Stanford: CSLI Publications, 1998: 135-164.

Robison, R.E., Tense and aspect marking in interlanguage, *Applied Linguistics*, 1995 (16): 344-370.

Rotstein, C & Winter, Y., Total adjectives vs partial adjectives: Scale structure and higher-order modifiers, *Natural Language Semantics*, 2004 (12): 259-288.

Salaberry, M.R., The development of Spanish tense verbal morphology in Classroom L2 Spanish, *Applied Linguistics*, 1999 (2): 151-178.

Smith. C. S., A theory of aspectual choice, *Language*, 1983 (3): 479-501.

Smith, C.S., *The Parameter of Aspect*, Dordrecht: Kluwer Academic Publishers, 1991.

Smith, C.S., Aspectual viewpoint and situation type in mandarin Chinese, *Journal of East Asian Linguistics*, 1994 (3): 107-146.

Smith, C. S, Perkins, E. T. & Fernald, T. B., Time in Navajo: Direct and indirect interpretation, *International Journal of American Linguistics*, 2007 (1): 40-71.

Taylor, J. R., *Cognitive Grammar*, New York: Oxford University Press, 2002.

Thompson, G., *Introducing Functional Grammar* (2nd edn.), London: Arnold/ Beijing: Foreign Language Teaching and Research Press, 2004/2008.

Trask, R. L., *Key Concepts in Language and Linguistics*, London: Rontledge, 1999.

Vendler, Z., Verbs and times, *The Philosophical Review*, 1957 (2): 143-160.

Vendler, Z., Verbs and times, In Z. Vendler (ed.). *Linguistics in Philosophy*, Ithaca: Cornell University Press, 1967.

Verkuyl, H.J., *On the Compositional Nature of the Aspects*, Dordrecht: D.Reidel Publishing Company, 1972.

Verkuyl, H.J., Aspectual classes and aspectual composition, *Linguistics & Philosophy*, 1989 (12): 39-94.

Verkuyl, H.J., *A Theory of Aspectuality: The Interaction between Temporal and a Temporal Structure*, Cambridge: Cambridge University Press, 1993.

Whorf, B. L., *Language, Thought and Reality*, Cambridge: MIT

Press, 1956.

Wierzbicka, A., *English Speech Act Verbs*, Australia: Academic Press, 1987.

Woo, I.H., *The Syntax of the Aspectual Particles in Mandarin Chinese*, Boston: Boston University, 2013.

Wyngaerd, G.V., Measuring events, *Linguistic Society of America*, 2001(1): 61-90.

Xiao, Z.H.& McEnery, A., A corpus-based two-level model of situation aspect, *Journal of Linguistics*, 2004a(2), 325-363.

Xiao, R. & McEnery, T., *Aspect in Mandarin Chinese: A Corpus-based Study*, Amsterdam/Philadelphia: John Benjamins Publishing Company, 2004b.

Yang, G.W., *The Semantics of Chinese Aspects: Theoretical Descriptions and a Computational Implementation*, Berlin: Peter Lang, 2007.

Yang, S.Y., *The Aspectual System of Chinese*, Victoria: The University of Victoria, 1995.

Zhang, L.H., *A Contrastive Study of Aspectuality in German, English and Chinese*, California: University of California, 1993.

陈节华、戴新宇、陈家骏、王启祥：《汉英机器翻译中时体态处理》，《计算机应用研究》2004年第3期。

陈立民：《汉语的时态和时态成分》，《语言研究》2002年第3期。

陈平：《论现代汉语时间系统的三元结构》，《中国语文》1988年第6期。

陈前瑞：《动词重叠的情状特征及其体的地位》，《语言教学与研究》2001年第4期。

陈前瑞：《汉语体貌系统研究》，博士学位论文，华中师范大学，2003年。

陈前瑞：《汉语体貌研究的类型学视野》，商务印书馆2008年版。

陈振宇：《时间系统的认知模型与运算》，学林出版社 2007 年版。

储泽祥：《小句是汉语语法基本的动态单位》，《汉语学报》2004 年第 2 期。

崔希亮：《北京语言大学汉语语言学文萃（语法卷）》，北京语言大学出版社 2004 年版。

崔希亮：《语言学概论》，商务印书馆 2009 年版。

戴浩一：《时间顺序和汉语的语序》，《国外语言学》1988 年第 1 期。

戴耀晶：《现代汉语短时体的语义分析》，《语文研究》1993 年第 2 期。

戴耀晶：《现代汉语时体系统研究》，浙江教育出版社 1997 年版。

戴耀晶：《现代汉语动作类二价动词探索》，《中国语文》1998 年第 1 期。

戴耀晶：《现代汉语句子中"起来"的语法化分析》，见吴福祥、邢向东编《语法化与语法研究》（六），商务印书馆 2013 年版。

邓守信：《汉语动词的时间结构》，见《第一届国际汉语教学讨论会论文集》，北京语言学院出版社 1985 年版。

丁声树、吕叔湘、李荣、孙德宣、管燮初、傅婧、黄盛璋、陈治文：《现代汉语语法讲话》，商务印书馆 1961/1999 年版。

范晓：《汉语动词概述》，上海教育出版社 1987 年版。

方霁：《从认知的角度看英汉时制系统及其表达差异》，《世界汉语教学》2000 年第 3 期。

房玉清：《实用汉语语法》（修订本），北京大学出版社 2001 年版。

房玉清：《实用汉语语法》（第二次修订本），北京语言大学出版社 2008 年版。

高名凯：《汉语语法论》，商务印书馆 1986 年版。

高生文、王敏辰：《英汉语简单时相之功能视角比较研究》，《北京科技大学学报》（社会科学版）2016 年第 2 期。

高涛:《汉语隐性时态句的选择性限制》,《西安外国语学院学报》2006年第3期。

高文成、张丽芳:《英汉存在句认知对比研究三题——以 BNC 和〈围城〉为语料》,《西安外国语大学学报》2010年第1期。

龚千炎:《谈现代汉语的时制表示和时态表达系统》,《中国语文》1991年第4期。

龚千炎:《现代汉语的时间系统》,《世界汉语教学》1994年第1期。

龚千炎:《汉语的时相时制时态》,商务印书馆1995年版。

顾凯、王同顺:《语言因素对英语现在完成时使用的影响》,《现代外语》2005年第1期。

郭杰:《现代汉语小句限定性衰减研究》,博士学位论文,中国人民大学,2011年。

郭杰:《国外限定与非限定的演化与发展》,《当代语言学》2013年第3期。

郭锐:《汉语动词的过程结构》,《中国语文》1993年第6期。

贺国伟:《现代汉语同义词词典》,上海辞书出版社2005年版。

何清强、王文斌:《"制时"与"有":存在论视野下英汉基本存在动词对比》,《外语学刊》2014年第1期。

何伟:《系统功能语言学时态系统概观》,《外语教学与研究》2003年第6期。

何伟:《时态与时间环境成分》,《外语教学》2003年第6期。

何伟:《再谈英语时态的种类》,《外语教学》2005年第6期。

何伟:《英语时态论》,高等教育出版社2007年版。

何伟:《英语语篇中的时态研究》,北京大学出版社2008年版。

何伟:《语法体和词汇体》,《外语研究》2009年第2期。

何伟:《非限定性小句中的时态研究》,《北京科技大学学报》2010年第1期。

何伟:《功能时态理论研究》,外语教学与研究出版社2010年版。

何伟：《语法体和时态在体现形式上的对应》，《外语学刊》2010年第 2 期。

何伟、付丽：《现代汉语体的功能视角研究》，《北京科技大学学报》（社会科学版）2015 年第 3 期。

何伟、高建慧：《现代汉语时相之系统功能视角研究》，《北京科技大学学报》（社会科学版）2015 年第 6 期。

何伟、高生文、贾培培、张娇、邱靖娜：《汉语功能句法分析》，外语教学与研究出版社 2015 年版。

何伟、滑雪：《现代汉语"是"字的功能研究》，《外语学刊》2013 年第 1 期。

何伟、李璐：《英汉语单一体体现形式之功能视角比较研究》，《北京第二外国语学院学报》2016 年第 3 期。

何伟、吕怡：《现代汉语时态之系统功能视角研究》，《北京科技大学学报》（社会科学版）2015 年第 4 期。

何伟、马瑞芝：《现代汉语时间系统研究综述》，《北京科技大学学报》（社会科学版）2011 年第 1 期。

何伟、杨楠：《基于加的夫语法的现代汉语"动补结构"研究》，《北京科技大学学报》（社会科学版）2014 年第 1 期。

何伟、张敬源、张娇、贾培培：《英语功能句法分析》，外语教学与研究出版社 2015 年版。

何伟、张瑞杰、淡晓红、张帆、魏榕：《汉语功能语义分析》，外语教学与研究出版社 2017 年版。

何伟、张瑞杰、淡晓红、张帆、魏榕：《英语功能语义分析》，外语教学与研究出版社 2017 年版。

贺阳：《汉语完句成分试探》，《语言教学与研究》1994 年第 4 期。

胡孝斌：《语法化和词汇化的共同作用——谈 VV 的句法性质》，《语言教学与研究》2008 年第 4 期。

胡壮麟：《国外英汉对比研究杂谈》，见杨自俭、李瑞华编《英汉对比研究论文集》，上海外语教育出版社 1990 年版。

胡壮麟、朱永生、张德禄、李战子：《系统功能语言学概论》（第 2 版），北京大学出版社 2008 年版。

黄伯荣、廖旭东：《现代汉语》，高等教育出版社 1991 年版。

黄伯荣、廖序东：《现代汉语》（增订五版），高等教育出版社 2011 年版。

黄国文：《英语使役结构的功能分析》，《外国语》1998 年第 1 期。

黄国文：《古诗英译文里的时态分析》，《四川外语学院学报》2003 年第 1 期。

黄国文、何伟、廖楚燕：《系统功能语言学入门：加的夫模式》，北京大学出版社 2008 年版。

季羡林编：《王力选集》，东北师范大学出版社 2002 年版。

贾培培、张敬源：《时态的功能研究》，《北京科技大学学报》2015 年第 3 期。

金昌吉、张小萌：《现代汉语时体研究述评》，《汉语学习》1998 年第 4 期。

金春梅：《实词虚化研究述评》，《学术研究》2004 年第 10 期。

金立鑫：《试论"了"的时体特征》，《语言教学与研究》1998 年第 1 期。

金立鑫：《对一些普遍语序现象的功能解释》，《当代语言学》1999 年第 4 期。

竟成：《汉语的成句过程和时间概念的表述》，《语文研究》1996 年第 1 期。

鞠志勤：《基于系统功能语言学的现代汉语体貌研究》，北京师范大学，2015 年。

李发根：《及物性过程理论与英汉语义功能等效翻译》，《西安外国语学院学报》2004 年第 2 期。

黎锦熙：《新著国语文法》，商务印书馆 1954/1992/2001 年版。

李京廉、刘娟：《汉语的限定与非限定研究》，《汉语学习》2005年第1期。

李京廉、王克非：《英汉存现句的句法研究》，《现代汉语》2005年第4期。

李临定：《现代汉语句型》，商务印书馆1986年版。

李临定：《现代汉语动词》，中国社会科学出版社1990年版。

李临定：《现代汉语句型》（增订本），商务印书馆2011年版。

李梅：《从现代汉语角度考察功能语类——时态的设立》，《现代外语》2003年第1期。

李明晶：《现代汉语体貌系统的二元分析：动貌和视点体》，北京大学出版社2013年版。

李秋杨：《基于语义范畴关系的汉英心理活动动词分类研究》，《解放军外国语学院学报》2014年第2期。

李汝亚：《述谓标引规则与主宾不对称现象》，《外国语》2003年第1期。

李铁根：《"了、着、过"呈现相对时功能的几种用法》，《汉语学习》1999年第2期。

李铁根：《"了"、"着"、"过"与汉语时制的表达》，《语言研究》2002年第3期。

李铁根：《未然标记在句中的连用及其制约因素》，《汉语学习》2008年第2期。

李向农：《时点时段的内涵及构成与汉语社会的时间观念》，《世界汉语教学》1995年第2期。

李向农：《现代汉语时点时段研究》，华中师范大学出版社1997年版。

李莹、徐杰：《形式句法框架下的现代汉语体标记研究》，《现代外语》2010年第4期。

李应潭：《用事态概念概括传统情态与时态的研究》，见黄昌宁、张普编《自然语言理解与机器翻译——全国第六届计算语言学联合学术会议论文集》，清华大学出版社 2001 年版。

　　李宇明：《论词语重叠的意义》，《世界汉语教学》1996 年第 1 期。

　　李志岭：《汉英语时间标记系统语法化对比研究》，北京大学出版社 2010 年版。

　　连淑能：《英汉对比研究》，高等教育出版社 1993 年版。

　　梁丽、赵静：《图形/背景理论在句法分析中的作用》，《华中科技大学学报》2004 年第 2 期。

　　林达真、李绍滋：《基于模式分类的汉语时态确定方法研究》，《中文信息学报》2006 年第 1 期。

　　林若望：《论现代汉语的时制意义》，《语言暨语言学》2002 年第 3 期。

　　刘街生：《现代汉语动量词的语义特征分析》，《语言研究》1990 年第 2 期。

　　刘街生：《动结式组构的成分及其关系探讨》，《语言研究》2006 年第 2 期。

　　刘宓庆：《新编汉英对比与翻译》，中国对外翻译出版公司 2006 年版。

　　刘叔新：《现代汉语同义词词典（新 4 版）》，中国社会出版社 2011 年版。

　　刘月华、潘文娱、故铧：《实用现代汉语语法》（增订本），商务印书馆 2004 年版。

　　龙日金、彭宣维：《现代汉语及物性研究》，北京大学出版社 2012 年版。

　　陆俭明：《现代汉语时间词说略》，《语言教学与研究》1991 年第 1 期。

　　陆俭明：《"着"字补议》，《中国语文》1999 年第 5 期。

　　陆俭明、马真：《现代汉语虚词散论》，北京大学出版社 1985 年版。

陆俭明、马真：《现代汉语虚词散论》，语文出版社1999年版。

陆镜光：《论小句在汉语语法中的地位》，《汉语学报》2006年第3期。

吕叔湘：《中国文法要略》，商务印书馆1944/1982年版。

吕叔湘：《汉语语法分析问题》，商务印书馆1979/2005年版。

吕叔湘：《现代汉语八百词》，商务印书馆1986年版。

吕叔湘：《现代汉语八百词》（增订本），商务印书馆2007年版。

马庆株：《时量宾语和动词的类》，《中国语文》1981年第2期。

马庆株：《自主动词和非自主动词》，见《中国语言学报》，商务印书馆1988年版。

马庆株：《时量宾语和动词的类》，见马庆株《汉语动词和动词性结构》，北京语言学院出版社1992年版。

马庆株：《汉语动词和动词性结构》（一编），北京大学出版社2004年版。

马庆株：《略谈汉语动词时体研究的思路》，见《汉语动词和动词性结构》（二编），北京大学出版社2007年版。

马庆株：《现代汉语》，中国社会科学出版社2010年版。

马真：《简明实用汉语语法教程》，北京大学出版社1997年版。

莫言：《生死疲劳》，作家出版社2012年版。

牛保义、徐盛桓：《关于英汉语语法化比较研究》，《外语与外语教学》2000年第9期。

潘海华、韩景泉：《虚词there的句法地位及相关理论问题》，《当代语言学》2006年第2期。

潘文国：《汉英语对比纲要》，北京语言大学出版社1997/2014年版。

潘文国：《汉英对比研究一百年》，《世界汉语教学》2002年第1期。

潘文国：《对比语言学的目标与范围》，《外语与外语教学》2006年第1期。

潘文国：《汉英语言对比概论》，商务印书馆 2013 年版。

彭宣维：《语言与语言学概论》，北京大学出版社 2007 年版。

齐沪扬：《现代汉语》，商务印书馆 2007 年版。

齐沪扬、章天明：《汉语与日语的时相比较研究》，《世界汉语教学》2001 年第 2 期。

秦洪武：《汉语"动词+时量短语"结构的情状类型和界性分析》，《当代语言学》2002 年第 2 期。

尚新：《汉语时体研究中的若干问题献疑及对策》，《云南师范大学学报》2006 年第 1 期。

尚新：《英汉体范畴对比研究——语法体的内部对立与中立化》，上海人民出版社 2007 年版。

邵敬敏：《动量词的语义分析及其动词的选择关系》，《中国语文》1996 年第 2 期。

邵志洪：《英汉微观对比研究 30 年（1977—2007）综述》，《外国语文》2010 年第 5 期。

沈家煊：《语言的"主观性"和"主观化"》，《外语教学与研究》2001 年第 4 期。

沈阳、郭锐：《现代汉语》，高等教育出版社 2014 年版。

石毓智：《试论汉语的句法重叠》，《语言研究》1996 年第 2 期。

石毓智：《汉语的限定动词和非限定动词之别》，《世界汉语教学》2001 年第 2 期。

石毓智：《汉语动词重叠式产生的历史根据》，见汪国胜、谢晓明编《汉语重叠问题》，华中师范大学出版社 2009 年版。

石毓智：《汉语语法》，商务印书馆 2010 年版。

帅志嵩：《八十年代以来汉语时制研究的新进展》，《汉语学习》2007 年第 4 期。

宋玉柱：《关于"着、了、过"的语法单位的性质问题》，《语文学习》1983 年第 5 期。

孙英杰：《现代汉语体系统研究》，黑龙江人民出版社 2007 年版。

田臻：《汉语存在构式与动词关联度的实证研究》，《语言教学与研究》2012年第3期。

万波：《现代汉语体范畴研究述评》，《江西师范大学学报》1996年第1期。

王传经：《关于言语行为动词的几个问题》，《外国语》1994年第6期。

王还：《有关汉外语法对比的三个问题》，见杨自俭、李瑞华编《英汉对比研究论文集》，上海外语教育出版社1990年版。

王菊泉、郑立信：《英汉语言文化对比研究：1995—2003》，上海外语教育出版社2004年版。

王力：《中国现代语法》，商务印书馆1943/1985年版。

王力：《王力选集》，东北师范大学出版社2002年版。

王林娟：《动词重叠的方式和时体意义》，《现代语文》2009年第7期。

王培硕：《英汉短语动词对比》，《外语研究》1987年第1期。

王松茂：《汉语时体范畴论》，《齐齐哈尔师范学院学报》1981年第2期。

王文格：《现代汉语小句的研究现状及存在的问题》，《汉语学习》2010年第1期。

王贤钏、张积家：《形容词、动词重叠对语义认知的影响》，《语言教学与研究》2009年第4期。

王寅：《论语言符号象似性》，《外语与外语教学》1999年第5期。

吴剑锋：《现代汉语言说动词研究概观》，《现代语文》2009年第2期。

吴云霞：《万荣方言动词体貌考察》，《语言科学》2006年第2期。

项开喜：《汉语的双施力结构式》，《语言研究》2002年第2期。

向友明、黄立鹤：《汉语语法化研究——从实词虚化到语法化理论》，《汉语语法化研究》2008年第5期。

邢福义：《小句中枢说》，《中国语文》1995年第6期。

邢福义：《现代汉语》，高等教育出版社 2011 年版。

徐峰：《现代汉语置放类动词及其语义次范畴》，《汉语学习》1998 年第 2 期。

徐烈炯：《与空语类有关的汉语语法现象》，《中国语文》1994 年第 5 期。

徐盛桓：《语义数量特征与英语中动结构》，《外语教学与研究》2002 年第 6 期。

杨炳钧：《从隐形范畴和渐变群的视角认识汉语动词的限定性》，《当代外语研究》2015 年第 8 期。

杨国文：《汉语态制中"复合态"的生成》，《中国语文》2001 年第 5 期。

杨国文：《"动词+结果补语"和"动词重叠式"的非时态性质》，《当代语言学》2011 年第 3 期。

杨国文：《汉语的"即行时态"及其与"完成时态"的区别和关联》，见《语法研究和探索（十六）》，商务印书馆 2012 年版。

杨国文：《完成时态和起始时态的复合功能》，《汉语学习》2015 年第 3 期。

杨荣祥、李少华：《再论时间副词的分类》，《世界汉语教学》2014 年第 4 期。

杨亦鸣、蔡冰：《汉语动词的屈折机制与限定性问题》，《世界汉语教学》2011 年第 2 期。

杨壮春、龚志维：《英汉数量词组对比研究》，《外语教学》1999 年第 1 期。

杨自俭、李瑞华：《英汉对比研究述评》，见杨自俭、李瑞华编《英汉对比研究论文集》，上海外语教育出版社 1990 年版。

杨自俭、王菊泉：《我国英汉对比与翻译研究三十年：回顾与展望 》，《上海翻译》2009 年第 1 期。

姚双云：《主观视点理论与汉语语法研究》，《汉语学报》2012 年第 2 期。

姚亦登：《高邮话动词的体貌格式》，《西安电子科技大学学报》（社会科学版）2006 年第 1 期。

殷苏芬：《浅谈主谓谓语句的范围》，《中国语文》2008 年第 5 期。

于春迟：《柯林斯 COBUILD 高阶英汉双解学习词典》，外语教学与研究出版社 2011 年版。

于善志、王文斌：《英语时制中的时间关系及其语篇功能》，《外语教学与研究》2014 年第 3 期。

于秀金：《基于 S-R-E 的时体统一逻辑模型的构建》，《外国语》2013 年第 1 期。

袁毅敏、林允清：《有界性与英语动结式》，《天津外国语学院学报》2010 年第 2 期。

张存玉、何伟：《英语复合体貌的功能研究》，《北京科技大学学报》（社会科学版）2015 年第 5 期。

张国宪：《现代汉语形容词的体及形态化历程》，《中国语文》1998 年第 6 期。

张济卿：《汉语并非没有时制语法范畴——谈时、体研究中的几个问题》，《语文研究》1996 年第 4 期。

张济卿：《对汉语时间系统三元结构的一点看法》，《汉语学习》1998 年第 5 期。

张济卿：《论现代汉语的时制与体结构》（上），《语文研究》1998 年第 3 期。

张济卿：《论现代汉语的时制与体结构》（下），《语文研究》1998 年第 4 期。

张立平：《普遍语法中时体表现形式的归属》，《西安外国语学院学报》2002 年第 3 期。

张全生：《现代汉语心理活动动词的界定及相关句型初探》，《语言与翻译》2001 年第 2 期。

张绍杰、于飞：《英语存在句信息传递再探索》，《外国语》2004

年第 2 期。

张秀：《汉语动词的"体"和"时制"系统》，见史存直等编《语法论集》，中华书局 1957 年版。

张谊生：《现代汉语虚词》，华东师范大学出版社 2000 年版。

张谊生：《现代汉语》，中国人民大学出版社 2013 年版。

章振邦等：《新编英语语法》，外语教育出版社 1992 年版。

张志公：《汉语的词组（短语）》，《语言教学与研究》1982 年第 4 期。

赵琪：《英汉动结式的共性与个性》，《外语教学与研究》2009 年第 4 期。

赵世开：《汉英对比语法论集》，上海外语教育出版社 1999 年版。

赵元任：《汉语口语语法》，商务印书馆 1979 年版。

赵元任：《中国话的文法》，商务印书馆 2001 年版。

钟守满：《言语行为动词释义及其相关研究》，《外语教学》2008 年第 5 期。

钟守满：《英汉言语行为动词语义认知结构研究》，中国科技大学出版社 2008 年版。

周国辉：《汉语的隐性谓语与英语的显性谓语》，《外语与外语教学》2002 年第 4 期。

周慧先：《汉英动词"时"和"体"的比较研究》，《云南师范大学学报》2005 年第 2 期。

朱德熙：《语法讲义》，商务印书馆 1982/2011 年版。

邹海清：《现代汉语时间副词的功能研究》，北京图书出版公司 2011 年版。

左思民：《现代汉语的体概念》，《上海师范大学学报》1997 年第 2 期。

左思民：《试论"体"的本质属性》，《汉语学习》1998 年第 4 期。

左思民：《汉语时体标记系统的古今类型变化》，《汉语学报》2007 年第 2 期。